主　　编：屈冬玉

副 主 编：张合成

编　　委：王小兵　杨礼胜　何才文　胡乐鸣
杨振海　王俊勋　叶长江　潘利兵
刘新中　戴　军

编辑人员：宋代强　陈冬冬　强少杰　项　宇
李　伟　辛国昌　李大鹏　胡玉玲
李春艳　袁晓初　张伟民　李建珠
杨　唯　梁　勇　毕　涛

编 者 说 明

一、《中国农业统计资料》是一本反映我国农业、农村经济的综合性统计资料工具书。为及时满足社会各界人士了解我国农业和农村经济发展情况的需要，《中国农业统计资料 2014》收录了 2014 年度全国农村经济主要统计数据和种植业、畜牧业、饲料工业、渔业、农产品加工业、农垦、农机、农村能源、农村经营管理情况、农业自然灾害等资料，同时简要列出 2000 年以来的历史资料。

二、各类全国性数据未包括香港、澳门特别行政区和台湾省数据。

三、由于小数位调整而产生的数据计算差异未作机械调整。“…”表示数据不足本表最小单位数，“#”表示其中的主要项。

四、本书是系列图书，每年出版一本，公开发行。

目　录

一、综合

二、种植业

三、畜牧业

四、饲料工业

五、渔业

六、农产品加工业

七、农垦

八、农机

九、农村能源

十、农村经营管理情况

十一、农业自然灾害

一、综　合

全国农村基层组织和农业基本情况（一）

项　　目	单　位	2000 年	2005 年	2010 年	2013 年	2014 年
农村基层组织						
乡镇个数	个	43 735	35 509	33 981.0	32 929	32 683
镇个数	个	19 692	18 888	19 410.0	20 117	20 401
村委会个数	个	743 715	640 139	594 658.0	589 067	585 892
乡村人口和从业人员						
乡村户数	万户	24 148.5	25 222.4	26 384.6	26 948.5	27 053.3
乡村人口数	万人	92 819.7	94 907.6	96 618.9	97 261.7	97 378.3
乡村从业人员数	万人	47 962.5	50 387.3	53 244.0	54 012.8	54 026.4
按性别分	万人					
男	万人	25 518.1	26 930.9	28 573.6	28 927.4	26 346.8
女	万人	22 444.4	23 456.6	24 670.4	25 085.4	27 679.6
按国民经济行业分	万人					
农业	万人	32 797.6	29 975.8	27 694.8	26 623.2	
农民人均纯收入	**元**	**2 253.4**	**3 254.9**	**5 919.0**	**8 895.9**	**10 488.9**
耕地面积	**千公顷**				**13 516.3**	
农作物总播种面积	**千公顷**	**156 423.6**	**155 487.2**	**160 674.8**	**164 626.9**	**165 446.2**
粮食作物	千公顷	108 462.7	104 278.5	109 876.1	111 955.6	112 722.6
谷物	千公顷	85 264.1	81 874.0	89 850.6	93 768.6	94 603.5
豆类	千公顷	12 660.1	12 901.5	11 275.7	9 223.6	9 178.8
薯类	千公顷	10 538.5	9 503.0	8 749.7	8 963.3	8 940.3
油料作物	千公顷	15 400.4	14 318.0	13 889.6	14 022.6	14 042.7
棉花	千公顷	4 041.2	5 061.9	4 848.7	4 345.6	4 222.3
麻类	千公顷	261.9	334.9	132.7	91.5	86.4
糖类	千公顷	1 514.3	1 564.5	1 905.0	1 998.3	1 899.2

注：1. 乡村人口数指乡村居民户数中常住人口数，即经常在家或在家居住 6 个月以上，而且经济和生活与本户连成一片的人口。

2. 2014 年农民收入为农民人均可支配收入，与之前农村住户调查的调查范围、调查方法和指标口径有所不同。下同。

3. 耕地面积为 2013 年年底数据，来源于国土资源部。

全国农村基层组织和农业基本情况（二）

项　　目	单　位	2000 年	2005 年	2010 年	2013 年	2014 年
烟叶	千公顷	1 437.4	1 363.2	1 344.6	1 622.9	1 463.1
药材	千公顷	675.6	1 213.3	1 242.0	1 821.6	1 984.8
蔬菜	千公顷	15 236.5	17 720.7	18 999.9	20 899.4	21 404.8
瓜类	千公顷	2 044.7	2 207.8	2 389.4	2 455.4	2 491.3
其他作物	千公顷	7 349.1	7 424.4	6 046.8	5 414.0	5 129.0
茶园面积	**千公顷**	**1 089.1**	**1 352.1**	**1 970.2**	**2 468.8**	**2 649.8**
果园面积	**千公顷**	**8 931.8**	**10 035.2**	**11 543.9**	**12 371.4**	**13 127.2**
受灾面积	**千公顷**	**54 547**	**38 818.1**	**37 425.9**	**31 349.8**	**24 890.7**
成灾面积	**千公顷**	**34 298**	**19 966.1**	**18 538.1**	**14 303.1**	**12 678.3**
绝收面积	**千公顷**	**10 137**	**4 597.4**	**4 863.2**	**3 844.4**	**3 090.3**
农林牧渔业总产值	**亿元**	**24 915.8**	**39 450.9**	**69 319.8**	**96 995.3**	**102 226.1**
农业	亿元	13 873.6	19 613.4	36 941.1	51 497.4	54 771.5
林业	亿元	936.5	1 425.5	2 595.5	3 902.4	4 256.0
牧业	亿元	7 393.1	13 310.8	20 825.7	28 435.5	28 956.3
渔业	亿元	2 712.6	4 016.1	6 422.4	9 634.6	10 334.3
主要农作物产量						
粮食作物	万吨	46 217.5	48 402.4	54 647.7	60 193.8	60 702.6
谷物	万吨	40 522.3	42 776.5	49 637.1	55 269.2	55 740.7
豆类	万吨	2 009.9	2 157.9	1 896.5	1 595.3	1 625.5
薯类（折粮）	万吨	3 685.4	3 468.0	3 114.1	3 329.3	3 336.4
油料	万吨	2 954.8	3 077.1	3 230.1	3 517.0	3 507.4
棉花	万吨	441.7	571.4	596.1	629.9	617.8
麻类	万吨	52.9	110.5	31.7	22.9	23.1
糖类	万吨	7 635.3	9 451.9	12 008.5	13 746.1	13 361.2
茶叶	万吨	68.3	93.5	147.5	192.4	209.6

注：产值按当年价格计算。2003 年起执行新国民经济行业分类标准，总产值包括农林牧渔服务业产值。

全国农村基层组织和农业基本情况（三）

项　　目	单　位	2000 年	2005 年	2010 年	2013 年	2014 年
水果	万吨	6 225.1	8 835.5	12 865.2	15 771.3	16 588.2
烟叶	万吨	255.2	268.3	273.1	337.4	299.4
蔬菜	万吨	42 399.7	56 451.5	65 099.4	73 512.0	76 005.5
瓜类	万吨	5 887.9	7 284.6	8 536.2	9 321.8	9 554.1
肉类产量	**万吨**	**6 125.4**	**7 743.1**	**7 925.8**	**8 535.0**	**8 706.7**
猪肉	万吨	4 031.4	5 010.6	5 071.2	5 493.0	5 671.4
牛肉	万吨	532.8	711.5	653.1	673.2	689.2
羊肉	万吨	274.0	435.5	398.9	408.1	428.2
奶类	万吨	919.1	2 864.8	3 748.0	3 649.5	3 841.2
牛奶	万吨	827.4	2 753.4	3 575.6	3 531.4	3 724.6
蜂蜜	万吨	24.6	29.3	40.1	45.0	46.8
禽蛋	万吨	2 243.3	2 879.5	2 762.7	2 876.1	2 893.9
山羊毛	万吨	4.4	5.7	6.1	6.0	5.9
绵羊毛	万吨	29.3	39.3	38.7	41.1	42.0
水产品产量	**万吨**	**3 706.2**	**4 420.0**	**5 373.0**	**6 172.0**	**6 461.5**
海水产品	万吨			2 797.5	3 138.8	3 296.2
淡水产品	万吨			2 575.5	3 033.2	3 165.3
养殖产品	万吨			3 828.8	4 541.7	4 748.4
鱼类	万吨			2 145.0	2 594.1	2 721.9
甲壳类	万吨			319.9	377.0	399.3
贝类	万吨			1 133.3	1 298.4	1 341.7
藻类	万吨			155.1	186.5	201.3
其他类	万吨			75.5	85.7	84.1
捕捞产品	万吨			1 544.2	1 630.3	1 713.1
鱼类	万吨			987.0	1 037.9	1 048.1
甲壳类	万吨			238.7	262.6	272.3
贝类	万吨			90.9	82.0	81.5
藻类	万吨			2.5	2.8	2.5
头足类	万吨			65.8	66.4	67.7
其他类	万吨			47.7	43.4	38.3

注：水产品产量为调整后数据；2000、2005 年其他数据未列入。

全国农村基础设施和农业主要物资消耗

项　目	单　位	2000 年	2005 年	2013 年	2014 年
农村基础设施					
自来水受益村数	个	43 735	356 953	460 729	
通汽车村数	个	19 692	617 609	584 590	
通电话村数	个	743 715	606 549	583 164	
乡村办水电站数	个	29 962	26 726	46 849	47 073
装机容量	万千瓦	698.5	1 099.5	7 119.0	7 322.1
发电量	亿千瓦时	205.0	348.4	2 232.7	2 281.5
农业机械拥有量					
农业机械总动力	万千瓦	52 316.8	68 549.3	103 906.8	108 057.0
大中型拖拉机	万台	97.0	139.6	527.0	568.0
大中型拖拉机动力	万千瓦	3 143.2	4 315.7	15 957.6	1 752.9
小型拖拉机	万台	1 276.7	1 539.8	1 752.3	1 729.8
小型拖拉机动力	万千瓦	11 783.9	14 796.2	17 065.7	169.8
大中型拖拉机配套农具	万部	139.9	226.7	826.6	889.6
小型拖拉机配套农具	万部	1 797.8	2 479.7	3 049.2	3 053.6
农用排灌动力机械	万台	1 483.4	1 752.7	2 258.0	2 295.7
农用排灌机械动力	万千瓦	10 262.1	11 770.9	14 330.6	14 488.9
联合收获机数量	万台	26.5	47.7	142.1	158.4
农用运输车数量	万台	779.5	1 199.4	1 385.5	1 377.7
农业主要能源及物资消耗					
农村用电量	亿千瓦时	2 421.3	4 375.7	8 549.5	8 884.4
农用柴油使用量	万吨	1 405.0	1 902.8	2 154.9	2 176.3
农用塑料薄膜使用量	万吨	133.5	176.2	249.3	258.0
地膜使用量	万吨	72.2	95.9	136.2	144.1
地膜覆盖面积	千公顷	10 624.8	13 518.4	17 657.0	1 814.0
农药使用量	万吨	128.0	146.0	180.2	180.7
农用化肥施用量（按折纯法计算）	万吨	4 146.3	4 766.2	5 911.9	5 995.9
氮肥	万吨	2 161.6	2 229.7	2 394.2	2 392.9
磷肥	万吨	690.5	743.8	830.6	845.3
钾肥	万吨	376.6	489.8	627.4	641.9
复合肥	万吨	917.7	1 303.6	2 057.5	2 115.8
农田水利建设					
有效灌溉面积	千公顷	53 820.5	55 029.4	63 473.3	6 572.3
旱涝保收面积	千公顷	38 336.4	40 236.7		
机电排灌面积	千公顷	35 954.3	36 715.6		

各地区农民人均纯收入

单位：元

地区	年份				
	2000	2005	2010	2013	2014
全国人均	**2 253.4**	**3 254.9**	**5 919.0**	**8 895.9**	**10 488.9**
北京	4 604.6	7 346.3	13 262.3	18 337.5	18 867.3
天津	3 622.4	5 579.9	10 074.9	15 841.0	17 014.2
河北	2 478.9	3 481.6	5 958.0	9 101.9	10 186.1
山西	1 905.6	2 890.7	4 736.3	7 153.5	8 809.4
内蒙古	2 038.2	2 988.9	5 529.6	8 595.7	9 976.3
辽宁	2 355.6	3 690.2	6 907.9	10 522.7	11 191.5
吉林	2 022.5	3 264.0	6 237.4	9 621.2	10 780.1
黑龙江	2 148.2	3 221.3	6 210.7	9 634.1	10 453.2
上海	5 596.4	8 247.8	13 978.0	19 595.0	21 191.6
江苏	3 595.1	5 276.3	9 118.2	13 597.8	14 958.4
浙江	4 253.7	6 660.0	11 302.6	16 106.0	19 373.3
安徽	1 934.6	2 641.0	5 285.2	8 097.9	9 916.4
福建	3 230.5	4 450.4	7 426.9	11 184.2	12 650.2
江西	2 135.3	3 128.9	5 788.6	8 781.5	10 116.6
山东	2 659.2	3 930.5	6 990.3	10 619.9	11 882.3
河南	1 985.8	2 870.6	5 523.7	8 475.3	9 966.1
湖北	2 268.6	3 099.2	5 832.3	8 867.0	10 849.1
湖南	2 197.2	3 117.7	5 622.0	8 372.1	10 060.2
广东	3 654.5	4 690.5	7 890.3	11 669.3	12 245.6
广西	1 864.5	2 494.7	4 543.4	6 790.9	8 683.2
海南	2 182.3	3 004.0	5 275.4	8 342.6	9 912.6
重庆	1 892.4	2 809.3	5 276.7	8 332.0	9 489.8
四川	1 903.6	2 802.8	5 086.9	7 895.3	9 347.7
贵州	1 374.2	1 877.0	3 471.9	5 434.0	6 671.2
云南	1 478.6	2 041.8	3 952.0	6 141.3	7 456.1
西藏	1 330.8	2 077.9	4 138.7	6 578.2	7 359.2
陕西	1 443.9	2 052.6	4 105.0	6 502.6	7 932.2
甘肃	1 428.7	1 979.9	3 424.7	5 107.8	6 276.6
青海	1 490.5	2 151.5	3 862.7	6 196.2	7 282.7
宁夏	1 724.3	2 508.9	4 674.9	6 931.0	8 410.0
新疆	1 618.1	2 482.2	4 642.7	7 296.5	8 723.8

各地区农林牧渔业总产值

单位：亿元

地　区	总产值	农　业	林　业	牧　业	渔　业
全国总计	**102 226.1**	**54 771.5**	**4 256.0**	**28 956.3**	**10 334.3**
北　京	420.1	155.1	90.7	152.7	13.2
天　津	441.7	230.7	3.2	117.6	79.5
河　北	5 994.8	3 453.4	108.1	1 952.0	191.0
山　西	1 530.5	984.0	98.5	354.6	9.8
内蒙古	2 779.8	1 408.4	96.4	1 205.7	29.1
辽　宁	4 498.4	1 734.1	152.4	1 717.5	699.8
吉　林	2 763.0	1 342.5	104.4	1 195.0	40.1
黑龙江	4 894.8	3 015.6	195.7	1 486.1	102.7
上　海	322.2	169.5	8.8	69.9	62.5
江　苏	6 443.4	3 362.8	118.2	1 182.7	1 426.7
浙　江	2 844.6	1 386.0	147.0	472.2	779.4
安　徽	4 223.7	2 119.2	283.1	1 182.1	459.7
福　建	3 522.3	1 529.6	323.3	522.9	1 025.2
江　西	2 726.5	1 144.1	274.2	814.9	100.7
山　东	9 198.3	4 765.8	131.5	2 418.3	1 481.7
河　南	7 549.1	4 492.0	152.4	2 505.2	105.1
湖　北	5 452.8	2 761.7	157.0	1 427.7	844.2
湖　南	5 304.8	2 884.7	304.8	1 503.2	338.9
广　东	5 234.2	2 613.2	279.8	1 077.4	1 080.3
广　西	3 947.7	1 994.0	303.2	1 087.2	413.1
海　南	1 252.2	568.2	103.2	228.0	310.2
重　庆	1 595.0	967.9	53.6	486.4	64.9
四　川	5 888.1	3 078.6	196.0	2 318.8	192.4
贵　州	2 118.5	1 321.9	99.6	569.3	47.0
云　南	3 263.3	1 806.3	303.1	975.8	78.1
西　藏	138.7	63.3	2.6	69.3	0.2
陕　西	2 741.8	1 870.8	73.6	648.3	19.9
甘　肃	1 618.8	1 174.9	25.5	268.4	2.1
青　海	327.5	144.2	6.6	169.1	2.2
宁　夏	445.5	274.0	10.0	126.8	14.9
新　疆	2 744.0	1 955.1	49.4	651.2	19.6

注：产值按当年价格计算。2003 年起执行新国民经济行业分类标准，总产值包括农林牧渔服务业产值。

各地区粮、棉、油、糖播种面积占全国比重及位次

单位:%

地区	粮食		棉花		油料		糖料	
	比重	位次	比重	位次	比重	位次	比重	位次
全国总计	**100.00**		**100.00**		**100.00**		**100.00**	
北京	0.11	31	…	23	0.02	30		
天津	0.31	27	0.71	12	0.01	31		
河北	5.62	6	9.73	3	3.32	11	0.80	8
山西	2.92	14	0.44	13	0.92	23	0.09	22
内蒙古	5.01	7	0.02	18	6.14	5	2.08	6
辽宁	2.87	15	…	24	2.24	15	0.11	20
吉林	4.44	9	0.01	20	1.90	18	0.10	21
黑龙江	10.38	1			0.62	25	0.54	12
上海	0.15	30	0.02	19	0.04	29	0.01	24
江苏	4.77	8	3.12	7	3.55	10	0.09	23
浙江	1.12	23	0.41	14	1.03	22	0.53	13
安徽	5.88	4	6.28	5	5.61	6	0.26	17
福建	1.06	24	…	22	0.83	24	0.45	14
江西	3.28	13	2.01	9	5.28	8	0.75	9
山东	6.60	3	14.04	2	5.51	7	…	27
河南	9.06	2	3.63	6	11.38	1	0.20	18
湖北	3.88	12	8.17	4	10.98	2	0.40	15
湖南	4.41	10	3.08	8	10.15	3	0.70	11
广东	2.22	20			2.61	12	8.87	3
广西	2.72	18	0.05	16	1.69	19	56.95	1
海南	0.35	26			0.29	27	3.26	5
重庆	1.99	22			2.14	17	0.14	19
四川	5.74	5	0.31	15	9.15	4	0.73	10
贵州	2.78	16	0.04	17	4.15	9	1.47	7
云南	4.00	11	…	21	2.56	13	17.89	2
西藏	0.16	29			0.17	28		
陕西	2.73	17	0.74	11	2.14	16	…	25
甘肃	2.52	19	0.90	10	2.34	14	0.26	16
青海	0.25	28			1.07	21	…	26
宁夏	0.68	25			0.57	26		
新疆	2.00	21	46.26	1	1.57	20	3.31	4

各地区粮、棉、油、糖产量占全国比重及位次

单位:%

地区	粮食		棉花		油料		糖料		每公顷产量位次			
	比重	位次	比重	位次	比重	位次	比重	位次	粮食	棉花	油料	糖料
全国总计	**100.00**		**100.00**		**100.00**		**100.00**					
北京	0.11	31	…	22	0.02	30			16	16	12	
天津	0.29	27	0.62	12	0.01	31			21	10	5	
河北	5.54	8	6.98	3	4.28	8	0.57	8	17	17	3	12
山西	2.19	18	0.38	14	0.49	24	0.06	22	28	11	31	16
内蒙古	4.54	10	0.02	17	4.86	7	1.20	7	24	7	24	19
辽宁	2.89	14	…	23	1.82	16	0.08	20	13	14	23	13
吉林	5.82	4	0.01	20	2.44	13	0.05	23	1	4	4	25
黑龙江	10.28	1			0.49	25	0.31	14	15		25	20
上海	0.19	28	0.02	18	0.04	29	…	24	2	6	16	15
江苏	5.75	5	2.58	6	4.18	9	0.08	21	3	12	6	9
浙江	1.25	23	0.40	13	0.87	22	0.47	11	7	8	19	7
安徽	5.63	6	4.26	5	6.52	6	0.15	18	19	19	7	22
福建	1.10	24	…	24	0.85	23	0.40	13	11	23	14	8
江西	3.53	12	2.16	8	3.47	10	0.48	10	9	5	29	17
山东	7.57	3	10.76	2	9.58	3	…	27	5	13	1	24
河南	9.51	2	2.38	7	16.66	1	0.20	16	10	21	2	4
湖北	4.26	11	5.82	4	9.74	2	0.23	15	8	18	17	21
湖南	4.94	9	2.09	9	6.66	5	0.49	9	6	20	30	14
广东	2.24	17			3.01	11	11.26	3	14		8	1
广西	2.53	15	0.04	16	1.75	18	59.52	1	22	15	13	3
海南	0.31	26			0.33	27	3.18	5	25		9	5
重庆	1.89	21			1.62	20	0.08	19	20		26	23
四川	5.56	7	0.20	15	8.58	4	0.42	12	18	22	15	18
贵州	1.88	22	0.02	19	2.80	12	1.26	6	31	24	28	10
云南	3.07	13	…	21	1.84	15	15.80	2	26	1	27	6
西藏	0.16	30			0.18	28			12		11	
陕西	1.97	19	0.68	11	1.78	17	…	25	29	9	21	27
甘肃	1.91	20	1.04	10	2.06	14	0.20	17	27	3	18	11
青海	0.17	29			0.90	21	…	26	30		20	26
宁夏	0.62	25			0.47	26			23		22	
新疆	2.33	16	59.52	1	1.69	19	3.53	4	4	2	10	2

各地区肉、蛋、奶、水产品产量占全国比重及位次

单位：%

地区	肉		蛋		奶		水产品	
	比重	位次	比重	位次	比重	位次	比重	位次
全国总计	**100.00**		**100.00**		**100.00**		**100.00**	
北京	0.45	27	0.68	23	1.55	15	0.11	27
天津	0.53	26	0.67	24	1.79	12	0.63	19
河北	5.38	5	12.53	3	12.92	3	1.96	14
山西	1.00	24	2.89	12	2.53	10	0.08	28
内蒙古	2.90	15	1.85	14	20.75	1	0.23	24
辽宁	4.93	8	9.65	4	3.50	9	8.14	5
吉林	3.01	14	3.40	9	1.30	16	0.29	22
黑龙江	2.64	16	3.39	10	14.58	2	0.79	17
上海	0.27	31	0.18	28	0.70	21	0.51	20
江苏	4.36	11	6.72	5	1.58	14	8.03	6
浙江	1.80	20	1.35	17	0.41	23	8.89	4
安徽	4.76	10	4.23	8	0.73	20	3.46	11
福建	2.45	18	0.88	20	0.40	24	10.77	3
江西	3.90	13	1.65	15	0.33	26	3.93	9
山东	8.85	1	13.41	2	7.54	5	13.99	1
河南	8.26	2	13.96	1	8.91	4	1.42	15
湖北	5.06	6	5.36	6	0.43	22	6.71	7
湖南	6.28	4	3.38	11	0.24	28	3.84	10
广东	4.93	7	1.14	18	0.36	25	12.94	2
广西	4.82	9	0.77	22	0.25	27	5.14	8
海南	0.91	25	0.13	29	0.01	31	3.06	12
重庆	2.46	17	1.49	16	0.15	30	0.69	18
四川	8.21	3	5.02	7	1.86	11	2.05	13
贵州	2.32	19	0.56	25	0.15	29	0.32	21
云南	4.35	12	0.84	21	1.68	13	0.90	16
西藏	0.30	30	0.02	31	0.89	18	…	31
陕西	1.34	22	1.88	13	5.01	6	0.22	26
甘肃	1.10	23	0.53	26	1.05	17	0.02	29
青海	0.38	28	0.08	30	0.81	19	0.01	30
宁夏	0.33	29	0.29	27	3.53	8	0.25	23
新疆	1.71	21	1.05	19	4.05	7	0.22	25

各地区人均主要农产品产量

单位：千克

地区	粮食	棉花	油料	糖料	肉	蛋	奶	水产品
全国人均	**444.9**	**4.5**	**25.7**	**97.9**	**63.8**	**21.2**	**28.2**	**47.4**
北京	30.0	…	0.3		18.4	9.2	27.9	3.2
天津	117.7	2.6	0.3		31.1	13.0	46.1	27.3
河北	456.7	5.9	20.4	10.3	63.6	49.3	67.4	17.2
山西	365.7	0.6	4.8	2.2	24.0	23.0	26.7	1.4
内蒙古	1100.7	0.1	68.1	64.0	100.9	21.4	318.7	5.9
辽宁	399.5	…	14.5	2.3	97.8	63.6	30.6	119.7
吉林	1283.8	…	31.1	2.3	95.2	35.8	18.1	6.9
黑龙江	1628.1		4.5	10.7	60.0	25.6	146.1	13.4
上海	46.5	0.1	0.5	0.2	9.7	2.2	11.2	13.7
江苏	439.1	2.0	18.4	1.3	47.7	24.5	7.6	65.3
浙江	137.6	0.5	5.6	11.4	28.6	7.1	2.9	104.3
安徽	564.0	4.3	37.8	3.2	68.4	20.2	4.6	36.9
福建	176.0	…	7.9	14.0	56.4	6.7	4.1	183.6
江西	473.0	2.9	26.9	14.2	75.0	10.5	2.8	56.0
山东	470.9	6.8	34.4	…	78.9	39.8	29.7	92.6
河南	612.5	1.6	62.0	2.9	76.3	42.9	36.3	9.7
湖北	445.0	6.2	58.8	5.2	75.8	26.7	2.8	74.6
湖南	447.0	1.9	34.8	9.8	81.4	14.6	1.4	37.0
广东	127.0		9.9	140.8	40.2	3.1	1.3	78.3
广西	324.0	0.1	12.9	1679.0	88.7	4.7	2.0	70.2
海南	207.5		12.9	472.4	88.4	4.2	0.3	219.5
重庆	384.0		19.1	3.5	71.9	14.5	1.9	14.9
四川	415.4	0.2	37.0	6.9	88.0	17.9	8.8	16.3
贵州	324.8	…	28.0	48.0	57.6	4.6	1.6	6.0
云南	395.9	…	13.8	449.0	80.5	5.2	13.7	12.4
西藏	311.2		20.3		83.8	1.5	109.0	0.1
陕西	317.8	1.1	16.5	…	31.0	14.5	51.0	3.7
甘肃	448.0	2.5	28.0	10.2	36.9	6.0	15.6	0.6
青海	180.5		54.3	0.2	57.5	3.8	53.8	1.6
宁夏	574.4		25.1		43.3	12.6	206.3	24.7
新疆	620.0	161.2	26.0	206.9	65.4	13.4	68.2	6.3

二、种 植 业

全国主要农作物播种面积和产量增减情况（一）

指标	播种面积（千公顷）	总产量（万吨）	每公顷产量（千克）	比上年增减绝对量		
				播种面积（千公顷）	总产量（万吨）	每公顷产量（千克）
农作物播种面积	**165 446.2**			**819.3**		
粮食作物	**112 722.6**	**60 702.6**	**5 385**	**767.0**	**508.8**	**9**
夏收粮食	27 581.6	13 659.6	4 952	-6.5	474.7	173
秋收粮食	79346.0	43641.9	5 500	783.0	46.4	-49
谷物	94 603.5	55 740.7	5 892	834.8	471.5	-2
稻谷	30 309.9	20 650.7	6 813	-1.9	289.5	96
早稻	5 795.0	3 401.2	5 869	-9.4	-12.4	-12
中稻和一季晚稻	18 164.2	13 453.6	7 407	-22.1	156.0	95
双季晚稻	6 350.7	3 795.9	5 977	29.7	145.9	203
小麦	24 069.4	12 620.8	5 244	-47.8	428.2	188
冬小麦	22 563.6	12 008.0	5 322	11.0	422.7	185
春小麦	1 505.8	612.8	4 070	-58.9	5.5	189
玉米	37 123.4	21 564.6	5 809	805.0	-284.3	-207
谷子	771.8	180.9	2 344	56.1	6.3	-95
高粱	619.2	288.5	4 659	36.8	-0.7	-306
其他谷物	1 709.8	435.1	2 545	-13.4	32.4	208
大麦	468.8	181.2	3 865	3.2	11.3	215
豆类	9 178.8	1 625.5	1 771	-44.8	30.2	41
大豆	6 799.9	1 215.4	1 787	9.4	20.3	27
绿豆	540.1	68.9	1 276	-92.7	-6.4	86
红小豆	151.7	24.2	1 595	-12.3	-3.2	-77
薯类（折粮）	8 940.3	3 336.4	3 732	-23.0	7.1	17
马铃薯	5 573.3	1 910.3	3 428	-41.3	-8.5	10

全国主要农作物播种面积和产量增减情况（二）

指标	播种面积（千公顷）	总产量（万吨）	每公顷产量（千克）	比上年增减绝对量		
				播种面积（千公顷）	总产量（万吨）	每公顷产量（千克）
油料作物	**14 042.7**	**3 507.4**	**2 498**	**20.1**	**-9.6**	**-10**
花生	4 603.9	1 648.2	3 580	-29.1	-49.0	-83
油菜籽	7 587.9	1 477.2	1 947	56.9	31.4	27
芝麻	429.1	63.0	1 468	10.7	0.6	-22
胡麻籽	306.1	38.7	1 263	-6.8	-1.2	-12
向日葵籽	948.5	249.2	2 627	25.2	6.8	2
棉花	**4 222.3**	**617.8**	**1 463**	**-123.3**	**-12.1**	**14**
麻类	**86.4**	**23.1**	**2 673**	**-5.1**	**0.2**	**167**
黄红麻	14.4	5.6	3 885	-2.7	-0.5	304
苎麻	59.5	11.6	1 944	-3.3	-0.4	36
大麻（线麻）	7.7	3.2	4 217	1.1	1.4	1 353
亚麻	3.1	2.3	7 671	-1.7	-0.1	2 568
糖料	**1 899.2**	**13 361.2**	**70 350**	**-99.1**	**-385.0**	**1 563**
甘蔗	1 760.4	12 561.1	71 352	-56.0	-259.0	776
甜菜	138.8	800.0	57 647	-43.1	-125.9	6 725
烟叶	**1 463.1**	**299.4**	**2 047**	**-159.8**	**-37.9**	**-32**
烤烟	1 378.7	280.3	2 033	-148.2	-34.6	-29
药材类	**1 984.8**			**163.2**		
蔬菜瓜果类	**23 896.1**	**85 559.6**	**35 805**	**541.2**	**2 725.8**	**337**
蔬菜类（含菜用瓜）	21 404.8	76 005.5	35 509	505.4	2 493.5	334
瓜果类（含果用瓜）	2 491.3	9 554.1	38 350	35.9	232.3	386
西瓜	1 852.3	7 484.3	40 406	24.0	189.9	508
甜瓜	438.9	1 475.8	33 624	15.9	42.1	-265
草莓	113.3	311.3	27 469	3.4	11.5	204
其他农作物	**5 129.0**			**-284.9**		
青饲料	2 019.5			-81.9		

各地区农作物总播种面积增减情况

单位：千公顷

地　区	2014 年	2013 年	2014 年比 2013 年增减	
			绝对量	%
全国总计	**165 446.2**	**164 626.9**	**819.3**	**0.50**
北　京	196.1	242.5	-46.4	-19.12
天　津	479.0	473.5	5.5	1.16
河　北	8 713.1	8 749.2	-36.1	-0.41
山　西	3 783.4	3 782.4	1.0	0.03
内蒙古	7 356.0	7 211.2	144.8	2.01
辽　宁	4 164.1	4 208.8	-44.7	-1.06
吉　林	5 615.3	5 413.1	202.2	3.74
黑龙江	12 225.9	12 200.8	25.1	0.21
上　海	357.0	377.3	-20.3	-5.39
江　苏	7 678.6	7 683.6	-5.0	-0.07
浙　江	2 274.0	2 311.9	-37.9	-1.64
安　徽	8 945.5	8 945.6	-0.1	0.00
福　建	2 305.2	2 292.2	13.0	0.57
江　西	5 570.5	5 552.6	18.0	0.32
山　东	11 037.9	10 976.4	61.5	0.56
河　南	14 378.3	14 323.5	54.8	0.38
湖　北	8 112.3	8 106.2	6.1	0.07
湖　南	8 764.5	8 650.0	114.5	1.32
广　东	4 744.9	4 698.1	46.9	1.00
广　西	5 929.9	6 137.2	-207.2	-3.38
海　南	859.6	848.2	11.4	1.34
重　庆	3 540.4	3 515.9	24.5	0.70
四　川	9 668.6	9 682.2	-13.6	-0.14
贵　州	5 516.5	5 390.1	126.3	2.34
云　南	7 194.4	7 148.2	46.3	0.65
西　藏	251.0	248.6	2.4	0.96
陕　西	4 262.1	4 269.0	-6.9	-0.16
甘　肃	4 197.5	4 155.9	41.6	1.00
青　海	553.7	555.8	-2.1	-0.37
宁　夏	1 253.2	1 264.7	-11.5	-0.91
新　疆	5 517.6	5 212.3	305.4	5.86

各地区粮食作物播种面积和产量

地区	播种面积（千公顷）	总产量（万吨）	每公顷产量（千克）	比上年增减		
				播种面积（千公顷）	总产量	
					绝对量（万吨）	%
全国总计	**112 722.6**	**60 702.6**	**5 385**	**767.0**	**508.8**	**0.85**
北　京	120.2	63.9	5 320	-38.7	-32.2	-33.49
天　津	345.8	176.0	5 088	13.0	1.2	0.71
河　北	6 332.0	3 360.2	5 307	16.1	-4.8	-0.14
山　西	3 286.4	1 330.8	4 049	12.1	18.0	1.37
内蒙古	5 651.0	2 753.0	4 872	33.7	-20.0	-0.72
辽　宁	3 235.1	1 753.9	5 421	8.7	-441.7	-20.12
吉　林	5 000.7	3 532.8	7 065	210.8	-18.2	-0.51
黑龙江	11 696.4	6 242.2	5 337	132.1	238.1	3.97
上　海	164.9	112.5	6 826	-3.6	-1.6	-1.41
江　苏	5 376.1	3 490.6	6 493	15.3	67.6	1.98
浙　江	1 266.8	757.4	5 979	13.1	23.5	3.20
安　徽	6 628.9	3 415.8	5 153	3.6	136.2	4.15
福　建	1 197.7	667.0	5 569	-4.3	2.7	0.40
江　西	3 697.3	2 143.5	5 797	6.5	27.4	1.29
山　东	7 440.0	4 596.6	6 178	145.5	68.4	1.51
河　南	10 209.8	5 772.3	5 654	128.0	58.6	1.03
湖　北	4 370.4	2 584.2	5 913	112.0	82.9	3.31
湖　南	4 975.1	3 001.3	6 033	38.6	75.5	2.58
广　东	2 507.0	1 357.3	5 414	-0.6	41.4	3.15
广　西	3 067.7	1 534.4	5 002	-8.3	12.6	0.83
海　南	394.0	186.6	4 736	-27.8	-4.3	-2.25
重　庆	2 242.5	1 144.5	5 104	-11.4	-3.6	-0.31
四　川	6 467.4	3 374.9	5 218	-2.5	-12.2	-0.36
贵　州	3 138.4	1 138.5	3 628	19.9	108.5	10.54
云　南	4 508.2	1 860.7	4 127	8.8	36.7	2.01
西　藏	176.4	98.0	5 554	0.5	1.8	1.89
陕　西	3 076.5	1 197.8	3 893	-28.6	-18.0	-1.48
甘　肃	2 842.5	1 158.7	4 076	-16.2	19.8	1.73
青　海	280.1	104.8	3 742	0.1	2.4	2.38
宁　夏	771.3	377.9	4 899	-30.3	4.5	1.20
新　疆	2 255.9	1 414.5	6 270	21.0	37.5	2.72

各地区夏粮作物播种面积和产量

地区	播种面积（千公顷）	总产量（万吨）	每公顷产量（千克）	比上年增减		
				播种面积（千公顷）	总产量	
					绝对量（万吨）	%
全国总计	**27 581.6**	**13 659.6**	**4 952**	**-6.5**	**474.7**	**3.60**
北京	23.6	12.2	5 175	-12.6	-6.5	-34.79
天津	110.7	58.6	5 297	0.3	1.3	2.34
河北	2 365.0	1 444.0	6 106	-42.1	41.6	2.97
山西	685.1	260.3	3 799	-5.5	28.6	12.34
内蒙古						
辽宁	63.6	32.6	5 126	2.7	1.1	3.49
吉林						
黑龙江						
上海	57.3	24.0	4 191	-1.7	0.8	3.27
江苏	2 395.1	1 254.7	5 239	8.5	58.9	4.92
浙江	189.6	67.9	3 581	9.1	4.0	6.20
安徽	2 474.6	1 400.0	5 657	1.3	61.5	4.59
福建	91.2	36.5	4 005	1.4	1.1	3.02
江西	63.1	9.8	1 552	0.7	0.3	3.16
山东	3 741.4	2 264.5	6 053	67.1	45.1	2.03
河南	5 433.3	3 338.8	6 145	40.0	103.6	3.20
湖北	1 380.9	505.6	3 661	-12.1	4.6	0.92
湖南	204.2	63.1	3 090	9.8	3.0	4.99
广东	230.7	108.7	4 713	0.8	0.9	0.81
广西	113.2	36.9	3 261	5.0	0.9	2.52
海南	52.8	20.4	3 860	-19.8	-9.5	-31.71
重庆	488.4	146.4	2 998	-18.6	-7.2	-4.68
四川	1 795.3	590.6	3 290	-15.7	15.1	2.62
贵州	1 000.9	264.7	2 645	10.2	24.0	9.97
云南	1 191.1	267.9	2 249	2.8	27.5	11.43
西藏						
陕西	1 223.1	451.3	3 690	-14.3	27.7	6.54
甘肃	909.4	310.1	3 410	-25.7	31.7	11.38
青海						
宁夏	145.4	42.7	2 936	-19.5	-5.4	-11.20
新疆	1 152.5	647.2	5 616	21.4	20.2	3.22

各地区秋粮作物播种面积和产量

地区	播种面积（千公顷）	总产量（万吨）	每公顷产量（千克）	比上年增减		
				播种面积（千公顷）	总产量	
					绝对量（万吨）	%
全国总计	**79 346.0**	**43 641.9**	**5 500**	**783.0**	**46.4**	**0.11**
北京	96.6	51.7	5 356	-26.1	-25.7	-33.17
天津	235.2	117.3	4 989	12.8	-0.1	-0.09
河北	3 967.0	1 916.2	4 830	58.2	-46.4	-2.37
山西	2 601.3	1 070.5	4 115	17.6	-10.6	-0.98
内蒙古	5 651.0	2 753.0	4 872	33.7	-20.0	-0.72
辽宁	3 171.5	1 721.3	5 427	6.0	-442.8	-20.46
吉林	5 000.7	3 532.8	7 065	210.8	-18.2	-0.51
黑龙江	11 696.4	6 242.2	5 337	132.1	238.1	3.97
上海	107.6	88.5	8 231	-2.0	-2.4	-2.61
江苏	2 981.0	2 235.9	7 501	6.8	8.8	0.39
浙江	960.8	618.0	6 432	2.7	19.7	3.29
安徽	3 929.0	1 887.6	4 804	12.5	77.3	4.27
福建	917.3	516.6	5 631	1.2	5.3	1.03
江西	2 239.6	1 313.6	5 865	8.8	35.0	2.74
山东	3 698.6	2 332.1	6 305	78.3	23.3	1.01
河南	4 776.5	2 433.5	5 095	88.0	-45.0	-1.82
湖北	2 577.1	1 839.9	7 139	97.2	62.4	3.51
湖南	3 317.6	2 083.4	6 280	22.2	78.2	3.90
广东	1 383.1	725.4	5 245	10.8	38.4	5.59
广西	2 036.9	954.2	4 685	-3.0	23.6	2.54
海南	197.9	85.3	4 308	-6.4	3.9	4.75
重庆	1 754.1	998.1	5 690	7.2	3.6	0.36
四川	4 671.3	2 783.9	5 960	13.4	-27.2	-0.97
贵州	2 137.5	873.8	4 088	9.7	84.5	10.71
云南	3 268.2	1 566.7	4 794	5.8	8.9	0.57
西藏	176.4	98.0	5 554	0.5	1.8	1.89
陕西	1 853.5	746.5	4 028	-14.3	-45.7	-5.77
甘肃	1 933.1	848.6	4 390	9.5	-11.9	-1.39
青海	280.1	104.8	3 742	0.1	2.4	2.38
宁夏	625.9	335.2	5 355	-10.8	9.9	3.04
新疆	1 103.4	767.3	6 954	-0.4	17.3	2.30

各地区谷物播种面积和产量

地区	播种面积（千公顷）	总产量（万吨）	每公顷产量（千克）	比上年增减		
				播种面积（千公顷）	总产量	
					绝对量（万吨）	%
全国总计	**94 603.5**	**55 740.7**	**5 892**	**834.8**	**471.5**	**0.85**
北京	114.0	62.6	5 490	-38.5	-31.9	-33.73
天津	336.8	174.3	5 177	12.2	0.9	0.50
河北	5 912.2	3 224.9	5 455	28.3	3.1	0.10
山西	2 772.9	1 260.3	4 545	9.3	14.3	1.15
内蒙古	4 455.5	2 493.1	5 596	205.5	59.5	2.44
辽宁	3 032.4	1 674.8	5 523	19.1	-447.9	-21.10
吉林	4 595.0	3 420.8	7 445	222.1	-23.0	-0.67
黑龙江	8 833.4	5 665.5	6 414	37.6	169.6	3.09
上海	158.5	110.5	6 973	-4.6	-1.8	-1.61
江苏	5 014.7	3 386.3	6 753	27.0	73.4	2.21
浙江	1 008.1	664.2	6 588	4.1	16.3	2.52
安徽	5 543.3	3 260.2	5 881	8.9	132.9	4.25
福建	861.0	519.7	6 037	-11.4	-3.9	-0.74
江西	3 389.6	2 041.5	6 023	2.0	21.6	1.07
山东	7 014.4	4 361.5	6 218	132.8	64.3	1.50
河南	9 408.5	5 604.6	5 957	132.4	81.9	1.48
湖北	3 887.9	2 454.5	6 313	93.1	80.6	3.40
湖南	4 520.3	2 839.8	6 282	36.4	76.2	2.76
广东	2 078.1	1 171.0	5 635	-14.7	41.9	3.71
广西	2 631.2	1 435.7	5 456	-25.0	10.2	0.72
海南	312.3	155.5	4 979	-27.4	-6.5	-3.99
重庆	1 276.9	796.8	6 241	-15.2	-7.8	-0.97
四川	4 720.4	2 784.2	5 898	-37.9	-31.1	-1.10
贵州	1 869.7	816.0	4 364	5.5	75.3	10.17
云南	3 274.4	1 534.9	4 688	1.2	49.9	3.36
西藏	169.7	95.2	5 612	0.5	1.8	1.89
陕西	2 554.8	1 079.8	4 227	-3.3	-16.4	-1.50
甘肃	1 983.9	887.6	4 474	7.6	31.2	3.65
青海	160.2	63.2	3 945	1.0	2.4	3.88
宁夏	565.6	332.4	5 876	8.7	5.0	1.51
新疆	2 147.8	1 369.1	6 374	17.6	29.4	2.20

各地区稻谷播种面积和产量

地　区	播种面积（千公顷）	总产量（万吨）	每公顷产量（千克）	比上年增减		
				播种面积（千公顷）	总产量	
					绝对量（万吨）	%
全国总计	**30 309.9**	**20 650.7**	**6 813**	**-1.9**	**289.5**	**1.42**
北　京	0.2	0.1	6 943	…	…	-2.81
天　津	16.4	12.1	7 414	-0.4	-0.8	-6.04
河　北	84.8	54.2	6 383	-2.0	-4.6	-7.85
山　西	0.9	0.6	6 889	-0.1	-0.1	-7.46
内蒙古	78.1	52.4	6 704	2.2	-3.6	-6.48
辽　宁	562.1	451.5	8 032	-87.1	-55.4	-10.93
吉　林	747.1	587.6	7 866	20.4	24.4	4.32
黑龙江	3 205.5	2 251.0	7 023	29.9	30.5	1.37
上　海	98.4	84.1	8 544	-3.5	-2.7	-3.14
江　苏	2 271.7	1 912.0	8 417	6.0	-10.3	-0.53
浙　江	824.2	590.1	7 160	-4.5	9.9	1.71
安　徽	2 217.3	1 394.6	6 289	3.2	32.3	2.37
福　建	804.5	497.1	6 179	-13.0	-5.0	-0.99
江　西	3 339.5	2 025.2	6 064	1.5	21.2	1.06
山　东	122.4	101.0	8 252	-0.7	-2.6	-2.53
河　南	649.7	528.6	8 136	8.3	42.8	8.81
湖　北	2 144.0	1 729.5	8 067	42.8	52.8	3.15
湖　南	4 120.7	2 634.0	6 392	35.7	72.5	2.83
广　东	1 893.3	1 091.6	5 766	-15.5	46.6	4.46
广　西	2 026.2	1 166.1	5 755	-20.4	9.9	0.86
海　南	312.2	155.4	4 979	0.3	5.6	3.75
重　庆	689.7	503.2	7 296	1.0	0.1	0.02
四　川	1 991.8	1 526.5	7 664	1.1	-23.0	-1.48
贵　州	682.0	403.2	5 913	-2.5	41.9	11.61
云　南	1 144.7	666.1	5 819	-8.0	-1.8	-0.27
西　藏	1.0	0.5	4 747	…	-0.1	-14.55
陕　西	123.4	90.9	7 363	-0.3	-0.1	-0.09
甘　肃	5.1	3.5	6 887	-0.1	-0.3	-7.09
青　海						
宁　夏	78.1	61.8	7 923	-4.1	-7.1	-10.24
新　疆	75.1	76.2	10 148	7.8	16.4	27.33

各地区早稻播种面积和产量

地区	播种面积（千公顷）	总产量（万吨）	每公顷产量（千克）	比上年增减		
				播种面积（千公顷）	总产量	
					绝对量（万吨）	%
全国总计	**5 795.0**	**3 401.2**	**5 869**	**-9.4**	**-12.4**	**-0.36**
北京						
天津						
河北						
山西						
内蒙古						
辽宁						
吉林						
黑龙江						
上海						
江苏						
浙江	116.4	71.5	6 144	1.3	-0.2	-0.29
安徽	225.3	128.3	5 693	-10.2	-2.5	-1.93
福建	189.2	113.9	6 020	-6.9	-3.7	-3.11
江西	1 394.6	820.1	5 881	-3.1	-7.9	-0.95
山东						
河南						
湖北	412.4	238.7	5 787	26.8	15.9	7.15
湖南	1 453.3	854.8	5 882	6.6	-5.7	-0.66
广东	893.2	523.2	5 857	-12.2	2.1	0.41
广西	917.6	543.3	5 921	-10.3	-11.9	-2.14
海南	143.3	81.0	5 650	-1.6	1.3	1.63
重庆						
四川	0.8	0.4	5 000	-0.2	-0.1	-20.00
贵州						
云南	48.9	26.1	5 337	0.2	0.3	1.16
西藏						
陕西						
甘肃						
青海						
宁夏						
新疆						

各地区中稻和一季晚稻播种面积和产量

地　区	播种面积（千公顷）	总产量（万吨）	每公顷产量（千克）	比上年增减		
				播种面积（千公顷）	总产量	
					绝对量（万吨）	%
全国总计	**18 164.2**	**13 453.6**	**7 407**	**-22.1**	**156.0**	**1.17**
北　京	0.2	0.1	6 943	…	…	-2.81
天　津	16.4	12.1	7 414	-0.4	-0.8	-6.04
河　北	84.8	54.2	6 383	-2.0	-4.6	-7.85
山　西	0.9	0.6	6 889	-0.1	-0.1	-7.46
内蒙古	78.1	52.4	6 704	2.2	-3.6	-6.48
辽　宁	562.1	451.5	8 032	-87.1	-55.4	-10.93
吉　林	747.1	587.6	7 866	20.4	24.4	4.32
黑龙江	3 205.5	2 251.0	7 023	29.9	30.5	1.37
上　海	98.4	84.1	8 544	-3.5	-2.7	-3.14
江　苏	2 271.7	1 912.0	8 417	6.0	-10.3	-0.53
浙　江	587.7	444.0	7 555	-5.3	4.2	0.95
安　徽	1 753.5	1 137.3	6 486	23.4	35.8	3.25
福　建	306.6	194.1	6 333	1.0	0.6	0.29
江　西	394.5	272.5	6 907	1.6	8.2	3.10
山　东	122.4	101.0	8 252	-0.7	-2.6	-2.53
河　南	649.7	528.6	8 136	8.3	42.8	8.81
湖　北	1 258.6	1 167.9	9 279	-7.0	14.3	1.24
湖　南	1 173.7	816.5	6 957	1.9	46.2	5.99
广　东						
广　西	148.9	97.5	6 549	-2.4	4.6	4.89
海　南						
重　庆	689.7	503.2	7 296	1.0	0.1	0.02
四　川	1 991.0	1 526.1	7 665	1.7	-22.6	-1.46
贵　州	682.0	403.2	5 913	-2.5	41.9	11.61
云　南	1 058.2	623.1	5 888	-11.9	-3.6	-0.57
西　藏	1.0	0.5	4 747	…	-0.1	-14.55
陕　西	123.4	90.9	7 363	-0.3	-0.1	-0.09
甘　肃	5.1	3.5	6 887	-0.1	-0.3	-7.09
青　海						
宁　夏	78.1	61.8	7 923	-4.1	-7.1	-10.24
新　疆	75.1	76.2	10 148	7.8	16.4	27.33

各地区双季晚稻播种面积和产量

地 区	播种面积（千公顷）	总产量（万吨）	每公顷产量（千克）	比上年增减		
				播种面积（千公顷）	总产量	
					绝对量（万吨）	%
全国总计	**6 350.7**	**3 795.9**	**5 977**	**29.7**	**145.9**	**4.00**
北 京						
天 津						
河 北						
山 西						
内 蒙 古						
辽 宁						
吉 林						
黑 龙 江						
上 海						
江 苏						
浙 江	120.1	74.6	6 211	-0.5	6.0	8.67
安 徽	238.5	129.0	5 408	-10.0	-1.0	-0.78
福 建	308.7	189.0	6 122	-7.2	-1.9	-0.98
江 西	1 550.4	932.6	6 015	3.0	20.8	2.29
山 东						
河 南						
湖 北	472.9	322.9	6 828	23.0	22.6	7.54
湖 南	1 493.8	962.7	6 445	27.2	32.0	3.44
广 东	1 000.1	568.5	5 684	-3.3	44.5	8.50
广 西	959.7	525.3	5 473	-7.7	17.3	3.40
海 南	168.9	74.5	4 410	168.9	74.5	…
重 庆						
四 川						
贵 州						
云 南	37.6	16.9	4 495	3.7	1.5	9.74
西 藏						
陕 西						
甘 肃						
青 海						
宁 夏						
新 疆						

各地区小麦播种面积和产量

地区	播种面积（千公顷）	总产量（万吨）	每公顷产量（千克）	比上年增减		
				播种面积（千公顷）	总产量	
					绝对量（万吨）	%
全国总计	**24 069.4**	**12 620.8**	**5 244**	**-47.8**	**428.2**	**3.51**
北京	23.6	12.2	5 177	-12.6	-6.5	-34.82
天津	110.7	58.6	5 297	0.3	1.3	2.34
河北	2 342.7	1 429.9	6 104	-35.0	42.7	3.08
山西	673.9	259.1	3 845	-3.6	28.4	12.30
内蒙古	563.5	153.9	2 731	-7.7	-26.5	-14.69
辽宁	5.8	2.8	4 828	0.2	0.1	2.94
吉林	0.4	0.1	4 005	0.4	0.1	…
黑龙江	145.7	46.6	3 199	12.7	7.7	19.85
上海	43.9	18.6	4 244	-0.5	1.0	5.67
江苏	2 159.9	1 160.4	5 372	13.0	59.1	5.37
浙江	82.1	31.0	3 769	6.6	3.1	11.21
安徽	2 434.5	1 393.6	5 724	1.7	61.6	4.62
福建	2.3	0.7	2 931	…	…	-0.07
江西	12.0	2.6	2 133	0.2	0.1	2.81
山东	3 740.2	2 263.8	6 053	67.0	45.0	2.03
河南	5 406.7	3 329.0	6 157	40.0	102.6	3.18
湖北	1 074.3	421.6	3 924	-20.5	4.8	1.15
湖南	30.6	10.3	3 376	-1.7	-0.6	-5.75
广东	0.9	0.3	3 226	…	…	-6.25
广西	1.4	0.2	1 399	-0.4	-0.1	-23.08
海南						
重庆	87.0	27.0	3 099	-20.6	-6.7	-20.01
四川	1 170.7	423.2	3 615	-45.3	1.9	0.45
贵州	251.5	61.5	2 445	-0.3	10.0	19.39
云南	434.4	83.6	1 924	-2.9	3.1	3.81
西藏	36.9	23.7	6 427	-0.9	-0.3	-1.41
陕西	1 082.9	417.2	3 853	-11.9	27.4	7.04
甘肃	792.5	271.6	3 427	-19.2	35.7	15.13
青海	88.6	34.9	3 935	-6.8	-1.1	-3.06
宁夏	127.5	40.6	3 181	-21.4	-5.8	-12.45
新疆	1 142.4	642.3	5 622	21.4	40.2	6.68

各地区冬小麦播种面积和产量

地区	播种面积（千公顷）	总产量（万吨）	每公顷产量（千克）	比上年增减		
				播种面积（千公顷）	总产量	
					绝对量（万吨）	%
全国总计	**22 563.6**	**12 008.0**	**5 322**	**11.0**	**422.7**	**3.65**
北京	23.6	12.2	5 178	-12.6	-6.5	-34.87
天津	99.1	53.4	5 387	-0.6	0.9	1.70
河北	2 336.7	1 427.0	6 107	-31.6	41.9	3.03
山西	673.5	258.9	3 844	-3.6	28.4	12.31
内蒙古						
辽宁						
吉林						
黑龙江						
上海	43.9	18.6	4 244	-0.5	1.0	5.67
江苏	2 159.9	1 160.4	5 372	13.0	59.1	5.37
浙江	82.1	31.0	3 769	6.6	3.1	11.21
安徽	2 434.5	1 393.6	5 724	1.7	61.6	4.62
福建	2.3	0.7	2 931	…	…	-0.07
江西	12.0	2.6	2 133	0.2	0.1	2.81
山东	3 740.2	2 263.8	6 053	67.0	45.0	2.03
河南	5 406.7	3 329.0	6 157	40.0	102.6	3.18
湖北	1 074.3	421.6	3 924	-20.5	4.8	1.15
湖南	30.6	10.3	3 376	-1.7	-0.6	-5.75
广东	0.9	0.3	3 226	…	…	-6.25
广西	1.4	0.2	1 399	-0.4	-0.1	-23.08
海南						
重庆	87.0	27.0	3 099	-20.6	-6.7	-20.01
四川	1 170.7	423.2	3 615	-45.3	1.9	0.45
贵州	251.5	61.5	2 445	-0.3	10.0	19.39
云南	434.4	83.6	1 924	-2.9	3.1	3.81
西藏	27.5	18.6	6 748	-0.5	-0.2	-1.01
陕西	1 082.9	417.2	3 853	-11.9	27.4	7.04
甘肃	576.6	167.3	2 901	6.4	19.4	13.12
青海						
宁夏	67.7	11.6	1 718	-16.9	-2.4	-16.87
新疆	743.5	414.5	5 574	46.1	29.0	7.51

各地区春小麦播种面积和产量

地　　区	播种面积（千公顷）	总产量（万吨）	每公顷产量（千克）	比上年增减		
				播种面积（千公顷）	总产量	
					绝对量（万吨）	%
全国总计	**1 505.8**	**612.8**	**4 070**	**-58.9**	**5.5**	**0.91**
北　　京	…	…	4 446	…	…	…
天　　津	11.6	5.3	4 534	0.9	0.5	9.36
河　　北	6.0	2.9	4 801	-3.4	0.8	36.79
山　　西	0.4	0.2	5 000	…	…	0.00
内 蒙 古	563.5	153.9	2 731	-7.7	-26.5	-14.69
辽　　宁	5.8	2.8	4 828	0.2	0.1	2.94
吉　　林	0.4	0.1	4 005	0.4	0.1	…
黑 龙 江	145.7	46.6	3 199	12.7	7.7	19.85
上　　海						
江　　苏						
浙　　江						
安　　徽						
福　　建						
江　　西						
山　　东						
河　　南						
湖　　北						
湖　　南						
广　　东						
广　　西						
海　　南						
重　　庆						
四　　川						
贵　　州						
云　　南						
西　　藏	9.4	5.2	5 489	-0.4	-0.1	-2.82
陕　　西						
甘　　肃	215.9	104.3	4 831	-25.6	16.3	18.52
青　　海	88.6	34.9	3 935	-6.8	-1.1	-3.06
宁　　夏	59.8	28.9	4 839	-4.4	-3.4	-10.55
新　　疆	398.8	227.8	5 712	-24.7	11.2	5.18

各地区玉米播种面积和产量

地　　区	播种面积（千公顷）	总产量（万吨）	每公顷产量（千克）	比上年增减		
				播种面积（千公顷）	总产量	
					绝对量（万吨）	%
全国总计	**37 123.4**	**21 564.6**	**5 809**	**805.0**	**−284.3**	**−1.30**
北　　京	88.6	50.0	5 646	−25.9	−25.1	−33.44
天　　津	202.8	101.4	5 000	11.1	−0.7	−0.72
河　　北	3 170.9	1 670.7	5 269	62.1	−33.2	−1.95
山　　西	1 676.5	938.1	5 596	6.5	−17.4	−1.82
内 蒙 古	3 372.2	2 186.1	6 483	201.6	116.4	5.62
辽　　宁	2 330.1	1 170.5	5 023	84.5	−392.7	−25.12
吉　　林	3 696.6	2 733.5	7 395	197.5	−42.2	−1.52
黑 龙 江	5 440.2	3 343.4	6 146	−7.3	127.0	3.95
上　　海	4.0	2.6	6 633	0.3	0.1	3.15
江　　苏	436.1	239.0	5 480	9.7	22.5	10.41
浙　　江	66.5	30.1	4 523	3.1	3.3	12.44
安　　徽	852.4	465.5	5 461	7.3	39.5	9.27
福　　建	49.5	20.3	4 103	1.6	1.1	5.57
江　　西	29.9	12.3	4 101	0.3	0.3	2.34
山　　东	3 126.5	1 988.3	6 360	65.8	21.2	1.08
河　　南	3 283.9	1 732.1	5 274	80.5	−64.5	−3.59
湖　　北	642.4	293.7	4 571	68.9	22.9	8.46
湖　　南	345.7	188.6	5 456	1.4	3.6	1.95
广　　东	177.2	76.9	4 338	0.5	−4.8	−5.83
广　　西	584.0	266.4	4 562	−3.6	0.4	0.17
海　　南						
重　　庆	467.9	256.0	5 471	1.1	−2.1	−0.82
四　　川	1 381.2	751.9	5 444	3.2	−10.5	−1.38
贵　　州	787.5	313.8	3 985	9.1	15.8	5.29
云　　南	1 525.7	743.3	4 872	20.6	9.1	1.24
西　　藏	4.2	2.4	5 745	−0.2	−0.1	−4.02
陕　　西	1 153.7	539.6	4 677	−12.5	−47.2	−8.04
甘　　肃	1 000.9	564.5	5 640	24.8	−7.0	−1.23
青　　海	27.0	18.7	6 907	3.7	2.2	13.51
宁　　夏	288.8	224.1	7 760	26.7	17.8	8.65
新　　疆	910.8	641.1	7 039	−10.0	−27.9	−4.17

各地区谷子播种面积和产量

地区	播种面积（千公顷）	总产量（万吨）	每公顷产量（千克）	比上年增减		
				播种面积（千公顷）	总产量	
					绝对量（万吨）	%
全国总计	**771.8**	**180.93**	**2 344**	**56.1**	**6.3**	**3.63**
北京	1.3	0.18	1 335	…	-0.1	-40.85
天津	0.5	0.18	3 838	0.2	0.1	490.00
河北	147.2	47.82	3 250	2.6	2.6	5.73
山西	216.3	38.93	1 800	6.3	2.2	5.90
内蒙古	167.0	33.90	2 029	41.4	5.0	17.50
辽宁	61.9	17.40	2 809	10.1	0.9	5.20
吉林	34.1	14.64	4 296	1.9	-4.7	-24.42
黑龙江	6.9	2.64	3 807	…	0.2	7.95
上海						
江苏	0.1	0.02	1 429	…	…	…
浙江						
安徽	…	0.02	4 444	-0.1	…	-50.00
福建	0.1	0.05	3 209	…	…	4.42
江西	0.6	0.17	2 833	0.2	0.1	41.67
山东	18.8	5.97	3 176	0.2	0.4	6.23
河南	35.7	4.36	1 222	0.1	-0.6	-12.27
湖北	…	0.01	3 333	…	…	-50.00
湖南						
广东	0.4	0.11	2 500	…	…	…
广西	1.9	0.45	2 419	0.2	…	9.76
海南						
重庆						
四川						
贵州	1.6	0.28	1 750	-9.3	-1.7	-85.79
云南	0.3	0.10	3 333	0.1	…	0.00
西藏						
陕西	58.1	10.30	1 774	0.9	0.7	7.29
甘肃	11.6	2.37	2 048	-0.6	0.3	15.61
青海						
宁夏	7.3	1.04	1 423	2.5	1.0	…
新疆						

各地区高粱播种面积和产量

地区	播种面积（千公顷）	总产量（万吨）	每公顷产量（千克）	比上年增减		
				播种面积（千公顷）	总产量	
					绝对量（万吨）	%
全国总计	**619.2**	**288.49**	**4 659**	**36.8**	**-0.7**	**-0.23**
北京	0.2	0.03	1 511	…	…	-59.58
天津	6.4	1.98	3 094	1.0	0.9	79.82
河北	12.8	4.32	3 367	-0.8	-0.2	-4.00
山西	30.4	7.51	2 474	1.6	0.5	7.44
内蒙古	104.3	42.79	4 101	-5.6	-16.6	-27.98
辽宁	55.6	27.95	5 027	8.5	-1.5	-5.13
吉林	115.9	84.84	7 320	0.9	-0.6	-0.69
黑龙江	33.6	21.26	6 332	4.5	4.9	29.88
上海						
江苏	0.4	0.25	6 944	0.3	0.2	2 400.00
浙江						
安徽	0.5	0.13	2 600	-0.6	-0.1	-45.83
福建	1.2	0.45	3 901	-0.1	…	-1.85
江西	5.2	0.72	1 390	…	…	2.86
山东	4.7	1.57	3 319	0.1	0.1	5.37
河南	5.9	0.59	995	3.3	0.3	126.92
湖北	1.7	0.70	4 094	-0.2	-0.1	-10.26
湖南	6.8	2.40	3 556	2.2	0.8	53.85
广东	…	0.02	5 000	-0.1	…	-50.00
广西	3.4	1.01	2 962	-0.4	-0.1	-7.34
海南	…	…	2 685	…	…	-30.30
重庆	25.2	9.32	3 703	3.0	0.9	10.33
四川	76.7	40.90	5 332	6.2	1.7	4.34
贵州	88.3	24.12	2 733	9.8	6.8	39.42
云南	3.0	0.90	3 000	0.5	0.6	200.00
西藏						
陕西	15.1	5.01	3 318	-1.3	-0.3	-5.47
甘肃	11.6	5.01	4 334	1.3	0.1	1.62
青海						
宁夏	0.9	0.05	532	0.9	0.1	…
新疆	9.5	4.66	4 921	1.8	1.0	25.95

各地区其他谷物播种面积和产量

地区	播种面积（千公顷）	总产量（万吨）	每公顷产量（千克）	比上年增减		
				播种面积（千公顷）	总产量	
					绝对量（万吨）	%
全国总计	**1 709.8**	**435.09**	**2 545**	**-13.4**	**32.4**	**8.05**
北京	0.1	0.01	1 192	…	…	-56.00
天津	0.1	0.03	2 663	-0.1	…	200.00
河北	153.7	18.02	1 172	1.3	-4.1	-18.57
山西	174.9	16.01	915	-1.3	0.6	4.03
内蒙古	170.3	24.06	1 413	-26.4	-15.2	-38.65
辽宁	16.9	4.65	2 751	2.9	0.8	20.47
吉林	1.0	0.11	1 050	1.0	0.1	…
黑龙江	1.6	0.54	3 361	-2.1	-0.7	-56.19
上海	12.2	5.12	4 212	-1.0	-0.2	-3.03
江苏	146.5	74.69	5 098	-2.0	1.8	2.40
浙江	35.3	13.04	3 698	-1.1	-0.1	-0.46
安徽	38.6	6.48	1 681	-2.6	-0.2	-3.57
福建	3.3	1.17	3 551	0.1	…	1.66
江西	2.5	0.68	2 720	-0.3	…	4.62
山东	1.8	0.75	4 144	0.5	0.3	66.67
河南	26.7	10.00	3 751	…	1.3	14.29
湖北	25.5	9.10	3 566	2.0	0.2	1.90
湖南	16.6	4.45	2 681	-1.2	…	-0.89
广东	6.3	2.11	3 365	0.4	…	1.93
广西	14.2	1.50	1 055	-0.4	-0.1	-3.23
海南	0.1	0.05	3 731	…	…	37.51
重庆	7.2	1.40	1 953	0.2	…	2.26
四川	100.0	41.70	4 170	-3.1	-1.2	-2.80
贵州	58.9	13.05	2 214	-1.3	2.5	23.35
云南	166.3	40.90	2 459	-9.2	38.9	1 934.83
西藏	127.6	68.63	5 378	1.5	2.3	3.47
陕西	121.6	16.82	1 384	21.9	3.0	21.27
甘肃	162.2	40.60	2 503	1.4	2.4	6.34
青海	44.6	9.67	2 169	4.2	1.2	14.71
宁夏	63.1	4.80	761	4.0	-1.1	-19.29
新疆	10.1	4.95	4 886	-2.7	-0.1	-2.75

各地区大麦播种面积和产量

地区	播种面积（千公顷）	总产量（万吨）	每公顷产量（千克）	比上年增减		
				播种面积（千公顷）	总产量	
					绝对量（万吨）	%
全国总计	**468.77**	**181.19**	**3 865**	**3.2**	**11.3**	**6.62**
北京						
天津						
河北	0.12	0.05	4 167	-0.1	…	-16.67
山西						
内蒙古	31.61	9.75	3 086	-18.0	-10.9	-52.85
辽宁						
吉林						
黑龙江						
上海	12.15	5.12	4 212	-1.0	-0.2	-3.03
江苏	142.13	73.20	5 150	-1.6	2.0	2.81
浙江	24.46	9.29	3 798	-1.6	-0.2	-2.52
安徽	37.70	6.24	1 655	37.7	6.2	…
福建	0.59	0.18	3 026	…	…	-2.35
江西	0.30	0.06	2 000	…	…	…
山东	0.61	0.33	5 410	0.2	0.2	120.00
河南	26.66	10.00	3 751	…	1.3	14.29
湖北	24.99	8.91	3 565	2.0	0.2	2.41
湖南	1.20	0.31	2 583	-0.1	…	-3.13
广东						
广西						
海南						
重庆	1.17	0.27	2 261	-0.1	…	-9.09
四川	36.70	12.40	3 379	-0.3	0.6	5.08
贵州	3.72	0.89	2 392	0.9	0.3	41.27
云南	80.60	21.10	2 618	-5.7	19.4	1，163.47
西藏	0.06	0.02	3 333	…	…	…
陕西	3.65	1.50	4 110	-0.3	…	2.74
甘肃	30.11	16.61	5 516	-8.9	-7.6	-31.39
青海						
宁夏	0.11	0.01	909	…	…	…
新疆	10.13	4.95	4 886	0.1	…	0.61

各地区豆类播种面积和产量

地　　区	播种面积（千公顷）	总产量（万吨）	每公顷产量（千克）	比上年增减		
				播种面积（千公顷）	总产量	
					绝对量（万吨）	%
全国总计	**9 178.8**	**1 625.5**	**1 771**	**-44.8**	**30.2**	**1.89**
北　　京	4.8	0.7	1 362	-0.1	-0.2	-26.52
天　　津	8.2	1.1	1 321	0.6	0.2	16.13
河　　北	162.3	34.8	2 141	-4.0	3.9	12.61
山　　西	323.2	31.4	970	3.0	0.6	1.92
内 蒙 古	653.4	98.5	1 508	-102.0	-39.8	-28.78
辽　　宁	117.0	25.7	2 192	-17.2	-5.7	-18.13
吉　　林	331.6	55.5	1 672	-5.8	-3.3	-5.66
黑 龙 江	2 621.7	469.6	1 791	121.0	69.4	17.35
上　　海	5.4	1.3	2 365	0.9	0.1	11.40
江　　苏	306.2	70.4	2 299	-8.4	-1.8	-2.55
浙　　江	141.1	35.8	2 540	4.1	2.0	6.04
安　　徽	934.8	122.2	1 307	-2.8	8.2	7.15
福　　建	85.2	22.3	2 617	1.0	0.9	4.14
江　　西	162.2	31.9	1 969	1.9	1.3	4.07
山　　东	168.7	41.7	2 474	4.2	1.3	3.22
河　　南	453.7	59.0	1 301	-50.1	-19.8	-25.16
湖　　北	173.6	36.4	2 098	13.3	4.7	14.85
湖　　南	170.2	36.4	2 139	4.2	1.0	2.71
广　　东	79.7	21.1	2 652	-0.6	0.3	1.39
广　　西	162.8	24.6	1 510	8.0	1.2	5.31
海　　南	8.4	2.5	2 986	0.5	0.2	10.58
重　　庆	237.5	46.6	1 962	1.5	0.6	1.26
四　　川	484.2	96.2	1 987	12.9	4.1	4.45
贵　　州	324.1	32.6	1 005	7.8	6.7	25.64
云　　南	559.9	133.1	2 377	-6.5	1.8	1.33
西　　藏	5.7	2.2	3 870	-0.1	0.0	1.38
陕　　西	189.4	28.1	1 486	-21.9	-4.7	-14.18
甘　　肃	176.0	33.2	1 884	-7.7	-4.8	-12.58
青　　海	27.0	5.7	2 101	-0.1	…	0.53
宁　　夏	28.4	3.4	1 209	-0.9	1.4	71.50
新　　疆	72.4	21.7	2 995	-1.6	0.6	2.60

各地区大豆播种面积和产量

地　区	播种面积（千公顷）	总产量（万吨）	每公顷产量（千克）	比上年增减		
				播种面积（千公顷）	总产量	
					绝对量（万吨）	%
全国总计	**6 799.9**	**1 215.4**	**1 787**	**9.4**	**20.3**	**1.70**
北　京	4.1	0.6	1 458	…	-0.2	-25.04
天　津	7.9	1.0	1 306	0.6	0.1	14.44
河　北	122.3	25.0	2 045	-2.2	0.6	2.37
山　西	191.8	20.7	1 080	-7.7	-0.1	-0.24
内蒙古	503.7	81.9	1 626	-60.7	-37.8	-31.58
辽　宁	106.4	22.3	2 096	-8.5	-6.1	-21.48
吉　林	213.6	37.4	1 749	-0.9	-8.0	-17.71
黑龙江	2 576.7	460.4	1 787	146.9	73.7	19.05
上　海						
江　苏	203.4	47.3	2 328	-6.0	0.3	0.68
浙　江	89.4	24.2	2 707	1.1	1.6	6.89
安　徽	851.6	115.0	1 350	-5.1	8.0	7.48
福　建	66.5	17.2	2 586	1.0	0.7	4.30
江　西	101.4	23.5	2 314	1.9	1.0	4.64
山　东	149.5	36.7	2 457	3.6	0.9	2.57
河　南	399.7	54.6	1 366	-44.2	-18.4	-25.16
湖　北	98.9	23.9	2 420	12.2	4.4	22.24
湖　南	95.6	21.3	2 229	4.3	1.0	4.93
广　东	62.6	16.3	2 598	0.2	0.4	2.33
广　西	99.6	13.7	1 371	2.6	0.1	1.04
海　南	3.2	0.7	2 307	…	…	5.07
重　庆	103.4	20.4	1 970	1.9	0.8	3.98
四　川	224.8	51.9	2 309	3.3	0.1	0.19
贵　州	130.6	11.8	902	2.5	3.7	46.52
云　南	124.1	33.9	2 732	-0.7	2.1	6.67
西　藏	0.1	…	3 636	…	…	…
陕　西	112.5	18.1	1 610	-40.7	-6.8	-27.41
甘　肃	88.2	16.9	1 917	-2.3	-1.7	-9.28
青　海						
宁　夏	10.5	1.3	1 244	10.5	1.3	…
新　疆	57.9	17.3	2 995	-1.3	-0.7	-3.83

各地区绿豆播种面积和产量

地区	播种面积（千公顷）	总产量（万吨）	每公顷产量（千克）	比上年增减		
				播种面积（千公顷）	总产量	
					绝对量（万吨）	%
全国总计	**540.1**	**68.93**	**1 276**	**-92.7**	**-6.4**	**-8.51**
北京	0.2	0.01	618	-0.1	…	-53.47
天津	0.1	0.02	1 643	0.1	…	130.00
河北	13.4	1.83	1 370	-0.5	0.2	10.24
山西	61.4	5.16	841	12.2	0.3	7.05
内蒙古	85.8	8.69	1 013	-59.7	-4.4	-33.64
辽宁	3.8	0.91	2 403	-1.3	-0.3	-27.62
吉林	104.1	16.02	1 539	-4.3	4.5	39.23
黑龙江	12.9	2.25	1 738	-7.3	-1.1	-32.17
上海						
江苏	3.9	0.93	2 385	0.3	0.1	9.41
浙江						
安徽	65.4	5.60	856	-2.3	-0.3	-5.08
福建	3.2	0.70	2 219	…	…	3.75
江西	9.7	1.22	1 256	0.3	0.1	4.27
山东	7.3	1.71	2 346	0.1	…	1.18
河南	48.7	4.05	832	-5.4	-1.4	-25.28
湖北	9.0	1.19	1 318	-2.9	-0.4	-22.73
湖南	19.4	4.01	2 064	0.5	-0.5	-10.89
广东	2.9	0.72	2 483	…	…	5.88
广西	16.4	2.59	1 580	0.2	0.4	16.14
海南	0.7	0.13	1 917	0.1	…	16.45
重庆	21.7	4.11	1 896	-0.1	…	0.45
四川	15.8	3.10	1 962	-0.2	-0.1	-3.13
贵州	5.7	0.50	876	0.1	0.1	19.05
云南	8.4	1.50	1 786	1.1	0.3	25.00
西藏						
陕西	19.5	1.86	953	-13.7	-1.3	-41.88
甘肃	0.7	0.11	1 618	-0.1	…	-21.43
青海						
宁夏						
新疆						

各地区红小豆播种面积和产量

地 区	播种面积（千公顷）	总产量（万吨）	每公顷产量（千克）	比上年增减		
				播种面积（千公顷）	总产量	
					绝对量（万吨）	%
全国总计	**151.7**	**24.20**	**1 595**	**-12.3**	**-3.2**	**-11.77**
北 京	0.5	0.03	696	…	…	-43.45
天 津	0.1	0.02	1 587	…	…	10.00
河 北	7.3	1.02	1 397	0.1	0.1	8.51
山 西	12.3	1.19	971	3.8	0.1	5.31
内 蒙 古	19.4	2.62	1 351	-11.0	-1.4	-34.07
辽 宁	3.0	0.57	1 892	-2.3	-0.4	-44.07
吉 林	12.6	2.07	1 650	-0.6	0.2	10.48
黑 龙 江	19.3	4.42	2 291	-8.5	-1.7	-27.86
上 海						
江 苏	8.2	1.95	2 390	-0.3	…	-1.52
浙 江						
安 徽	6.6	1.10	1 679	1.5	…	…
福 建	1.5	0.32	2 199	…	…	13.05
江 西	0.3	0.05	1 563	…	…	25.00
山 东	1.5	0.35	2 288	0.1	…	2.94
河 南	3.2	0.25	781	-0.4	-0.1	-24.24
湖 北	2.0	0.10	495	-1.2	-0.1	-37.50
湖 南	0.8	0.14	1 750	-0.2	…	-6.67
广 东	1.5	0.39	2 653	0.1	0.1	14.71
广 西	0.3	0.03	1 154	…	…	…
海 南	0.8	0.20	2 595	…	…	14.87
重 庆	3.2	0.61	1 942	…	0.1	9.28
四 川	1.8	0.30	1 667	0.1	…	…
贵 州	3.6	0.35	983	-2.2	-0.2	-32.69
云 南	9.3	1.70	1 828	1.1	0.4	30.77
西 藏						
陕 西	28.6	3.46	1 210	16.7	2.1	156.30
甘 肃	4.3	0.95	2 199	-0.1	0.3	48.44
青 海						
宁 夏						
新 疆						

各地区薯类播种面积和产量

地区	播种面积（千公顷）	总产量（万吨）	每公顷产量（千克）	比上年增减		
				播种面积（千公顷）	总产量	
					绝对量（万吨）	%
全国总计	**8 940.3**	**3 336.4**	**3 732**	**-23.0**	**7.1**	**0.21**
北　京	1.3	0.7	5 221	-0.1	-0.1	-12.31
天　津	0.9	0.5	6 176	0.2	0.2	75.00
河　北	257.5	100.5	3 903	-8.2	-11.9	-10.55
山　西	190.3	39.1	2 056	-0.2	3.1	8.60
内蒙古	542.1	161.4	2 978	-69.8	-39.7	-19.73
辽　宁	85.7	53.5	6 234	6.8	11.8	28.42
吉　林	74.1	56.5	7 634	-5.5	8.1	16.73
黑龙江	241.3	107.1	4 440	-26.5	-0.9	-0.83
上　海	1.0	0.8	7 596	0.1	0.1	9.72
江　苏	55.1	33.9	6 151	-3.4	-3.9	-10.29
浙　江	117.6	57.4	4 878	4.8	5.1	9.79
安　徽	150.8	33.5	2 218	-2.5	-4.8	-12.66
福　建	251.6	125.0	4 969	6.1	5.7	4.74
江　西	145.5	70.0	4 813	2.6	4.6	6.95
山　东	256.9	193.4	7 528	8.4	2.8	1.44
河　南	347.7	108.7	3 126	45.8	-3.4	-3.07
湖　北	308.8	93.2	3 019	5.5	-2.5	-2.57
湖　南	284.6	125.1	4 395	-2.0	-1.7	-1.33
广　东	349.2	165.2	4 730	14.7	-0.7	-0.44
广　西	273.8	74.2	2 709	8.7	1.2	1.58
海　南	73.3	28.6	3 902	-1.0	1.9	7.23
重　庆	728.1	301.1	4 135	2.4	3.7	1.24
四　川	1 262.8	494.5	3 916	22.5	14.8	3.09
贵　州	944.5	289.9	3 069	6.6	26.6	10.08
云　南	673.9	192.7	2 859	14.1	-14.9	-7.18
西　藏	1.0	0.5	5 347	0.2	…	5.88
陕　西	332.4	89.8	2 703	-3.4	3.1	3.54
甘　肃	682.6	237.9	3 485	-16.1	-6.7	-2.74
青　海	92.9	36.0	3 870	-0.8	0.1	0.14
宁　夏	177.4	42.1	2 374	-38.1	-1.9	-4.30
新　疆	35.7	23.7	6 637	5.1	7.5	46.32

各地区马铃薯播种面积和产量

地区	播种面积（千公顷）	总产量（万吨）	每公顷产量（千克）	比上年增减		
				播种面积（千公顷）	总产量	
					绝对量（万吨）	%
全国总计	**5 573.3**	**1 910.3**	**3 428**	**-41.3**	**-8.5**	**-0.44**
北京						
天津						
河北	160.0	54.4	3 402	-9.5	-7.4	-11.91
山西	168.1	31.8	1 890	-0.4	2.2	7.40
内蒙古	540.7	160.7	2 973	-70.1	-39.7	-19.80
辽宁	60.9	40.1	6 585	6.2	11.5	40.29
吉林	66.8	55.7	8 342	-7.3	7.3	15.07
黑龙江	240.4	106.6	4 434	-27.3	-1.4	-1.29
上海						
江苏						
浙江	61.0	24.7	4 049	2.7	1.1	4.88
安徽	8.9	2.0	2 191	…	-0.3	-11.36
福建	80.6	32.0	3 974	1.7	1.1	3.61
江西	11.2	6.9	6 179	0.3	0.5	6.96
山东						
河南						
湖北	239.5	72.7	3 036	2.0	-1.4	-1.85
湖南	112.4	40.0	3 556	12.1	3.2	8.76
广东	44.8	22.9	5 114	-1.6	-0.6	-2.39
广西	77.6	30.5	3 925	12.9	3.9	14.59
海南	0.1	…	4 207	…	…	…
重庆	358.3	122.4	3 416	2.0	0.7	0.60
四川	789.1	292.0	3 700	21.1	11.0	3.91
贵州	704.3	226.6	3 218	14.8	15.2	7.19
云南	564.0	172.2	3 053	33.9	-22.3	-11.48
西藏	1.0	0.5	5 248	0.2	…	3.92
陕西	297.2	77.2	2 596	15.6	8.1	11.73
甘肃	682.6	237.9	3 485	-16.1	-6.7	-2.74
青海	92.9	36.0	3 870	-0.8	0.1	0.14
宁夏	177.4	42.1	2 374	177.4	42.1	…
新疆	33.6	22.5	6 674	4.6	7.1	46.44

各地区油料作物播种面积和产量

地区	播种面积（千公顷）	总产量（吨）	每公顷产量（千克）	比上年增减		
				播种面积（千公顷）	总产量	
					绝对量（吨）	%
全国总计	**14 042.7**	**35 074 262**	**2 498**	**20.1**	**-95 687.9**	**-0.27**
北京	2.6	6 730	2 598	-0.8	-3 032.5	-31.06
天津	1.7	5 215	3 099	-0.1	-537.0	-9.34
河北	466.3	1 502 033	3 221	-4.1	-9 228.0	-0.61
山西	129.7	173 246	1 336	-10.6	-21 414.1	-11.00
内蒙古	862.3	1 703 134	1 975	50.1	121 765.3	7.70
辽宁	314.0	636 881	2 028	-40.7	-499 529.9	-43.96
吉林	266.3	857 014	3 218	-10.3	16 852.0	2.01
黑龙江	87.3	171 457	1 965	-10.5	-18 784.0	-9.87
上海	5.7	12 752	2 226	-1.1	-2 214.8	-14.80
江苏	499.2	1 465 989	2 937	-19.1	-37 723.0	-2.51
浙江	145.0	306 622	2 115	-38.4	-71 171.8	-18.84
安徽	788.4	2 288 047	2 902	-13.6	33 727.0	1.50
福建	117.1	298 234	2 547	1.9	9 973.0	3.46
江西	741.5	1 217 081	1 641	-1.6	24 221.6	2.03
山东	773.2	3 358 878	4 344	-21.8	-137 217.0	-3.92
河南	1 598.2	5 843 341	3 656	8.3	-47 459.0	-0.81
湖北	1 542.5	3 417 344	2 216	25.6	85 617.6	2.57
湖南	1 424.7	2 337 699	1 641	42.2	93 308.0	4.16
广东	366.8	1 054 773	2 876	6.6	44 679.0	4.42
广西	237.1	613 036	2 586	15.1	40 982.0	7.16
海南	40.4	115 713	2 861	…	6 528.8	5.98
重庆	300.0	569 359	1 898	16.5	37 984.1	7.15
四川	1 285.3	3 007 862	2 340	19.8	103 423.0	3.56
贵州	582.1	980 471	1 684	21.4	65 167.0	7.12
云南	359.5	646 829	1 799	1.9	40 057.9	6.60
西藏	24.5	63 770	2 605	-0.1	-1.1	0.00
陕西	300.8	622 994	2 071	2.0	27 812.0	4.67
甘肃	329.0	724 226	2 201	-7.9	27 027.0	3.88
青海	150.9	315 093	2 088	-7.5	-10 559.0	-3.24
宁夏	80.2	165 170	2 061	-2.0	-2 910.0	-1.73
新疆	220.5	593 269	2 690	-1.2	-13 032.0	-2.15

各地区花生播种面积和产量

地区	播种面积（千公顷）	总产量（吨）	每公顷产量（千克）	比上年增减		
				播种面积（千公顷）	总产量	
					绝对量（吨）	%
全国总计	**4 603.9**	**16 481 688**	**3 580**	**-29.1**	**-490 466.7**	**-2.89**
北京	2.2	6 085	2 766	-0.8	-3 000.0	-33.02
天津	1.2	3 860	3 340	-0.2	-1 017.0	-20.85
河北	352.5	1 292 406	3 667	-3.2	-8 351.0	-0.64
山西	7.2	16 121	2 235	-0.7	-2 182.1	-11.92
内蒙古	21.3	49 211	2 315	1.0	9 229.8	23.09
辽宁	305.6	620 365	2 030	-35.9	-492 554.5	-44.26
吉林	150.4	546 131	3 630	2.2	-12 208.0	-2.19
黑龙江	17.7	51 647	2 911	-7.2	-19 924.0	-27.84
上海	0.8	2 103	2 726	…	101.0	5.04
江苏	91.6	348 232	3 800	-2.6	-4 584.0	-1.30
浙江	14.2	40 103	2 823	-4.2	-11 803.0	-22.74
安徽	190.4	943 537	4 955	3.2	56 987.0	6.43
福建	103.3	278 042	2 693	1.6	9 256.0	3.44
江西	162.6	456 514	2 808	-1.1	4 511.1	1.00
山东	755.3	3 312 957	4 386	-25.0	-143 863.0	-4.16
河南	1 058.3	4 712 882	4 453	21.1	-847.0	-0.02
湖北	198.5	690 551	3 478	-1.8	9 431.0	1.38
湖南	114.5	295 002	2 576	1.7	11 781.0	4.16
广东	357.4	1 043 096	2 919	6.4	44 612.0	4.47
广西	204.3	575 721	2 818	9.5	34 736.0	6.42
海南	39.2	113 985	2 908	…	6 670.6	6.22
重庆	56.6	116 441	2 057	-0.1	-201.0	-0.17
四川	261.1	666 452	2 553	1.2	12 593.0	1.93
贵州	48.9	97 105	1 986	5.3	14 587.0	17.68
云南	50.2	81 486	1 625	0.8	1 622.0	2.03
西藏	0.1	338	2 813	-0.1	-66.5	-16.46
陕西	33.9	101 304	2 987	1.2	4 929.0	5.11
甘肃	1.2	4 408	3 613	0.1	57.0	1.31
青海						
宁夏						
新疆	3.4	15 603	4 564	-1.3	-10 856.0	-41.03

各地区油菜籽播种面积和产量

地区	播种面积（千公顷）	总产量（吨）	每公顷产量（千克）	比上年增减		
				播种面积（千公顷）	总产量	
					绝对量（吨）	%
全国总计	**7 587.9**	**14 772 248**	**1 947**	**56.9**	**314 232.8**	**2.17**
北京						
天津						
河北	19.9	32 052	1 611	-2.1	-3 443.0	-9.70
山西	3.7	5 772	1 551	-1.3	-1 402.3	-19.55
内蒙古	313.4	396 034	1 264	23.0	58 709.1	17.40
辽宁	1.1	1 856	1 712	0.4	635.0	52.01
吉林						
黑龙江	0.0	630	31 500	-0.1	97.0	18.20
上海	4.8	10 474	2 182	-1.2	-2 333.8	-18.22
江苏	398.1	1 100 550	2 765	-15.8	-32 094.0	-2.83
浙江	126.4	258 959	2 049	-33.3	-57 726.8	-18.23
安徽	551.0	1 277 548	2 319	-17.1	-22 952.0	-1.76
福建	12.4	18 238	1 467	0.2	447.0	2.51
江西	547.9	723 497	1 320	-0.1	19 227.0	2.73
山东	9.6	24 494	2 541	0.1	276.0	1.14
河南	361.6	863 900	2 389	-9.7	-34 135.0	-3.80
湖北	1 248.7	2 571 600	2 059	22.4	66 900.0	2.67
湖南	1 298.2	2 026 471	1 561	38.3	80 382.0	4.13
广东	6.6	7 927	1 201	…	62.0	0.79
广西	24.2	25 005	1 034	5.4	5 988.0	31.49
海南						
重庆	232.6	439 652	1 890	17.0	38 607.0	9.63
四川	1 016.7	2 331 233	2 293	18.7	90 873.0	4.06
贵州	521.6	866 922	1 662	14.9	49 155.0	6.01
云南	296.2	549 324	1 855	1.2	42 454.0	8.38
西藏	24.4	63 433	2 604	…	65.4	0.10
陕西	203.6	415 629	2 041	-0.8	18 965.0	4.78
甘肃	167.8	345 336	2 058	-2.3	13 714.0	4.14
青海	148.2	310 385	2 095	-6.1	-8 892.0	-2.79
宁夏	0.8	2 264	2 695	0.1	465.0	25.85
新疆	48.5	103 063	2 124	4.8	-9 794.0	-8.68

各地区芝麻播种面积和产量

地区	播种面积（千公顷）	总产量（吨）	每公顷产量（千克）	比上年增减		
				播种面积（千公顷）	总产量	
					绝对量（吨）	%
全国总计	**429.1**	**629 869**	**1 468**	**10.7**	**6 377.2**	**1.02**
北京	…	20	1 015	…	-16.5	-44.84
天津	0.1	84	1 287	…	-61.0	-42.07
河北	6.1	8 375	1 368	-0.3	-467.0	-5.28
山西	2.8	2 717	983	-0.3	-584.7	-17.71
内蒙古	1.4	1 117	801	-0.5	-549.7	-32.98
辽宁	0.2	361	1 823	-0.2	-325.0	-47.38
吉林	5.1	7 300	1 425	-0.9	397.0	5.75
黑龙江	1.0	1 166	1 121	0.4	269.0	29.99
上海	0.1	175	1 471	…	18.0	11.46
江苏	9.4	16 926	1 803	-0.7	-991.0	-5.53
浙江	4.4	7 560	1 708	-1.0	-1 642.0	-17.84
安徽	46.7	66 610	1 427	0.6	1 567.0	2.41
福建	1.3	1 638	1 261	0.1	97.0	6.29
江西	31.0	37 032	1 195	-0.5	485.5	1.33
山东	0.5	938	1 770	-0.1	-20.0	-2.09
河南	172.6	258 806	1 500	-3.2	-9 808.0	-3.65
湖北	89.9	145 269	1 616	5.5	9 234.6	6.79
湖南	10.5	14 712	1 397	0.8	-333.0	-2.21
广东	2.8	3 750	1 330	0.3	5.0	0.13
广西	5.2	7 185	1 374	0.1	455.0	6.76
海南	1.2	1 728	1 389	0.1	-141.7	-7.58
重庆	7.0	7 050	1 010	-0.1	-208.9	-2.88
四川	3.6	4 695	1 314	0.1	150.0	3.30
贵州	0.4	459	1 055	0.1	60.0	15.04
云南	0.2	85	414	0.1	-36.6	-30.02
西藏						
陕西	14.6	25 182	1 724	0.1	1 124.2	4.67
甘肃						
青海						
宁夏						
新疆	10.9	8 928	822	10.1	7 730.0	645.24

各地区胡麻籽播种面积和产量

地区	播种面积（千公顷）	总产量（吨）	每公顷产量（千克）	比上年增减		
				播种面积（千公顷）	总产量	
					绝对量（吨）	%
全国总计	**306.11**	**386 523**	**1 263**	**-6.8**	**-12 285.6**	**-3.08**
北京						
天津						
河北	35.45	28 002	790	-0.9	-9 454.0	-25.24
山西	60.30	69 847	1 158	0.6	-415.8	-0.59
内蒙古	63.07	41 391	656	2.3	-250.4	-0.60
辽宁						
吉林						
黑龙江						
上海						
江苏						
浙江						
安徽	…	1	1 000	…	1.0	…
福建						
江西	…	30	7 500	…	…	…
山东						
河南						
湖北						
湖南						
广东						
广西						
海南						
重庆						
四川						
贵州	0.03	47	1 880	…	-40.0	-45.98
云南	0.02	13	665	…	0.8	6.40
西藏						
陕西	3.46	4 252	1 229	…	189.8	4.67
甘肃	88.17	152 760	1 733	-7.1	-2 786.0	-1.79
青海	2.73	4 708	1 725	-1.4	-1 667.0	-26.15
宁夏	44.75	70 563	1 577	-0.3	955.0	1.37
新疆	8.13	14 909	1 834	…	1 193.0	8.70

各地区向日葵籽播种面积和产量

地区	播种面积（千公顷）	总产量（吨）	每公顷产量（千克）	比上年增减		
				播种面积（千公顷）	总产量	
					绝对量（吨）	%
全国总计	**948.5**	**2 491 546**	**2 627**	**25.2**	**68 304.4**	**2.82**
北京	0.4	625	1 688	…	-0.2	-0.03
天津	0.5	1 270	2 750	0.2	575.0	82.73
河北	51.6	138 611	2 687	3.7	16 272.0	13.30
山西	30.9	48 376	1 564	-1.8	-5 474.0	-10.17
内蒙古	462.6	1 215 039	2 627	40.1	55 264.6	4.77
辽宁	5.7	10 333	1 822	-1.7	-7 431.0	-41.83
吉林	96.6	237 561	2 458	-13.5	-20 250.0	-7.85
黑龙江	16.6	35 811	2 160	-3.8	-6 723.0	-15.81
上海						
江苏	0.1	281	3 122	-0.1	-54.0	-16.12
浙江						
安徽	0.1	315	5 833	…	300.0	2 000.00
福建	0.1	114	1 825	…	45.0	65.22
江西	…	8	2 000	…	-2.0	-20.00
山东	1.5	5 475	3 747	1.0	3 942.0	257.14
河南	5.7	7 753	1 360	0.2	-2 669.0	-25.61
湖北	5.4	9 924	1 851	-0.5	52.0	0.53
湖南	0.7	465	637	0.7	429.0	1 191.67
广东						
广西	3.4	5 125	1 522	0.1	-197.0	-3.70
海南						
重庆	3.8	6 216	1 635	-0.4	-213.0	-3.31
四川	2.9	4 231	1 460	…	256.0	6.44
贵州	9.8	14 380	1 468	1.1	1 624.0	12.73
云南	4.9	8 637	1 774	0.1	-2 254.2	-20.70
西藏						
陕西	27.4	50 181	1 834	0.2	2 240.2	4.67
甘肃	45.7	169 457	3 707	3.3	20 372.0	13.66
青海						
宁夏	29.2	86 242	2 956	-1.5	-3 950.0	-4.38
新疆	143.3	435 116	3 037	-2.5	16 150.0	3.85

各地区棉花播种面积和产量

地区	播种面积（千公顷）	总产量（吨）	每公顷产量（千克）	比上年增减		
				播种面积（千公顷）	总产量	
					绝对量（吨）	%
全国总计	**4 222.3**	**6 178 318**	**1 463**	**-123.3**	**-120 670.5**	**-1.92**
北京	0.1	107	1 071	…	-43.8	-29.03
天津	30.2	38 168	1 265	-9.0	-10 315.3	-21.28
河北	410.9	431 000	1 049	-72.1	-25 822.0	-5.65
山西	18.7	23 565	1 259	-4.7	-7 068.8	-23.08
内蒙古	1.0	1 510	1 463	…	-62.9	-4.00
辽宁	0.1	100	1 111	-0.4	-899.0	-89.99
吉林	0.5	794	1 651	-2.6	-4 957.0	-86.19
黑龙江						
上海	0.8	1 220	1 525	-1.2	-2 710.0	-68.96
江苏	131.8	159 500	1 210	-23.4	-49 817.0	-23.80
浙江	17.3	24 825	1 438	-2.4	-3 133.0	-11.21
安徽	265.2	263 300	993	-19.9	12 175.0	4.85
福建	0.1	85	797	…	12.0	16.44
江西	84.9	133 682	1 574	0.2	2 801.8	2.14
山东	592.9	665 000	1 122	-79.9	44 039.3	7.09
河南	153.3	146 861	958	-33.4	-42 860.0	-22.59
湖北	344.8	359 513	1 043	-70.8	-100 180.6	-21.79
湖南	130.1	129 000	992	-29.5	-69 000.0	-34.85
广东						
广西	2.3	2 503	1 083	…	80.0	3.30
海南						
重庆						
四川	13.2	12 422	944	-0.7	-628.0	-4.81
贵州	1.6	1 097	673	…	138.0	14.39
云南	0.1	300	2 341	-0.1	-77.2	-20.49
西藏						
陕西	31.0	42 171	1 359	-5.7	-15 746.0	-27.19
甘肃	38.1	64 446	1 692	-2.6	-6 090.0	-8.63
青海						
宁夏						
新疆	1 953.3	3 677 150	1 883	235.0	159 601.0	4.54

各地区麻类播种面积和产量

地 区	播种面积（千公顷）	总产量（吨）	每公顷产量（千克）	比上年增减		
				播种面积（千公顷）	总产量	
					绝对量（吨）	%
全国总计	**86.38**	**230 883**	**2 673**	**-5.1**	**1 509.0**	**0.66**
北 京						
天 津						
河 北	0.27	612	2 267	-0.1	-174.0	-22.14
山 西	0.10	82	858	…	28.3	53.10
内 蒙 古						
辽 宁						
吉 林	…	3	1 000	…	-27.0	-90.00
黑 龙 江	3.30	24 948	7 560	2.0	15 724.0	170.47
上 海						
江 苏	0.48	1 364	2 842	-0.2	-540.0	-28.36
浙 江	0.09	238	2 644	…	-22.0	-8.46
安 徽	7.68	24 360	3 170	-0.4	-2 275.0	-8.54
福 建	0.12	352	2 920	…	-9.0	-2.49
江 西	4.72	7 229	1 531	-0.6	-919.5	-11.28
山 东	0.05	97	2 021	…	52.0	115.56
河 南	4.68	28 741	6 141	-1.9	-7 768.0	-21.28
湖 北	10.10	25 254	2 500	-1.1	-890.0	-3.40
湖 南	7.52	16 999	2 260	-0.1	142.9	0.85
广 东	0.15	378	2 448	…	-16.0	-4.06
广 西	4.25	11 612	2 730	-0.2	4 143.0	55.47
海 南	0.09	589	6 579	-0.2	-609.0	-50.83
重 庆	5.66	9 046	1 599	-0.1	-406.9	-4.30
四 川	30.03	54 447	1 813	-1.0	-1 655.0	-2.95
贵 州	0.68	1 137	1 675	…	112.0	10.93
云 南	1.22	3 589	2 954	-1.3	-4 328.8	-54.67
西 藏						
陕 西	0.48	631	1 315	…	-55.0	-8.02
甘 肃	2.13	3 346	1 571	-0.2	-99.0	-2.87
青 海						
宁 夏						
新 疆	2.58	15 830	6 146	0.2	1 101.0	7.48

各地区黄红麻播种面积和产量

地区	播种面积（千公顷）	总产量（吨）	每公顷产量（千克）	比上年增减		
				播种面积（千公顷）	总产量	
					绝对量（吨）	%
全国总计	**14.42**	**56 044**	**3 885**	**-2.7**	**-5 172.9**	**-8.45**
北京						
天津						
河北	0.26	592	2 277	-0.1	-144.0	-19.57
山西						
内蒙古						
辽宁						
吉林						
黑龙江						
上海						
江苏						
浙江	0.07	195	2 980	…	-18.0	-8.46
安徽	4.25	12 585	2 962	-0.2	-403.0	-3.10
福建	0.09	282	3 274	…	-4.0	-1.40
江西	0.11	628	5 607	…	-92.0	-12.78
山东	0.01	23	2 875	…	23.0	…
河南	4.66	28 730	6 165	-1.9	-7 779.0	-21.31
湖北	0.05	131	2 620	…	-16.0	-10.88
湖南	0.20	623	3 113	…	23.6	3.94
广东	0.15	377	2 458	…	-17.0	-4.31
广西	3.75	9 805	2 618	-0.2	4 008.0	69.14
海南	0.09	589	6 579	-0.2	-609.0	-50.83
重庆	0.06	95	1 549	…	5.8	6.52
四川	0.66	1 377	2 077	-0.1	-151.0	-9.88
贵州	0.01	6	667	…	…	…
云南	…	6	1 967	…	-0.3	-4.84
西藏						
陕西	…	1	100	…	…	…
甘肃						
青海						
宁夏						
新疆						

各地区苎麻播种面积和产量

地　　区	播种面积（千公顷）	总产量（吨）	每公顷产量（千克）	比上年增减		
				播种面积（千公顷）	总产量	
					绝对量（吨）	%
全国总计	**59.54**	**115 764**	**1 944**	**-3.3**	**-4 099.6**	**-3.42**
北　　京						
天　　津						
河　　北						
山　　西						
内 蒙 古						
辽　　宁						
吉　　林						
黑 龙 江						
上　　海						
江　　苏	0.46	1 158	2 517	-0.2	-467.0	-28.74
浙　　江	0.02	43	1 749	…	-4.0	-8.46
安　　徽	1.28	2 127	1 667	-0.2	-291.0	-12.03
福　　建	0.03	70	2 035	…	-5.0	-6.67
江　　西	4.61	6 601	1 432	-0.6	-827.5	-11.14
山　　东						
河　　南						
湖　　北	10.05	25 123	2 500	-1.1	-874.0	-3.36
湖　　南	7.26	16 207	2 232	-0.1	97.3	0.60
广　　东	…	1	1 000	…	1.0	…
广　　西	0.51	1 807	3 557	…	135.0	8.07
海　　南						
重　　庆	5.59	8 944	1 601	-0.1	-419.7	-4.48
四　　川	29.25	52 937	1 810	-1.0	-1 498.0	-2.75
贵　　州	0.32	502	1 594	…	52.0	11.56
云　　南	0.02	20	1 250	…	2.3	12.99
西　　藏						
陕　　西	0.14	223	1 593	…	-1.0	-0.45
甘　　肃						
青　　海						
宁　　夏						
新　　疆						

各地区大麻（线麻）播种面积和产量

地区	播种面积（千公顷）	总产量（吨）	每公顷产量（千克）	比上年增减		
				播种面积（千公顷）	总产量	
					绝对量（吨）	%
全国总计	**7.68**	**32 366**	**4 217**	**1.1**	**13 622.1**	**72.68**
北京						
天津						
河北	0.01	10	1 000	…	-28.0	-73.68
山西	0.10	82	858	…	50.1	159.05
内蒙古						
辽宁						
吉林	…	3	1 000	…	-27.0	-90.00
黑龙江	1.92	17 817	9 280	1.6	14 780.0	486.66
上海						
江苏	0.02	206	10 300	…	-1.0	-0.48
浙江						
安徽	2.16	7 022	3 254	0.1	684.0	10.79
福建						
江西						
山东	0.04	74	1 850	…	74.0	…
河南	0.02	11	550	…	11.0	…
湖北						
湖南	0.03	101	3 367	…	101.0	…
广东						
广西						
海南						
重庆	0.01	7	955	…	7.0	…
四川	0.06	78	1 258	0.1	78.0	…
贵州	0.07	142	2 058	…	4.0	2.90
云南	0.78	3 061	3 919	-0.5	-1 960.0	-39.04
西藏						
陕西	0.33	406	1 230	…	-52.0	-11.35
甘肃	2.13	3 346	1 571	-0.2	-99.0	-2.87
青海						
宁夏						
新疆						

各地区亚麻播种面积和产量

地区	播种面积（千公顷）	总产量（吨）	每公顷产量（千克）	比上年增减		
				播种面积（千公顷）	总产量	
					绝对量（吨）	%
全国总计	**3.06**	**23 452**	**7 671**	**-1.7**	**-603.6**	**-2.51**
北京						
天津						
河北						
山西						
内蒙古						
辽宁						
吉林						
黑龙江	1.36	6 976	5 118	0.4	789.0	12.75
上海						
江苏						
浙江						
安徽						
福建						
江西						
山东						
河南						
湖北						
湖南	0.03	68	2 267	…	-79.0	-53.74
广东						
广西						
海南						
重庆						
四川						
贵州	0.29	484	1 698	…	53.0	12.30
云南	0.25	237	956	-0.8	-2 478.6	-91.27
西藏						
陕西						
甘肃						
青海						
宁夏						
新疆	1.13	15 687	13 867	-1.3	1 158.0	7.97

各地区糖料播种面积和产量

地　　区	播种面积（千公顷）	总产量（吨）	每公顷产量（千克）	比上年增减		
				播种面积（千公顷）	总产量	
					绝对量（吨）	%
全国总计	**1 899.23**	**133 611 635**	**70 350**	**-99.1**	**-3 849 637.7**	**-2.80**
北　　京						
天　　津						
河　　北	15.25	756 153	49 584	-1.0	13 729.0	1.85
山　　西	1.76	80 408	45 772	-2.8	-144 163.2	-64.19
内 蒙 古	39.54	1 601 806	40 508	-6.3	-211 799.1	-11.68
辽　　宁	2.05	101 387	49 457	-1.3	-69 832.0	-40.79
吉　　林	1.86	63 565	34 175	-0.4	1 573.0	2.54
黑 龙 江	10.24	410 571	40 099	-28.3	-821 160.0	-66.67
上　　海	0.12	5 968	48 481	…	-798.0	-11.79
江　　苏	1.64	101 084	61 637	…	5 490.0	5.74
浙　　江	10.10	626 753	62 049	-0.2	-12 186.0	-1.91
安　　徽	4.98	196 701	39 506	-0.1	-5 386.0	-2.67
福　　建	8.58	531 219	61 892	-1.0	-55 027.0	-9.39
江　　西	14.30	645 242	45 125	-0.2	-755.9	-0.12
山　　东	…	51	36 429	…	-16.0	-23.88
河　　南	3.86	272 727	70 655	-0.1	-10 400.0	-3.67
湖　　北	7.61	304 134	39 965	0.1	16 923.3	5.89
湖　　南	13.35	658 640	49 336	-0.9	-78 176.7	-10.61
广　　东	168.51	15 046 749	89 291	-4.5	-485 533.0	-3.13
广　　西	1 081.54	79 525 711	73 530	-43.6	-1 516 842.0	-1.87
海　　南	61.93	4 248 792	68 610	-2.4	-158 929.9	-3.61
重　　庆	2.66	102 927	38 713	-0.3	-6 433.2	-5.88
四　　川	13.78	558 401	40 534	-0.3	-12 914.0	-2.26
贵　　州	27.85	1 682 777	60 423	-0.1	89 308.0	5.60
云　　南	339.72	21 103 982	62 122	-2.6	-358 567.0	-1.67
西　　藏						
陕　　西	0.08	1 478	18 475	…	-122.0	-7.63
甘　　肃	4.99	264 062	52 918	0.1	16 839.0	6.81
青　　海	0.04	980	24 500	…	830.0	553.33
宁　　夏						
新　　疆	62.89	4 719 367	75 042	-3.0	-45 289.0	-0.95

各地区甘蔗播种面积和产量

地区	播种面积（千公顷）	总产量（吨）	每公顷产量（千克）	比上年增减		
				播种面积（千公顷）	总产量	
					绝对量（吨）	%
全国总计	**1 760.4**	**125 611 254**	**71 352**	**-56.0**	**-2 589 654.4**	**-2.02**
北京						
天津						
河北						
山西						
内蒙古						
辽宁						
吉林						
黑龙江						
上海	0.1	5 968	48 481	…	-798.0	-11.79
江苏	1.6	100 984	61 953	0.1	5 590.0	5.86
浙江	10.1	626 753	62 049	-0.2	-12 186.0	-1.91
安徽	5.0	196 701	39 506	-0.1	-5 386.0	-2.67
福建	8.6	531 219	61 892	-1.0	-55 027.0	-9.39
江西	14.3	645 242	45 125	-0.2	-755.9	-0.12
山东						
河南	3.9	272 727	70 655	-0.1	-10 400.0	-3.67
湖北	7.6	304 085	40 064	0.1	16 923.3	5.89
湖南	13.4	658 640	49 336	-0.9	-78 176.7	-10.61
广东	168.5	15 046 749	89 291	-4.5	-485 533.0	-3.13
广西	1 081.5	79 525 711	73 530	-43.6	-1 516 842.0	-1.87
海南	61.9	4 248 792	68 610	-2.4	-158 929.9	-3.61
重庆	2.7	102 927	38 713	-0.3	-6 433.2	-5.88
四川	13.7	556 608	40 643	-0.3	-12 816.0	-2.25
贵州	27.8	1 682 743	60 441	-0.1	89 850.0	5.64
云南	339.7	21 103 979	62 123	-2.6	-358 570.0	-1.67
西藏						
陕西	…	1 426	35 650	…	-164.0	-10.31
甘肃						
青海						
宁夏						
新疆						

各地区甜菜播种面积和产量

地区	播种面积（千公顷）	总产量（吨）	每公顷产量（千克）	比上年增减		
				播种面积（千公顷）	总产量	
					绝对量（吨）	%
全国总计	**138.78**	**8 000 381**	**57 647**	**-43.1**	**-1 259 441.3**	**-13.60**
北京						
天津						
河北	15.25	756 153	49 584	-1.0	13 729.0	1.85
山西	1.76	80 408	45 772	-2.8	-144 163.2	-64.19
内蒙古	39.54	1 601 806	40 508	-6.3	-211 799.1	-11.68
辽宁	2.05	101 387	49 457	-1.3	-69 832.0	-40.79
吉林	1.86	63 565	34 175	-0.4	1 573.0	2.54
黑龙江	10.24	410 571	40 099	-28.3	-821 160.0	-66.67
上海						
江苏						
浙江						
安徽						
福建						
江西						
山东	…	51	36 429	…	-16.0	-23.88
河南						
湖北	0.02	49	2 450	…	…	…
湖南						
广东						
广西						
海南						
重庆						
四川	0.08	1 793	22 136	…	-98.0	-5.18
贵州	0.01	34	3 778	…	…	…
云南	…	3	1 000	…	3.0	…
西藏						
陕西	0.04	52	1 300	…	42.0	420.00
甘肃	4.99	264 062	52 918	0.1	16 839.0	6.81
青海	0.04	980	24 500	…	830.0	553.33
宁夏						
新疆	62.89	4 719 367	75 042	-3.0	-45 289.0	-0.95

各地区烟叶播种面积和产量

地区	播种面积（千公顷）	总产量（吨）	每公顷产量（千克）	比上年增减		
				播种面积（千公顷）	总产量	
					绝对量（吨）	%
全国总计	**1 463.1**	**2 994 471**	**2 047**	**-159.8**	**-379 191.8**	**-11.24**
北京	…	5		…	-1.0	-17.54
天津						
河北	3.0	8 871	2 997	-0.2	1 717.0	24.00
山西	3.3	10 621	3 246	…	626.6	6.27
内蒙古	3.1	10 503	3 380	-0.2	-2 814.0	-21.13
辽宁	11.6	33 513	2 902	1.8	5 552.6	19.86
吉林	20.6	54 001	2 621	-1.9	-6 570.0	-10.85
黑龙江	33.2	84 437	2 547	-2.4	-5 052.0	-5.65
上海						
江苏	…	34	1 700	…	…	…
浙江	0.7	1 720	2 369	-0.3	-778.0	-31.14
安徽	17.4	43 259	2 490	0.8	262.0	0.61
福建	72.0	155 111	2 154	-3.9	-7 512.0	-4.62
江西	27.9	58 889	2 115	4.2	8 351.0	16.52
山东	27.9	70 938	2 540	-14.4	-41 216.0	-36.75
河南	123.8	299 884	2 422	-13.4	-46 663.0	-13.47
湖北	46.1	88 091	1 910	-18.2	-38 894.7	-30.63
湖南	108.2	233 399	2 158	-10.8	-30 037.3	-11.40
广东	22.7	55 773	2 453	-0.8	-1 190.0	-2.09
广西	21.0	34 255	1 634	-0.6	-3 784.0	-9.95
海南	0.2	335	1 498	…	94.7	39.44
重庆	46.0	84 391	1 836	-3.4	-12 213.0	-12.64
四川	103.3	224 526	2 173	-16.6	-26 209.0	-10.45
贵州	228.5	373 934	1 636	-37.9	-61 700.0	-14.16
云南	506.1	983 469	1 943	-36.4	-92 070.7	-8.56
西藏						
陕西	33.0	72 502	2 198	-3.8	-14 145.0	-16.32
甘肃	3.2	9 896	3 083	-1.1	-4 571.0	-31.60
青海	…	150	3 750	-0.1	-380.0	-71.70
宁夏	0.4	1 965	4 913	…	5.0	0.26
新疆						

各地区烤烟播种面积和产量

地区	播种面积（千公顷）	总产量（吨）	每公顷产量（千克）	比上年增减		
				播种面积（千公顷）	总产量	
					绝对量（吨）	%
全国总计	**1 378.7**	**2 802 854**	**2 033**	**-148.2**	**-345 692.7**	**-10.98**
北京						
天津						
河北	2.4	6 568	2 692	-0.2	1 762.0	36.66
山西	3.3	10 620	3 246	…	646.8	6.49
内蒙古	2.5	9 474	3 796	-0.6	-2 465.0	-20.65
辽宁	10.8	31 995	2 956	1.5	5 142.6	19.15
吉林	10.6	28 219	2 672	-1.4	-1 880.0	-6.25
黑龙江	30.9	78 453	2 541	-1.5	-2 866.0	-3.52
上海						
江苏	…	34	1 700	…	…	…
浙江						
安徽	17.2	42 650	2 479	0.9	469.0	1.11
福建	71.5	153 778	2 152	-3.9	-7 592.0	-4.70
江西	27.0	57 501	2 126	4.7	9 938.0	20.89
山东	27.9	70 824	2 537	-13.7	-40 484.0	-36.37
河南	123.8	296 717	2 397	-13.4	-49 785.0	-14.37
湖北	39.2	72 032	1 839	-10.5	-22 577.8	-23.86
湖南	104.2	224 483	2 155	-10.7	-28 523.9	-11.27
广东	21.2	50 702	2 397	-0.3	-485.0	-0.95
广西	17.7	27 375	1 548	-0.4	-3 731.0	-11.99
海南	0.2	335	1 498	…	94.7	39.44
重庆	39.9	70 943	1 779	-3.1	-11 441.0	-13.89
四川	88.0	181 893	2 067	-15.1	-23 719.0	-11.54
贵州	216.4	353 385	1 633	-38.5	-64 526.0	-15.44
云南	488.5	953 155	1 951	-37.1	-85 381.1	-8.22
西藏						
陕西	32.7	71 967	2 200	-3.9	-13 410.0	-15.71
甘肃	2.5	7 787	3 066	-1.2	-4 884.0	-38.54
青海						
宁夏	0.4	1 965	4 913	…	5.0	0.26
新疆						

各地区蔬菜类播种面积和产量

地 区	播种面积（千公顷）	总产量（万吨）	每公顷产量（千克）	比上年增减		
				播种面积（千公顷）	总产量	
					绝对量（万吨）	%
全国总计	**21 404.8**	**76 005.5**	**35 509**	**505.4**	**2 493.5**	**3.39**
北 京	57.5	236.2	41 086	-4.5	-30.7	-11.50
天 津	90.1	460.2	51 054	0.3	5.1	1.13
河 北	1 237.5	8 125.7	65 663	17.1	223.6	2.83
山 西	257.1	1 271.4	49 459	4.3	72.9	6.08
内蒙古	281.7	1 472.7	52 285	16.0	51.6	3.63
辽 宁	473.7	3 090.1	65 231	-18.4	-180.8	-5.53
吉 林	211.1	876.0	41 503	-3.5	-62.1	-6.62
黑龙江	268.9	985.6	36 660	3.2	39.5	4.17
上 海	127.4	393.2	30 858	-4.7	-5.2	-1.31
江 苏	1 372.4	5 417.0	39 471	17.5	179.2	3.42
浙 江	606.0	1 762.8	29 089	-13.1	-1.5	-0.08
安 徽	862.1	2 551.0	29 591	26.1	133.0	5.50
福 建	723.9	1 801.4	24 885	17.9	71.6	4.14
江 西	572.3	1 312.4	22 934	9.0	54.9	4.36
山 东	1 862.4	9 973.7	53 553	29.5	315.5	3.27
河 南	1 725.6	7 272.5	42 144	-20.2	160.0	2.25
湖 北	1 173.5	3 671.5	31 286	28.5	93.2	2.60
湖 南	1 330.0	3 763.5	28 298	46.2	160.0	4.44
广 东	1 350.4	3 274.7	24 250	43.5	130.3	4.14
广 西	1 162.5	2 610.1	22 453	57.9	174.5	7.16
海 南	248.8	551.5	22 168	9.3	26.7	5.08
重 庆	708.1	1 689.1	23 855	26.3	88.5	5.53
四 川	1 315.5	4 069.3	30 935	39.5	158.6	4.06
贵 州	924.3	1 625.6	17 589	76.5	125.2	8.34
云 南	947.5	1 735.5	18 318	46.6	110.1	6.77
西 藏	23.9	68.2	28 589	…	1.2	1.82
陕 西	502.6	1 724.7	34 314	12.7	95.3	5.85
甘 肃	506.9	1 705.2	33 642	25.0	126.5	8.01
青 海	48.1	158.6	32 970	-2.4	-0.4	-0.23
宁 夏	123.4	540.8	43 840	6.1	31.8	6.25
新 疆	310.1	1 815.4	58 536	13.5	145.5	8.71

各地区瓜果类播种面积和产量

地 区	播种面积（千公顷）	总产量（万吨）	每公顷产量（千克）	比上年增减		
				播种面积（千公顷）	总产量	
					绝对量（万吨）	%
全国总计	**2 491.3**	**9 554.1**	**38 350**	**35.9**	**232.3**	**2.49**
北 京	6.5	25.2	38 832	-0.5	-4.6	-15.38
天 津	6.2	31.4	50 894	1.1	4.8	18.01
河 北	114.2	598.4	52 421	4.6	38.2	6.82
山 西	26.7	88.3	33 033	0.1	7.4	9.11
内 蒙 古	68.8	257.7	37 432	6.3	26.4	11.40
辽 宁	58.5	278.5	47 595	0.6	-4.8	-1.69
吉 林	51.2	170.8	33 362	-1.2	-2.6	-1.48
黑 龙 江	56.7	201.1	35 465	-7.7	-24.1	-10.72
上 海	10.7	40.3	37 577	-0.4	2.6	6.87
江 苏	149.9	555.5	37 065	4.6	15.8	2.94
浙 江	95.7	271.2	28 326	-5.3	-21.3	-7.30
安 徽	181.2	680.7	37 564	4.8	31.6	4.86
福 建	37.4	89.1	23 832	0.9	3.4	3.93
江 西	77.7	206.3	26 542	2.4	9.9	5.03
山 东	282.0	1 468.6	52 076	2.9	41.3	2.89
河 南	326.4	1 664.2	50 983	-10.0	-47.1	-2.75
湖 北	103.6	358.1	34 558	2.2	7.0	2.01
湖 南	145.8	398.0	27 302	4.1	13.9	3.62
广 东	43.9	122.2	27 845	0.9	5.6	4.76
广 西	122.8	327.3	26 654	5.3	16.5	5.32
海 南	33.1	101.6	30 717	0.7	4.7	4.86
重 庆	21.0	44.5	21 207	-1.6	2.1	4.95
四 川	48.6	124.9	25 721	0.5	3.6	2.93
贵 州	30.0	70.4	23 508	2.8	8.4	13.55
云 南	26.3	63.7	24 266	1.1	0.7	1.08
西 藏	0.1	0.2	16 417	…	0.1	131.71
陕 西	84.7	295.9	34 923	7.4	18.9	6.82
甘 肃	50.1	211.3	42 193	-3.3	-8.8	-3.99
青 海	0.4	1.3	35 714	-0.1	-0.4	-22.48
宁 夏	86.8	199.1	22 938	4.6	19.3	10.73
新 疆	144.4	608.3	42 132	7.9	64.0	11.77

各地区西瓜播种面积和产量

地区	播种面积（千公顷）	总产量（万吨）	每公顷产量（千克）	比上年增减		
				播种面积（千公顷）	总产量	
					绝对量（万吨）	%
全国总计	**1 852.3**	**7 484.3**	**40 406**	**24.0**	**189.9**	**2.60**
北京	5.6	22.9	40 878	-0.2	-3.9	-14.43
天津	4.6	26.0	56 493	1.0	5.5	27.02
河北	78.5	435.4	55 484	2.4	22.5	5.44
山西	19.7	68.6	34 865	…	3.1	4.65
内蒙古	42.7	171.7	40 247	3.9	19.9	13.10
辽宁	25.5	142.1	55 760	1.8	5.3	3.89
吉林	30.8	121.0	39 337	…	2.2	1.81
黑龙江	31.3	124.0	39 605	-3.1	-8.4	-6.35
上海	7.7	32.9	42 463	…	4.2	14.54
江苏	99.8	414.8	41 546	2.9	10.2	2.52
浙江	70.8	214.4	30 292	-5.6	-22.8	-9.61
安徽	141.8	572.1	40 332	1.8	27.5	5.05
福建	30.2	72.9	24 120	0.6	1.9	2.66
江西	66.9	175.4	26 216	2.2	8.8	5.28
山东	209.4	1 138.5	54 384	1.9	29.4	2.65
河南	274.2	1 467.5	53 529	-7.8	-40.5	-2.68
湖北	83.7	307.9	36 767	0.4	4.8	1.59
湖南	122.4	354.4	28 950	2.8	12.9	3.78
广东	29.6	84.5	28 535	-2.1	-4.4	-4.96
广西	108.7	299.7	27 564	4.7	15.6	5.49
海南	16.9	51.0	30 194	0.2	-1.1	-2.10
重庆	19.1	42.3	22 138	-1.7	1.9	4.69
四川	39.7	108.4	27 272	0.1	1.2	1.13
贵州	22.9	59.0	25 781	2.1	7.1	13.77
云南	20.8	51.2	24 656	2.7	2.4	4.83
西藏	0.1	0.1	17 657	…	0.1	169.36
陕西	63.2	223.3	35 315	5.6	11.7	5.51
甘肃	33.1	152.4	46 099	-2.5	-6.6	-4.12
青海	0.2	1.0	52 120	-0.1	-0.4	-28.60
宁夏	76.0	177.6	23 369	2.9	12.0	7.26
新疆	76.4	371.2	48 597	7.0	67.8	22.35

各地区甜瓜播种面积和产量

地　区	播种面积（千公顷）	总产量（万吨）	每公顷产量（千克）	比上年增减		
				播种面积（千公顷）	总产量	
					绝对量（万吨）	%
全国总计	**438.9**	**1 475.8**	**33 624**	**15.9**	**42.1**	**2.94**
北　京	0.3	1.0	40 156	-0.1	-0.4	-29.05
天　津	0.7	2.4	34 599	0.1	0.2	6.78
河　北	20.7	105.9	51 247	2.0	13.0	13.95
山　西	6.6	18.4	27 994	0.2	5.0	37.30
内蒙古	24.9	82.9	33 247	2.3	7.8	10.40
辽　宁	14.3	67.3	46 938	-1.1	-5.6	-7.71
吉　林	18.9	44.8	23 669	-1.6	-7.4	-14.22
黑龙江	19.6	56.2	28 611	-3.4	-21.1	-27.35
上　海	2.0	5.4	27 747	-0.3	-1.4	-20.48
江　苏	24.6	72.6	29 524	1.6	3.9	5.73
浙　江	11.2	28.6	25 638	0.6	2.1	7.88
安　徽	17.8	54.3	30 411	0.7	3.0	5.76
福　建	4.5	10.1	22 348	0.4	1.1	12.14
江　西	7.8	16.0	20 606	0.7	1.6	11.05
山　东	49.1	224.5	45 739	0.2	4.3	1.95
河　南	47.0	182.4	38 829	-2.1	-6.1	-3.25
湖　北	14.7	43.4	29 485	0.7	3.8	9.52
湖　南	19.0	39.0	20 492	1.2	1.1	2.91
广　东	4.6	12.2	26 501	0.3	1.8	17.46
广　西	13.5	27.0	19 964	0.6	1.0	3.91
海　南	3.3	7.1	21 653	0.3	0.3	4.16
重　庆	0.5	1.1	21 267	-0.2	…	-1.72
四　川	1.1	1.7	15 849	…	-0.1	-3.29
贵　州	2.6	2.7	10 537	0.3	0.4	14.78
云　南	0.7	1.4	19 734	-0.1	-0.1	-8.61
西　藏						
陕　西	16.6	58.8	35 428	1.8	5.6	10.57
甘　肃	14.9	52.2	35 076	8.5	25.9	98.45
青　海						
宁　夏	10.7	21.4	19 898	1.7	7.2	51.23
新　疆	66.7	234.9	35 231	0.6	-4.5	-1.88

各地区草莓播种面积和产量

地区	播种面积（千公顷）	总产量（万吨）	每公顷产量（千克）	比上年增减		
				播种面积（千公顷）	总产量	
					绝对量（万吨）	%
全国总计	**113.32**	**311.3**	**27 469**	**3.4**	**11.5**	**3.85**
北京	0.62	1.2	19 678	-0.2	-0.1	-9.54
天津	0.04	0.1	24 399	…	…	…
河北	12.50	41.4	33 104	0.1	0.9	2.34
山西	0.30	0.7	23 787	0.1	0.2	28.07
内蒙古	0.34	0.6	17 962	0.2	0.5	317.54
辽宁	15.24	57.8	37 906	0.9	2.4	4.41
吉林	0.99	1.6	16 395	0.1	0.1	7.97
黑龙江	2.55	5.4	21 348	-0.2	-0.8	-12.35
上海	1.00	1.9	19 258	-0.1	-0.2	-10.90
江苏	13.91	37.0	26 604	-0.3	-0.7	-1.75
浙江	4.90	11.3	23 023	-0.4	-0.4	-3.52
安徽	16.20	38.9	24 007	1.3	2.8	7.63
福建	0.83	1.7	20 795	0.1	0.2	15.73
江西	0.78	1.1	14 553	0.1	0.3	33.84
山东	16.26	63.8	39 236	0.5	4.3	7.18
河南	5.29	14.3	26 981	…	-0.5	-3.69
湖北	3.14	3.5	11 252	1.2	0.5	17.87
湖南	4.34	4.6	10 664	…	-0.1	-2.70
广东	1.04	2.0	19 067	0.1	0.1	5.63
广西	0.56	0.6	11 479	…	-0.1	-11.78
海南	0.05	0.1	14 193	…	…	5.80
重庆	1.34	1.1	7 938	0.3	0.2	26.39
四川	4.95	8.4	16 877	-0.4	…	0.27
贵州	1.48	2.3	15 616	0.1	0.3	12.31
云南	0.68	1.3	18 820	0.1	0.3	32.33
西藏	0.02	…	12 796	…	…	…
陕西	2.44	6.1	24 910	-0.3	1.0	18.62
甘肃	0.83	1.3	15 946	0.1	0.3	27.26
青海	0.04	0.2	38 150	…	…	36.74
宁夏	0.03	0.1	19 333	…	…	…
新疆	0.62	0.9	14 031	…	…	2.74

各地区药材和其他作物播种面积

单位：千公顷

地区	药材	比上年增减（%）	其他作物	比上年增减（%）	青饲料	比上年增减(%)
全国总计	**1 984.8**	**8.96**	**5 129.0**	**-5.26**	**2 019.5**	**-3.90**
北京	2.7	21.24	6.5	-25.60	3.1	61.90
天津	0.4	91.06	4.7	2.37	0.4	45.39
河北	47.6	3.48	86.1	2.18	58.6	-1.91
山西	34.5	11.89	25.2	-3.69	19.2	12.26
内蒙古	46.8	61.50	401.7	7.33	236.1	-8.11
辽宁	30.0	-15.56	39.0	37.44	18.8	105.76
吉林	31.8	-0.34	31.3	57.65	2.1	52.68
黑龙江	29.9	-22.44	40.1	-57.63	31.8	-30.54
上海	0.4	-3.54	47.0	-16.40	3.7	-26.80
江苏	16.6	13.28	130.6	-1.20	29.8	-0.73
浙江	36.6	14.68	95.7	4.45	7.2	-3.38
安徽	87.5	3.06	102.1	-3.87	39.4	-1.43
福建	22.9	6.51	125.4	0.18	54.8	0.32
江西	20.4	1.42	329.6	-0.68	76.0	-5.15
山东	32.1	1.72	27.3	-2.94	3.2	-20.31
河南	118.8	-1.98	113.8	-0.30	4.0	-3.82
湖北	151.3	5.35	362.4	-18.04	174.2	-33.65
湖南	79.4	16.96	550.3	2.43	204.6	0.95
广东	20.4	13.53	265.1	-0.26	59.7	-1.03
广西	83.8	9.72	147.1	-62.03	34.8	7.27
海南	8.1	30.93	72.9	69.32	0.4	-1.53
重庆	113.6	5.78	100.9	-6.98	66.6	-1.75
四川	108.0	3.82	283.6	-16.54	190.9	-1.55
贵州	146.6	24.72	436.5	3.48	166.3	2.06
云南	139.1	29.83	366.7	-1.00	167.8	-0.19
西藏	0.5	…	25.6	5.70	25.6	5.84
陕西	191.1	6.17	41.7	-4.66	21.5	-0.32
甘肃	255.8	9.50	164.9	18.37	96.5	-0.39
青海	24.0	4.71	50.2	15.54	42.9	6.26
宁夏	59.0	7.73	132.2	4.67	78.5	4.07
新疆	45.4	8.18	522.5	5.77	101.1	36.35

全国茶叶、水果产量和面积增减情况（一）

项　　目	2014 年	2013 年	2014 年比 2013 年增减	
			绝对量	%
茶叶总产量（吨）	**2 095 717**	**1 924 457**	**171 260**	**8.90**
绿茶	1 416 238	1 313 362	102 876	7.83
青茶	249 605	236 773	12 832	5.42
红茶	180 180	159 967	20 214	12.64
黑茶	112 885	91 931	20 953	22.79
黄茶	234	200	33	16.65
白茶	17 287	12 002	5 285	44.03
其他茶	119 288	110 223	9 066	8.22
园林水果总产量（吨）	**165 881 691**	**157 712 591**	**8 169 100**	**5.18**
苹果	40 923 175	39 682 618	1 240 557	3.13
红富士	29 200 029	27 357 634	1 842 395	6.73
国光	1 645 529	1 850 043	-204 514	-11.05
梨	17 964 354	17 300 751	663 603	3.84
雪花梨	4 006 832	2 728 963	1 277 870	46.83
鸭梨	3 135 344	2 873 518	261 826	9.11
柑橘类	34 926 632	33 209 414	1 717 218	5.17
柑	10 545 314	10 402 784	142 530	1.37
橘	13 114 512	12 073 752	1 040 760	8.62
橙	6 575 985	6 382 947	193 038	3.02
柚	4 064 198	3 717 324	346 874	9.33
热带亚热带水果	20 001 390	19 265 485	735 905	3.82
香蕉	11 791 933	12 075 238	-283 304	-2.35
菠萝	1 432 736	1 386 361	46 375	3.35

全国茶叶、水果产量和面积增减情况（二）

项　目	2014 年	2013 年	2014 年比 2013 年增减	
			绝对量	%
荔枝	2 259 702	2 022 505	237 197	11.73
龙眼	1 749 012	1 555 210	193 802	12.46
其他园林水果	51 913 537	48 250 975	3 662 563	7.59
桃	12 874 081	11 924 085	949 997	7.97
猕猴桃	2 022 836	1 765 847	256 989	14.55
葡萄	12 545 788	11 550 024	995 763	8.62
红枣	7 345 266	6 339 973	1 005 293	15.86
柿子	3 730 794	3 538 823	191 971	5.42
年末实有茶园面积（千公顷）	**2 649.8**	**2 468.8**	**181**	**7.33**
本年采摘面积	1 989.4	1 857.2	132	7.12
年末果园面积（千公顷）	**13 127.2**	**12 371.4**	**756**	**6.11**
苹果园	2 307.2	2 272.2	35	1.54
梨园	1 113.3	1 111.7	2	0.14
柑橘园	2 521.3	2 422.2	99	4.10
香蕉园	395.5	392.0	4	0.91
菠萝园	61.0	60.5	0	0.71
荔枝园	541.4	542.8	-1	-0.25
桃园	799.5	765.9	34	4.39
猕猴桃园	169.6	161.5	8	5.02
葡萄园	767.2	714.6	53	7.36

各地区茶叶产量和茶园面积（一）

地　　区	茶叶总产量（吨）	绿　茶	青　茶	红　茶	黑　茶	黄　茶
全国总计	**2 095 717**	**1 416 238**	**249 605**	**180 180**	**112 885**	**234**
北　　京						
天　　津						
河　　北						
山　　西						
内 蒙 古						
辽　　宁						
吉　　林						
黑 龙 江						
上　　海						
江　　苏	14 592	12 334		2 250		
浙　　江	165 385	159 607		1 296	2 989	
安　　徽	111 196	103 741	20	5 660		
福　　建	372 087	114 859	197 461	43 359		
江　　西	47 123	37 390	1 017	5 723	32	14
山　　东	17 647	17 647				
河　　南	61 119	53 910		7 209		
湖　　北	250 316	186 451	3 817	27 467	28 695	
湖　　南	161 813	71 994	3 330	17 342	61 169	26
广　　东	73 925	29 281	34 632	3 410		9
广　　西	58 752	39 694	366	12 122	1 085	
海　　南	1 025	421		572		
重　　庆	33 753	28 124	41	3 679		
四　　川	233 970	194 690	3 895	3 788	15 245	146
贵　　州	107 145	88 655	659	4 863	3 670	37
云　　南	335 495	227 120	4 367	41 441		1.6
西　　藏	54	7				
陕　　西	49 128	49 128				
甘　　肃	1 185	1 185				
青　　海						
宁　　夏						
新　　疆						

各地区茶叶产量和茶园面积（二）

地　区	茶叶总产量（吨）		年末实有			
	白　茶	其他茶	茶园面积（千公顷）	比上年增长（%）	本年采摘面　积	比上年增减（%）
全国总计	**17 287**	**119 288**	**2 649.8**	**7.33**	**1 989.4**	**7.12**
北　京						
天　津						
河　北						
山　西		8	…	…	…	…
内蒙古						
辽　宁						
吉　林						
黑龙江						
上　海						
江　苏	5	3	34.3	0.88	28.5	0.18
浙　江		1 494	195.6	6.30	175.3	4.43
安　徽	91	1 684	166.6	7.24	144.6	7.09
福　建	14 626	1 782	242.9	4.58	216.3	5.12
江　西	622	2 325	77.8	7.18	58.3	5.92
山　东			23.9	5.36	17.0	8.04
河　南			105.5	7.96	88.5	12.04
湖　北	980	2 906	303.8	4.12	218.9	6.58
湖　南	3	7 949	127.5	10.40	98.4	8.06
广　东		6 593	48.2	9.05	42.5	2.05
广　西		5 485	67.1	6.65	53.8	0.43
海　南		32	1.3	2.59	1.1	12.12
重　庆		1 909	37.7	4.93	28.4	26.06
四　川	392	15 814	305.7	7.64	216.4	6.55
贵　州	565	8 696	369.3	17.89	174.8	19.80
云　南	3	62 562	409.4	2.20	346.0	5.58
西　藏		47	0.5	113.64	0.1	…
陕　西			121.4	10.62	75.1	1.39
甘　肃			11.4	4.99	5.6	24.50
青　海						
宁　夏						
新　疆						

各地区园林水果产量（一）

单位：吨

地区	园林水果总产量		苹果			梨	
		比上年增减（%）		红富士	国光		雪花梨
全国总计	**165 881 691**	**5.18**	**40 923 175**	**29 200 029**	**1 645 529**	**17 964 354**	**4 006 832**
北京	712 897	-3.81	75 015	63 277	6 121	132 822	27 211
天津	313 224	13.57	50 368	38 226	282	40 028	8 760
河北	14 205 932	9.02	3 457 299	2 055 967	329 338	4 735 278	832 545
山西	6 825 198	8.17	4 172 543	3 259 378	64 355	592 607	46 169
内蒙古	646 420	1.88	189 034	5 255	13 108	64 970	446
辽宁	5 920 688	-10.48	2 476 011	1 190 888	592 467	1 370 947	76 193
吉林	588 991	-3.84	157 361	11 974	18 160	137 556	4 966
黑龙江	576 390	17.36	148 900			33 830	
上海	458 501	23.88	7			37 137	
江苏	3 061 666	11.50	597 652	421 913	6 123	831 093	59 996
浙江	4 436 553	4.85				406 432	243 859
安徽	2 845 579	11.20	392 285	210 388	4 504	1 081 369	49 488
福建	7 017 183	6.56	240			224 720	
江西	4 207 765	-4.66				152 573	28 807
山东	16 654 828	3.99	9 297 020	7 648 315	204 628	1 341 529	156 483
河南	8 959 582	0.86	4 417 391	3 054 545	274 017	1 129 059	341 240
湖北	6 142 465	7.87	9 927		2 004	546 349	546 349
湖南	5 220 409	5.39				171 443	
广东	14 384 913	5.10				96 039	
广西	12 333 001	9.86				296 884	13 191
海南	3 113 481	-9.11					
重庆	3 031 197	9.49	4 638	38		374 512	7 800
四川	7 596 551	5.69	583 323	189 083	15 387	967 123	307 221
贵州	1 259 764	19.14	43 894	28 569	2 525	273 110	23 978
云南	6 052 751	5.92	387 399	267 978	13 463	481 393	157 767
西藏	12 553	2.35	5 546	159	498	1 461	232
陕西	15 539 830	4.48	9 880 128	7 494 196	47 586	1 015 019	27 697
甘肃	4 252 337	8.65	2 970 762	1 891 392	2 320	362 898	253
青海	13 249	-2.00	4 765	1 742	826	4 041	
宁夏	911 738	7.87	539 020	304 100	47 818	17 266	1 313
新疆	8 586 057	9.70	1 062 647	1 062 647		1 044 868	1 044 868

各地区园林水果产量（二）

单位：吨

地　区	梨						热带亚热带水果	
	鸭　梨	柑橘类	柑	橘	橙	柚		香　蕉
全国总计	**3 135 344**	**34 926 632**	**10 545 314**	**13 114 512**	**6 575 985**	**4 064 198**	**20 001 390**	**11 791 933**
北　京	27 735							
天　津	4 947							
河　北	1 751 240							
山　西	52 045							
内蒙古	1 653							
辽　宁	83 792							
吉　林	7 719							
黑龙江	0							
上　海	0	234 238		234 238				
江　苏	348 293	48 211	26 604	21 439				
浙　江	20 322	2 009 251	785 549	944 764	30 409	225 534		
安　徽	21 678	35 935	1 256	34 411				
福　建	0	3 460 049	632 153	1 027 425	282 429	1 475 164	2 075 325	917 118
江　西	18 790	3 824 562	368 044	2 064 299	1 293 694	98 525		
山　东	346 804							
河　南	88 516	46 654		46 654				
湖　北	0	4 371 196	1 806 028	1 978 697	461 046	125 425		
湖　南	171 443	4 385 165	1 567 284	2 080 784	590 133	146 964		
广　东	0	4 723 403	903 142	2 686 042	314 970	819 249	7 417 341	4 263 172
广　西	27 843	4 721 776	2 394 585	647 707	1 085 592	588 015	4 501 445	2 592 310
海　南	0	59 340	2 481	4 520	44 752	7 587	3 054 141	1 600 406
重　庆	25 686	2 072 409	247 083	273 170	1 221 496	173 012	29 095	1 371
四　川	76 610	3 604 121	1 208 907	546 017	1 143 908	350 635	188 141	42 123
贵　州	20 451	289 067	105 418	87 297	48 211	37 916	13 469	5 826
云　南	20 265	535 869	148 136	281 852	58 731	15 001	2 722 433	2 369 608
西　藏	120	530		502				
陕　西	13 244	503 630	347 417	154 694	352	1 167		
甘　肃	158	1 227	1 227					
青　海	0							
宁　夏	5 990							
新　疆	0							

各地区园林水果产量（三）

单位：吨

地　区	热带亚热带水果			其他园林水果					
	菠　萝	荔　枝	龙　眼		桃	猕猴桃	葡　萄	红　枣	柿　子
全国总计	**1 432 736**	**2 259 702**	**1 749 012**	**51 913 537**	**12 874 081**	**2 022 836**	**12 545 788**	**7 345 266**	**3 730 794**
北　京				505 059	367 617		34 360	10 156	41 613
天　津				222 828	58 572		103 784	38 154	9 398
河　北				6 013 355	1 818 496	1 636	1 549 564	1 312 732	523 230
山　西				2 060 048	823 325	71	225 807	614 198	168 149
内蒙古				392 416	1 383		124 322	1 739	
辽　宁				2 073 731	512 121		826 598	214 220	
吉　林				294 074	746		156 751		
黑龙江				393 660			118 016		
上　海				187 119	82 696	1 996	97 313	969	865
江　苏				1 584 710	614 365	6 909	586 912	11 273	149 434
浙　江				2 020 870	398 896	41 368	721 228		49 118
安　徽				1 335 990	552 978	1 916	396 392	14 592	142 460
福　建	39 257	183 939	296 532	1 256 849	267 634	5 308	153 314		210 808
江　西				230 630	64 872	14 288	63 838		21 525
山　东				6 016 279	2 664 707	4 328	1 185 780	1 189 341	150 284
河　南				3 366 478	1 132 155	413 796	583 926	356 367	543 306
湖　北				1 214 993	778 112	23 246	271 481	36 184	67 833
湖　南				663 801	149 365	72 644	158 731	29 324	20 509
广　东	917 597	1 240 519	784 305	1 999 184	101 534				148 946
广　西	34 290	618 534	558 060	2 812 896	250 514	4 019	398 797	25 546	903 189
海　南	373 075	182 340	48 060						
重　庆			19 008	550 544	122 241	23 500	94 818	6 421	14 648
四　川		14 215	29 301	2 253 843	519 300	175 223	307 378	16 108	48 734
贵　州		633	948	640 224	172 642	25 027	182 811	2 490	14 996
云　南	68 517	19 050	12 799	1 925 657	260 177	1 225	805 462	22 641	84 669
西　藏				5 016	2 895		565		
陕　西				4 141 053	724 872	1 205 886	595 144	644 592	395 570
甘　肃				917 450	230 339		294 013	144 648	21 509
青　海				787	582				
宁　夏				355 452	34 932		192 363	78 931	
新　疆				6 478 542	166 015		2 316 114	2 574 616	

各地区果园面积（一）

单位：千公顷

地　区	年末果园面　积	比上年增减（%）	苹　果	梨	柑　橘
全国总计	**13 127.2**	**6.11**	**2 307.2**	**1 113.3**	**2 521.3**
北　京	57.5	-4.42	6.9	8.2	
天　津	33.0	-3.48	4.8	4.9	
河　北	1 119.0	5.21	240.9	199.4	
山　西	360.3	3.44	158.6	36.0	
内蒙古	71.2	-2.04	17.2	6.3	
辽　宁	403.0	0.64	158.0	111.1	
吉　林	52.9	0.34	13.8	13.2	
黑龙江	34.7	1.37	12.2	3.8	
上　海	20.3	-3.88		1.8	6.1
江　苏	214.3	-3.49	32.0	39.4	2.9
浙　江	330.1	2.70		24.6	102.8
安　徽	124.2	5.06	15.3	37.3	3.7
福　建	541.9	0.50	…	22.1	187.8
江　西	414.4	2.27		24.2	336.8
山　东	643.3	1.50	304.6	46.2	
河　南	458.4	-3.64	172.0	53.0	11.8
湖　北	423.3	4.88	1.3	41.7	245.6
湖　南	583.9	3.55		34.8	421.1
广　东	1 121.8	0.18		8.4	302.2
广　西	1 088.5	4.72		22.6	289.5
海　南	165.4	-3.35			5.4
重　庆	315.4	6.41	0.7	35.8	192.5
四　川	627.9	2.35	34.0	79.2	273.2
贵　州	262.1	14.91	10.1	52.6	59.5
云　南	431.7	6.19	45.4	52.6	42.0
西　藏	3.2	63.45	1.7	0.3	0.2
陕　西	1 224.5	2.57	681.8	48.6	38.2
甘　肃	456.9	1.14	294.6	36.4	0.2
青　海	7.7	12.28	1.6	0.8	
宁　夏	139.4	1.27	41.5	2.0	
新　疆	1 397.2	49.59	58.3	65.9	

各地区果园面积（二）

单位：千公顷

地区	年末果园面积					
	香蕉	菠萝	荔枝	桃	猕猴桃	葡萄
全国总计	**395.5**	**61.0**	**541.4**	**799.5**	**169.6**	**767.2**
北京				18.5	…	3.2
天津				3.9		5.2
河北				85.1	0.1	83.8
山西				26.7	…	11.6
内蒙古				0.1		8.4
辽宁				25.0		37.7
吉林				0.2		13.0
黑龙江						4.9
上海				5.7	0.3	5.4
江苏				44.1	1.2	37.6
浙江				28.0	6.7	30.0
安徽				33.2	0.4	17.1
福建	26.7	3.0	29.6	26.1	0.7	8.5
江西				10.4	3.0	6.4
山东				108.2	0.7	41.0
河南				70.0	10.8	33.9
湖北				62.2	9.2	12.7
湖南				30.1	13.7	23.5
广东	127.9	33.3	273.8	7.1		
广西	97.7	3.2	206.0	27.9	1.4	29.7
海南	44.6	15.4	21.9			
重庆	0.1		0.2	12.8	8.8	8.6
四川	1.3		5.4	48.2	35.1	29.0
贵州	3.7	1.8	1.3	34.1	15.1	23.7
云南	93.6	4.3	3.3	31.0	0.5	35.6
西藏				0.7		0.3
陕西				35.5	62.0	46.6
甘肃				11.8	…	26.7
青海				0.0		0.1
宁夏				1.9		34.0
新疆				11.0		149.1

全国热带、亚热带作物面积和产量

单位：千公顷、吨

指　　标	全国总计	广　东	广　西	海　南	云　南
橡胶（按干胶片计算产量）					
年末实有面积	3 698.5	45.3	2 540.0	542.3	571.0
当年新植	40.1	0.7	15.0	18.4	6.0
收获面积	1 669.6	26.1	973.0	389.3	281.2
产量	840 171.4	15 493.0	172.0	391 212.5	433 293.9
咖啡豆（按干咖啡豆计算产量）					
年末实有面积	122.7			0.6	122.1
当年新植	7.8			0.1	7.8
收获面积	61.4			0.1	61.2
产量	137 338.9			230.4	137 108.5
椰子（按果实计算产量）					
年末实有面积	36.7	0.1		36.6	…
当年新植	0.1	…		0.1	
收获面积	29.7	0.1		29.6	…
产量	25 388.5	58.0		25 292.4	38.1
腰果（按干果计算产量）					
年末实有面积	0.2			0.1	0.1
当年新植	0.1				0.1
收获面积	0.1			0.1	…
产量	154.8			104.8	50.0
香料作物（折香料油）					
年末实有面积	8.3	…	2.0	0.3	6.0
当年新植	1.3	…	1.0	0.1	0.2
收获面积	7.3	…	2.0	0.1	5.2
产量	1 021.9	4.0	2.0	131.4	884.5
香茅草					
年末实有面积	3.6	…			3.6
当年新植	0.2	…			0.2
收获面积	3.2	…			3.1
产量（吨）	439.6	4.0			435.6
剑（番）麻（折纤维）					
年末实有面积	23 314.6	5.5	23 308.0	0.9	0.1
当年新植	292.3	0.3	292.0	…	
收获面积	18 196.7	4.8	18 191.0	0.9	
产量（吨）	111 352.0	32 071.0	75 874.0	3 407.0	

全国花卉产销情况

类型	销售量		种植面积（公顷）	销售额（万元）	出口额（万美元）
	单位	数量			
合计			**1 270 226.8**	**12 794 523.7**	**61 982.3**
鲜切花类	万枝	2 045 830.2	64 781.7	1 353 349.8	31 603.5
鲜切花	万枝	1 789 902.2	51 868.0	1 237 063.1	25 406.7
鲜切叶	万枝	134 497.2	7 698.1	65 304.3	4 082.1
鲜切枝	万枝	121 430.8	5 215.6	50 982.4	2 114.7
盆栽植物类	万盆	538 572.4	106 615.2	2 796 668.5	13 337.7
盆栽植物	万盆	219 009.6	62 019.8	1 851 637.4	9 071.2
盆景	万盆	26 718.9	19 788.4	525 021.9	4 151.5
花坛植物	万盆	292 843.9	24 807.1	420 009.2	115.0
观赏苗木	万株	1 333 202.4	740 954.2	6 590 683.3	3 190.4
食用与药用花卉	千克	169 774 137.6	250 459.4	1 276 056.6	1 540.8
工业及其他用途花卉	吨	21 076 388.4	46 842.3	232 709.3	4 502.1
草坪	万平方米	177 344.4	42 860.6	261 773.2	
种子用花卉	千克	579 143.8	4 531.1	39 464.4	228.0
种苗用花卉	万株	589 356.3	6 903.4	143 391.3	6 903.8
种球用花卉	万粒	74 738.2	5 657.8	89 545.0	450.0
干燥花			621.2	10 882.3	226.0

注：食用与药用花卉计算干重；工业及其他用途花卉计算鲜重。

全国花卉保护地栽培情况

单位：万平方米

项　目	合　计	温　室	节能日光温室	大（中、小）棚	遮阴棚
面积	129 468.2	28 442.4	9 282.5	56 632.9	44 392.9

全国花卉经营实体

项　目	单　位	2014 年	2013 年	2014 年比 2013 年增减	
				绝对量	%
花卉市场	个	3 286	3 533	-247	-0.07
花卉企业	个	85 406	83 338	2 068	0.02
大中型企业	个	15 127	15 403	-276	-0.02
花农	户	1 881 153	1 834 117	47 036	0.03
从业人员	人	5 255 122	5 505 708	-250 586	-0.05
专业技术人员	人	280 333	303 281	-22 948	-0.08

注：花卉大中型企业是指种植面积在 3 公顷以上或年营业额在 500 万元以上的企业。

全国主要花卉产销情况

品　种	种植面积（公顷）	销售量	销售额（万元）
主要鲜切花（万枝）	**49 013.3**	**1 680 758.0**	**1 142 072.3**
现代月季	14 348.2	564 268.8	302 588.0
香石竹	3 325.5	266 481.6	100 213.2
百合	8 977.2	156 559.1	394 236.4
唐菖蒲	3 307.9	36 893.9	22 861.8
菊花	7 426.7	252 411.7	122 056.3
非洲菊	5 749.0	321 328.7	132 435.5
主要盆栽植物（万盆）	**57 102.3**	**300 292.6**	**1 577 900.8**
凤梨类	5 406.6	19 464.5	150 728.2
兰花类	10 953.6	47 397.3	500 352.0
花烛属类	2 750.6	9 841.8	91 489.7
观叶芋类	6 676.2	12 480.0	145 175.2
杜鹃花类	1 240.7	2 807.4	24 215.3
中国兰花	753.0	11 143.2	119 674.9
蝴蝶兰类	506.4	1 790.3	23 138.6
主要盆景（万盆）	5 644.2	13 783.0	119 781.6
球根花卉（万盆）	1 066.1	6 487.3	22 636.5

三、畜 牧 业

全国主要畜产品生产情况

指标	单位	2014年	2013年	2014年比2013年增减	
				绝对数	%
大牲畜年末存栏	**万头**	**12 022.9**	**11 853.2**	**169.7**	**1.43**
牛	万头	10 578.0	10 385.1	192.9	1.86
马	万匹	604.3	602.7	1.6	0.26
驴	万头	582.6	603.4	-20.7	-3.44
骡	万头	224.6	230.4	-5.8	-2.51
骆驼	万峰	33.4	31.6	1.7	5.48
猪年末存栏	**万头**	**46 582.7**	**47 411.3**	**-828.5**	**-1.75**
能繁母猪	万头	4 962.5	5 132.3	-169.7	-3.31
羊年末存栏	**万只**	**30 314.9**	**29 036.3**	**1 278.7**	**4.40**
山羊	万只	14 465.9	14 034.5	431.4	3.07
绵羊	万只	15 849.0	15 001.7	847.3	5.65
家禽年末存栏	**万只**	**577 904.4**	**571 273.3**	**6 631.1**	**1.16**
兔年末存栏	**万只**	**22 274.6**	**22 345.3**	**-70.7**	**-0.32**
猪出栏	**万头**	**73 510.4**	**71 557.3**	**1 953.1**	**2.73**
牛出栏	**万头**	**4 929.2**	**4 828.2**	**101.0**	**2.09**
羊出栏	**万只**	**28 741.6**	**27 586.8**	**1 154.8**	**4.19**
家禽出栏	**万只**	**1 154 167.1**	**1 190 459.0**	**-36 291.9**	**-3.05**
兔出栏	**万只**	**51 679.1**	**50 366.5**	**1 312.5**	**2.61**
肉类总产量	**万吨**	**8 706.7**	**8 535.0**	**171.7**	**2.01**
猪肉	万吨	5 671.4	5 493.0	178.4	3.25
牛肉	万吨	689.2	673.2	10.9	2.38
羊肉	万吨	428.2	408.1	20.1	4.92
奶类	**万吨**	**3 841.2**	**3 649.5**	**191.7**	**5.25**
牛奶	万吨	3 724.6	3 531.4	193.2	5.47
绵羊毛	**吨**	**419 517.6**	**411 121.9**	**8 395.7**	**2.04**
细羊毛	吨	124 915.2	133 246.5	-8 331.3	-6.25
半细羊毛	吨	142 253.3	135 329.6	6 923.7	5.12
山羊毛	**吨**	**59 323.5**	**59 989.2**	**-665.8**	**-1.11**
禽蛋	**万吨**	**2 893.9**	**2 876.1**	**17.8**	**0.62**
蜂蜜	**万吨**	**46.8**	**45.0**	**1.8**	**3.98**

各地区主要畜禽出栏量

地　　区	猪 （万头）	牛 （万头）	羊 （万只）	家禽 （亿只）	兔 （万只）
全国总计	**73 510.4**	**4 929.2**	**28 741.6**	**1 154 167.1**	**51 679.1**
北　　京	305.8	9.2	68.7	7 550.7	15.7
天　　津	386.5	19.4	67.1	8 136.1	10.3
河　　北	3 638.4	320.6	2 189.3	59 627.5	3 309.9
山　　西	837.3	39.8	469.9	7 592.0	434.6
内 蒙 古	930.1	336.8	5 665.7	11 534.9	654.0
辽　　宁	2 839.4	283.3	797.5	76 814.8	148.9
吉　　林	1 721.1	299.6	360.0	37 676.2	1 077.7
黑 龙 江	1 921.0	263.6	728.3	19 975.4	121.0
上　　海	243.1	0.1	39.7	2 166.0	9.6
江　　苏	3 073.6	17.6	719.5	75 739.6	3 995.4
浙　　江	1 724.5	8.2	103.9	17 379.0	520.0
安　　徽	3 089.2	124.9	1 075.4	71 619.1	218.2
福　　建	1 990.5	27.4	159.9	39 145.1	1 956.0
江　　西	3 325.7	135.8	73.2	45 854.2	371.4
山　　东	4 955.1	440.8	3 117.8	169 396.0	6 451.3
河　　南	6 310.0	546.0	2 088.0	90 087.2	3 853.9
湖　　北	4 475.1	152.1	541.9	51 635.8	262.7
湖　　南	6 220.3	161.4	676.3	40 003.8	701.4
广　　东	3 790.8	58.4	50.4	95 128.0	332.3
广　　西	3 518.0	149.6	205.0	78 288.1	850.5
海　　南	588.5	27.2	81.1	13 966.9	18.9
重　　庆	2 150.8	64.3	249.9	23 601.3	4 714.8
四　　川	7 445.0	278.7	1 632.7	64 667.6	20 528.7
贵　　州	1 845.3	117.4	220.4	9 162.1	159.1
云　　南	3 496.5	287.3	807.1	19 701.8	165.2
西　　藏	18.2	125.6	449.5	166.4	0.0
陕　　西	1 231.4	53.1	474.2	5 043.7	309.4
甘　　肃	722.3	172.3	1 114.3	3 616.2	167.3
青　　海	140.5	110.6	635.3	412.4	99.7
宁　　夏	101.2	58.7	552.0	1 204.4	29.8
新　　疆	475.5	239.4	3 327.6	7 274.6	191.2

各地区主要牲畜年末存栏情况（一）

地　区	大牲畜（万头）	牛（万头）			马（万匹）	驴（万头）	骡（万头）
			肉　牛	奶　牛			
全国总计	**12 022.9**	**10 578.0**	**7 040.9**	**1 499.1**	**604.3**	**582.6**	**224.6**
北　京	20.3	19.7	5.9	13.8	0.2	0.4	0.1
天　津	30.4	30.0	14.2	15.7	0.1	0.3	0.1
河　北	488.2	402.4	154.8	198.1	17.1	49.9	18.8
山　西	123.9	100.9	41.5	34.7	1.2	13.6	8.2
内蒙古	839.9	630.6	388.3	231.2	81.7	88.9	24.8
辽　宁	502.2	361.8	323.4	31.6	20.5	105.5	14.5
吉　林	490.7	430.9	401.8	24.5	30.1	21.8	7.9
黑龙江	536.6	502.2	300.4	197.2	23.6	7.7	3.1
上　海	5.9	5.9	…	5.8			
江　苏	34.5	30.6	8.1	20.5	0.3	2.8	0.9
浙　江	15.8	15.8	10.0	4.6			
安　徽	153.0	152.7	129.8	11.7	0.1	0.2	0.1
福　建	67.8	67.8	33.2	5.1	…		
江　西	305.1	305.1	246.3	7.1			
山　东	511.0	495.4	312.8	139.7	2.5	11.7	1.4
河　南	943.8	918.2	626.6	103.2	9.9	12.5	3.3
湖　北	353.2	352.3	230.7	6.5	0.6	0.3	0.1
湖　南	462.2	456.8	339.8	14.8	4.5	0.7	0.2
广　东	242.0	242.0	126.1	5.4	…		
广　西	484.7	448.6	97.9	4.8	31.3	0.1	4.6
海　南	79.1	79.1	44.8	0.1			
重　庆	143.6	140.7	100.2	1.9	1.8	0.3	0.9
四　川	1 082.0	983.9	529.4	19.3	80.2	7.9	10.1
贵　州	573.6	495.9	290.6	5.6	74.8	0.2	2.7
云　南	922.3	750.8	681.3	17.3	68.9	37.5	65.1
西　藏	652.5	613.1	467.5	37.2	30.6	7.4	1.4
陕　西	168.2	150.6	103.7	45.5	0.8	12.9	3.9
甘　肃	618.8	454.6	423.8	30.2	15.2	103.2	43.5
青　海	484.7	452.9	427.1	25.8	19.0	5.5	6.2
宁　夏	110.9	103.1	65.7	37.4	0.2	5.7	1.9
新　疆	575.9	383.9	115.2	203.0	89.4	85.7	0.9

各地区主要牲畜年末存栏情况（二）

地区	骆驼（万峰）	猪（万头）	能繁母猪（万头）	羊（万只）			家禽（万只）	兔（万只）
					山羊	绵羊		
全国总计	**33.4**	**46 582.7**	**4 962.5**	**30 314.9**	**14 465.9**	**15 849.0**	**577 904.4**	**22 274.6**
北京		179.6	22.8	68.4	17.2	51.2	2 544.6	4.3
天津		199.8	25.0	46.8	5.6	41.2	2 887.5	9.0
河北	…	1 915.5	195.2	1 526.4	481.6	1 044.8	38 694.7	1 370.7
山西	…	514.7	59.9	922.7	397.7	525.0	9 461.8	248.6
内蒙古	13.8	669.4	83.7	5 569.3	1 553.1	4 016.2	5 033.7	179.0
辽宁		1 558.8	215.5	793.5	427.4	366.1	41 490.6	66.2
吉林		1 000.4	123.5	410.8	54.4	356.4	15 018.0	277.5
黑龙江		1 360.3	140.9	856.8	228.1	628.7	13 940.1	70.9
上海		171.7	13.9	28.1	26.7	1.4	1 010.1	3.8
江苏		1 799.5	157.5	413.8	404.1	9.7	31 785.5	1 552.2
浙江		964.6	78.5	111.4	40.5	70.9	8 410.2	324.8
安徽		1 585.3	141.3	642.7	641.7	1.1	24 322.1	156.7
福建		1 149.4	118.9	121.4	121.4		10 580.5	981.3
江西		1 738.6	174.8	57.3	57.3		21 100.2	168.7
山东		2 910.7	330.5	2 174.6	1 590.0	584.6	60 732.7	3 362.5
河南		4 420.0	482.0	1 886.0	1 808.0	78.0	68 460.0	2 382.2
湖北		2 550.7	262.0	469.9	469.7	0.2	34 987.7	201.1
湖南		4 188.3	431.6	529.0	529.0		31 024.6	294.9
广东		2 130.1	227.5	39.8	39.8		32 971.8	152.8
广西		2 360.3	286.3	201.6	201.6		30 656.0	291.8
海南		412.9	60.9	68.0	67.8	0.1	5 643.2	11.5
重庆		1 483.8	145.6	209.6	209.4	0.2	13 169.1	1 834.5
四川		5 000.6	512.3	1 750.7	1 529.8	221.0	37 042.1	7 578.0
贵州		1 600.6	146.3	337.4	318.7	18.7	7 932.1	124.4
云南		2 678.9	299.8	1 008.0	932.7	75.3	12 313.4	80.8
西藏		39.8	12.8	1 457.1	519.3	937.8	129.2	
陕西		879.4	85.3	700.2	567.1	133.0	6 623.5	310.7
甘肃	2.4	619.6	69.5	1 960.5	426.1	1 534.4	3 930.2	124.5
青海	1.1	120.6	14.0	1 457.1	190.4	1 266.7	269.3	25.5
宁夏	…	75.4	8.9	612.0	103.1	508.8	1 032.4	21.4
新疆	16.0	303.6	35.9	3 884.0	506.4	3 377.6	4 707.6	64.1

各地区牧业主要产品产量（一）

单位：万吨

地　　区	肉类总产量	猪　肉	牛　肉	羊　肉	禽　肉	奶　类	牛　奶
全国总计	**8 706.7**	**5 671.4**	**689.2**	**428.2**	**1 750.7**	**3 841.2**	**3 724.6**
北　京	39.3	24.0	1.7	1.2	12.3	59.5	59.5
天　津	46.4	29.9	3.4	1.6	11.6	68.9	68.9
河　北	468.1	281.2	52.4	30.4	88.2	496.1	487.8
山　西	87.5	64.2	5.8	6.7	9.4	97.2	96.2
内蒙古	252.3	73.3	54.5	93.3	22.6	797.1	788.0
辽　宁	429.2	240.3	42.8	8.9	130.6	134.5	131.2
吉　林	262.0	140.4	46.0	4.5	65.9	49.8	49.3
黑龙江	230.2	142.6	40.6	11.9	33.2	560.1	556.6
上　海	23.4	18.8	0.1	0.5	3.4	27.1	27.1
江　苏	379.5	232.4	3.3	8.0	125.4	60.7	60.7
浙　江	157.1	127.0	1.2	1.7	26.2	15.9	15.9
安　徽	414.0	264.8	17.9	15.5	114.6	27.9	27.9
福　建	213.7	151.1	2.9	2.2	54.2	15.4	15.0
江　西	339.8	259.8	13.1	1.1	64.0	12.9	12.9
山　东	770.2	406.8	66.6	36.0	248.6	289.6	279.6
河　南	719.0	478.0	82.1	25.4	118.0	342.4	332.0
湖　北	440.4	339.6	21.9	8.6	69.2	16.4	16.1
湖　南	546.5	458.1	18.9	11.1	55.9	9.3	9.3
广　东	429.4	282.6	7.0	0.9	131.9	13.8	13.5
广　西	420.0	266.3	14.4	3.2	128.2	9.7	9.7
海　南	79.5	48.6	2.6	1.1	24.4	0.2	0.2
重　庆	214.2	158.5	8.4	3.4	36.6	5.7	5.7
四　川	714.7	527.2	33.4	25.3	97.4	71.3	70.8
贵　州	201.8	165.6	14.7	3.8	14.8	5.7	5.7
云　南	378.5	292.4	33.6	14.6	35.2	64.6	58.2
西　藏	26.4	1.5	16.0	7.9	0.2	34.3	29.0
陕　西	116.7	91.8	7.7	7.5	8.1	192.3	144.7
甘　肃	95.5	52.7	18.1	17.9	4.5	40.3	39.6
青　海	33.4	10.5	10.6	10.9	0.7	31.3	30.5
宁　夏	28.5	7.7	8.8	9.5	2.2	135.7	135.7
新　疆	149.3	33.9	39.2	53.6	13.0	155.6	147.5

各地区牧业主要产品产量（二）

单位：万吨

地　　区	禽　蛋	蜂　蜜	绵羊毛（吨）	细羊毛	半细羊毛	山羊粗毛（吨）	山羊绒（吨）
全国总计	**2 893.9**	**46.8**	**419 518**	**124 915**	**142 253**	**40 046**	**19 278**
北　　京	19.7	0.2	260	20	45	56	31
天　　津	19.4	…	838	100	738	1	
河　　北	362.7	1.3	36 145	6 472	22 798	3 153	877
山　　西	83.7	0.5	8 596	3 165	4 118	1 449	1 099
内 蒙 古	53.5	0.2	121 525	63 040	21 891	10 450	8 283
辽　　宁	279.3	0.1	14 977	4 049	10 544	1 468	1 063
吉　　林	98.5	1.5	14 261	7 470	6 758	667	158
黑 龙 江	98.2	1.9	28 375	5 434	22 941	1 487	332
上　　海	5.2	0.1	11			175	
江　　苏	194.6	0.5	359	87	271	10	
浙　　江	39.0	8.8	2 042		2 042	295	
安　　徽	122.5	1.9	169	106	63	92	10
福　　建	25.4	1.2					
江　　西	47.8	1.6					
山　　东	388.0	0.6	9 602	1 903	5 697	3 899	835
河　　南	404.0	9.5	7 365	817	4 763	4 817	847
湖　　北	155.1	2.7	4		4	74	
湖　　南	97.9	1.3				5	1
广　　东	33.0	1.9				2	
广　　西	22.2	1.3					
海　　南	3.8	0.1					
重　　庆	43.2	1.8		3		3	
四　　川	145.3	4.7	6 232	1 733	3 303	271	89
贵　　州	16.2	0.3	405	108	297	60	1
云　　南	24.3	1.0	1 411	215	865	87	6
西　　藏	0.5	…	7 607	504	2 782	842	924
陕　　西	54.5	0.6	7 185	2 801	3 153	2 869	2 205
甘　　肃	15.5	0.1	31 866	9 693	6 603	2 141	428
青　　海	2.2	0.2	17 110	572	6 188	931	397
宁　　夏	8.3	0.1	10 269	1 727	2 785	846	491
新　　疆	30.5	1.0	92 900	14 900	13 600	3 900	1 200

四、饲料工业

各地区饲料生产情况

地　区	饲料总产量（万吨）			
		配合饲料	浓缩饲料	添加剂预混合饲料
全国总计	**19 727.03**	**16 935.27**	**2 151.18**	**640.58**
北　京	246.44	165.91	31.35	49.18
天　津	227.97	149.15	51.12	27.71
河　北	1 258.74	1 037.86	199.67	21.20
山　西	257.05	224.05	31.64	1.36
内蒙古	275.52	191.57	77.16	6.78
辽　宁	1 239.39	917.42	306.21	15.76
吉　林	478.47	340.91	133.49	4.06
黑龙江	650.37	318.50	304.30	27.57
上　海	155.33	116.22	15.04	24.07
江　苏	1 000.16	935.35	33.47	31.34
浙　江	501.51	482.21	5.75	13.56
安　徽	515.96	484.61	18.07	13.29
福　建	814.81	766.23	21.07	27.51
江　西	722.16	650.08	25.30	46.78
山　东	2 158.57	1 923.63	136.52	98.41
河　南	1 251.65	1 052.84	175.08	23.73
湖　北	679.94	639.00	27.35	13.58
湖　南	1 082.12	974.37	52.66	55.09
广　东	2 398.84	2 287.38	44.96	66.50
广　西	1 074.09	1 037.06	24.63	12.40
海　南	214.74	211.74	0.30	2.71
重　庆	235.50	203.75	29.91	1.83
四　川	1 038.33	936.67	73.27	28.39
贵　州	95.62	64.14	31.46	0.01
云　南	371.66	276.86	89.71	5.09
西　藏				
陕　西	456.81	284.17	155.36	17.29
甘　肃	105.08	74.20	30.23	0.66
青　海	6.71	6.56	0.00	0.16
宁　夏	37.14	27.90	8.89	0.35
新　疆	176.34	154.91	17.20	4.22

各地区配合饲料生产情况

单位：万吨

地 区	配合饲料	猪饲料	蛋禽饲料	肉禽饲料	水产饲料	精料补充料	其他饲料
全国总计	**16 935.27**	**6 944.69**	**2 359.59**	**4 775.58**	**1 870.15**	**640.74**	**344.52**
北 京	165.91	37.34	18.41	59.65	8.29	30.13	12.10
天 津	149.15	41.26	8.73	16.87	40.97	35.27	6.04
河 北	1 037.86	221.73	402.62	170.97	61.23	104.02	77.30
山 西	224.05	47.02	84.40	82.95	0.07	7.78	1.83
内 蒙 古	191.57	17.52	20.17	26.94	1.65	120.50	4.80
辽 宁	917.42	227.31	257.44	277.65	42.92	64.12	47.99
吉 林	340.91	80.02	129.44	79.18	3.11	20.36	28.79
黑 龙 江	318.50	105.30	67.50	44.50	16.70	56.10	28.40
上 海	116.22	35.07	37.62	30.09	7.22	5.69	0.53
江 苏	935.35	251.18	113.28	262.16	286.43	5.21	17.08
浙 江	482.21	257.57	35.03	77.66	98.52	2.56	10.87
安 徽	484.61	138.32	78.81	228.04	29.49	1.00	8.96
福 建	766.23	393.60	66.10	188.87	114.91	0.02	2.73
江 西	650.08	449.75	64.46	80.75	52.69	1.03	1.40
山 东	1 923.63	484.99	155.46	1 122.41	51.05	59.17	50.55
河 南	1 052.84	593.91	98.48	299.68	40.65	14.14	5.99
湖 北	639.00	221.05	131.71	92.02	194.17	0.03	0.02
湖 南	974.37	672.80	81.86	79.37	135.55	0.20	4.58
广 东	2 287.38	1 027.95	129.09	701.99	417.44	0.10	10.82
广 西	1 037.06	576.30	36.65	368.69	55.39		0.02
海 南	211.74	85.05	17.53	70.14	39.02		
重 庆	203.75	114.07	25.03	44.37	13.71	5.09	1.49
四 川	936.67	546.07	107.47	189.32	68.92	11.32	13.57
贵 州	64.14	29.23	12.78	15.38	3.99	2.77	
云 南	276.86	88.61	57.33	87.84	40.22	1.81	1.07
西 藏							
陕 西	284.17	139.84	59.85	28.44	25.38	26.09	4.56
甘 肃	74.20	34.93	15.25	10.02	1.48	11.24	1.28
青 海	6.56	0.78	0.01	0.01		5.76	
宁 夏	23.71	4.47	2.78	2.18	4.45	13.86	0.17
新 疆	154.91	21.65	44.29	37.44	14.53	35.39	1.61

各地区浓缩饲料生产情况

单位：万吨

地区	浓缩饲料	猪饲料	蛋禽饲料	肉禽饲料	水产饲料	精料补充料	其他饲料
全国总计	**2 151.18**	**1 303.37**	**397.89**	**208.30**	**4.17**	**208.02**	**29.43**
北　京	31.35	25.55	0.82	0.03	0.20	4.25	0.51
天　津	51.12	40.03	3.12	0.04	0.01	7.11	0.81
河　北	199.67	107.19	54.15	3.13	0.20	27.76	7.24
山　西	31.64	12.03	15.79	0.09		3.71	0.02
内蒙古	77.16	26.89	5.31	2.02	0.01	42.23	0.70
辽　宁	306.21	130.16	84.44	74.07	0.33	15.01	2.21
吉　林	133.49	74.47	19.79	25.81	0.45	12.94	0.05
黑龙江	304.30	116.10	72.40	60.70		45.90	9.20
上　海	15.04	14.08	0.01	0.02		0.44	0.50
江　苏	33.47	32.92	0.28	0.11	0.03	0.12	0.01
浙　江	5.75	5.73	0.01	…	…	…	…
安　徽	18.07	17.23	0.08	0.09			0.67
福　建	21.07	20.94					0.12
江　西	25.30	20.37	2.46	2.46			
山　东	136.52	119.61	10.98	2.62	…	3.29	0.03
河　南	175.08	114.32	44.74	10.48	1.73	3.43	0.37
湖　北	27.35	22.10	2.54	2.51	0.21		
湖　南	52.66	51.60	0.38	0.39	0.20	0.06	0.04
广　东	44.96	41.70	0.22	1.07	0.68		1.30
广　西	24.63	22.42	0.32	1.88			0.01
海　南	0.30	0.08	0.07	0.15			
重　庆	29.91	21.31	4.96	0.01	…	0.83	2.80
四　川	73.27	70.09	1.11	0.08		1.67	0.32
贵　州	31.46	30.21	0.26	0.66		0.09	0.24
云　南	89.71	84.05	2.08	3.17		0.34	0.06
西　藏							
陕　西	155.36	55.03	59.36	12.93	0.11	25.86	2.07
甘　肃	30.23	16.20	5.97	1.91		6.04	0.12
青　海	…	…					
宁　夏	8.89	2.64	0.89	0.67		4.68	0.01
新　疆	17.20	8.33	5.37	1.21	0.01	2.28	…

各地区添加剂预混合饲料生产情况

单位：万吨

地区	添加剂预混合饲料	猪饲料	蛋禽饲料	肉禽饲料	水产饲料	精料补充料	其他饲料
全国总计	**640.58**	**367.58**	**144.32**	**49.35**	**28.50**	**27.73**	**23.10**
北　　京	49.18	26.35	14.87	1.05	1.24	4.32	1.35
天　　津	27.71	13.35	10.04	0.76	0.37	2.83	0.36
河　　北	21.20	7.47	7.67	1.46	0.20	1.26	3.14
山　　西	1.36	0.50	0.74	0.01		0.10	0.01
内 蒙 古	6.78	0.76	0.14	0.21	…	4.86	0.81
辽　　宁	15.76	7.52	5.05	1.81	0.39	0.43	0.55
吉　　林	4.06	1.85	0.44	1.15	0.01	0.52	0.09
黑 龙 江	27.57	12.10	6.30	4.40	0.07	3.60	1.10
上　　海	24.07	13.94	4.15	1.18	0.37	1.98	2.46
江　　苏	31.34	15.53	11.85	2.31	0.88	0.38	0.38
浙　　江	13.56	9.77	1.44	1.10	0.93	…	0.31
安　　徽	13.29	8.43	1.85	1.82	0.20	0.55	0.44
福　　建	27.51	25.06	0.61	0.53	1.01	…	0.30
江　　西	46.78	35.63	4.53	4.59	0.93	0.18	0.91
山　　东	98.41	32.48	47.69	11.75	0.70	1.46	4.33
河　　南	23.73	14.99	6.78	1.27	0.09	0.13	0.47
湖　　北	13.58	7.81	3.98	0.68	1.11		
湖　　南	55.09	50.90	2.37	0.85	0.24	0.10	0.63
广　　东	66.50	45.32	2.13	4.99	10.84	0.01	3.20
广　　西	12.40	8.03	0.48	3.69	0.20		…
海　　南	2.71	0.34	0.34	0.45	1.57		
重　　庆	1.83	1.70	0.02	0.02	0.01	0.08	
四　　川	28.39	17.96	2.58	1.49	4.96	1.13	0.27
贵　　州	0.01	0.01					
云　　南	5.09	2.09	1.70	0.15	0.06	0.03	1.05
西　　藏							
陕　　西	17.29	5.88	5.79	1.33	1.94	1.58	0.76
甘　　肃	0.66	0.31	0.02	…		0.31	0.01
青　　海	0.16	0.02				0.14	
宁　　夏	0.35	0.11	0.07	0.01		0.16	
新　　疆	4.22	1.39	0.67	0.26	0.18	1.57	0.16

五、渔　业

全国渔民人均纯收入

单位：元

地区	2014 年	2013 年	2014 年比 2013 年增减（±）	
			绝对量	幅度（%）
全国总计	**14 426.26**	**13 038.77**	**1 387.48**	**10.64**
北京	15 134.16	12 961.58	2 172.57	16.76
天津	22 392.00	20 579.04	1 812.96	8.81
河北	11 922.12	10 600.00	1 322.12	12.47
山西	7 268.70	7 015.02	253.68	3.62
内蒙古	11 352.76	10 204.00	1 148.76	11.26
辽宁	16 021.59	14 600.00	1 421.59	9.74
吉林	8 794.83	8 762.00	32.82	0.37
黑龙江	11 656.38	10 970.00	686.38	6.26
上海	22 476.73	21 453.09	1 023.64	4.77
江苏	19 542.42	18 066.68	1 475.74	8.17
浙江	19 729.92	17 780.01	1 949.91	10.97
安徽	12 333.35	10 727.44	1 605.91	14.97
福建	14 633.68	13 323.85	1 309.83	9.83
江西	11 656.15	10 510.30	1 145.85	10.90
山东	16 012.38	14 388.00	1 624.39	11.29
河南	10 985.15	10 373.17	611.97	5.90
湖北	13 559.84	12 107.00	1 452.84	12.00
湖南	13 417.88	11 993.42	1 424.46	11.88
广东	13 371.42	12 251.00	1 120.42	9.15
广西	18 221.90	17 459.98	761.92	4.36
海南	13 611.33	13 081.01	530.32	4.05
重庆	12 736.20	10 750.00	1 986.20	18.48
四川	12 162.41	10 972.00	1 190.41	10.85
贵州	9 093.14	9 020.00	73.14	0.81
云南	15 930.92	6 708.00		
西藏				
陕西	10 410.87	8 333.00	2 077.87	24.94
甘肃	5 766.42	5 328.34	438.07	8.22
青海	17 007.21	14 910.05	2 097.16	14.07
宁夏	9 568.07	8 850.00	718.07	8.11
新疆	12 539.14	11 382.00	1 157.14	10.17

注：云南省因上年水平下偏影响，两年不具可比性。

全国水产品总产量

单位：吨

指　标	2014 年	2013 年	2014 年比 2013 年增减（±）	
			绝对量	幅度（%）
水产品总产量				
全国总计	**64 615 174**	**61 720 029**	**2 895 145**	**4.69**
海水产品	32 962 170	31 388 253	1 573 917	5.01
淡水产品	31 653 004	30 331 776	1 321 228	4.36
养殖产量	47 484 072	45 416 802	2 067 270	4.55
海水养殖	18 126 481	17 392 453	734 028	4.22
淡水养殖	29 357 591	28 024 349	1 333 242	4.76
捕捞产量	17 131 102	16 303 227	827 875	5.08
海洋捕捞	12 808 371	12 643 822	164 549	1.30
远洋渔业	2 027 318	1 351 978	675 340	49.95
淡水捕捞	2 295 413	2 307 427	-12 014	-0.52
养殖产品中：鱼类	27 219 322	25 940 887	1 278 435	4.93
甲壳类	3 993 456	3 769 655	223 801	5.94
贝类	13 416 711	12 983 793	432 918	3.33
藻类	2 013 129	1 864 993	148 136	7.94
其他类	841 454	857 474	-16 020	-1.87
捕捞产品中：鱼类	10 481 353	10 378 868	102 485	0.99
甲壳类	2 723 403	2 626 083	97 320	3.71
贝类	814 904	819 828	-4 924	-0.60
藻类	24 555	28 301	-3 746	-13.24
头足类	676 715	664 285	12 430	1.87
其他类	382 854	433 884	-51 030	-11.76

注：本表捕捞产品未包括远洋渔业产量。

各地区水产品产量（一）

单位：吨

地　　区	2014年							
	总产量	1. 养殖产品小计	海水养殖	淡水养殖	2. 捕捞产品小计	海洋捕捞	远洋渔业	淡水捕捞
全国总计	**64 615 174**	**47 484 072**	**18 126 481**	**29 357 591**	**17 131 102**	**12 808 371**	**2 027 318**	**2 295 413**
北　京	68 184	50 871		50 871	17 313		13 222	4 091
天　津	408 244	330 938	11 627	319 311	77 306	45 548	20 046	11 712
河　北	1 263 941	922 666	491 999	430 667	341 275	239 595		101 680
山　西	51 248	50 188		50 188	1 060			1 060
内蒙古	147 949	118 031		118 031	29 918			29 918
辽　宁	5 256 719	3 794 731	2 890 525	904 206	1 461 988	1 076 005	330 295	55 688
吉　林	190 125	169 468		169 468	20 657			20 657
黑龙江	513 534	459 396		459 396	54 138			54 138
上　海	330 460	157 468		157 468	172 992	19 945	149 649	3 398
江　苏	5 187 503	4 293 866	935 947	3 357 919	893 637	547 952	19 907	325 778
浙　江	5 741 734	1 875 392	897 940	977 452	3 866 342	3 242 724	532 666	90 952
安　徽	2 236 864	1 908 408		1 908 408	328 456			328 456
福　建	6 958 361	4 631 387	3 794 298	837 089	2 326 974	1 975 062	264 487	87 425
江　西	2 536 613	2 276 781		2 276 781	259 832			259 832
山　东	9 037 382	6 263 163	4 799 107	1 464 056	2 774 219	2 297 194	365 042	111 983
河　南	917 640	868 330		868 330	49 310			49 310
湖　北	4 333 008	4 124 940		4 124 940	208 068			208 068
湖　南	2 481 620	2 373 876		2 373 876	107 744			107 744
广　东	8 363 406	6 675 555	2 943 981	3 731 574	1 687 851	1 493 656	68 370	125 825
广　西	3 323 956	2 535 968	1 090 975	1 444 993	787 988	650 599	2 787	134 602
海　南	1 974 357	732 193	270 082	462 111	1 242 164	1 220 091		22 073
重　庆	443 409	423 076		423 076	20 333			20 333
四　川	1 326 349	1 266 189		1 266 189	60 160			60 160
贵　州	209 940	196 040		196 040	13 900			13 900
云　南	582 013	535 132		535 132	46 881			46 881
西　藏	340	61		61	279			279
陕　西	139 320	133 320		133 320	6 000			6 000
甘　肃	14 476	14 476		14 476				
青　海	9 037	9 037		9 037				
宁　夏	162 588	162 244		162 244	344			344
新　疆	144 007	130 881		130 881	13 126			13 126
中农发集团	260 847				260 847		260 847	

各地区水产品产量（二）

单位：吨

地　区	2013年							
	总产量	1. 养殖产品小计	海水养殖	淡水养殖	2. 捕捞产品小计	海洋捕捞	远洋渔业	淡水捕捞
全国总计	**61 720 029**	**45 416 802**	**17 392 453**	**28 024 349**	**16 303 227**	**12 643 822**	**1 351 978**	**2 307 427**
北　京	63 611	52 912		52 912	10 699		7 008	3 691
天　津	398 562	319 765	12 269	307 496	78 797	53 437	13 027	12 333
河　北	1 230 636	902 497	452 270	450 227	328 139	230 539		97 600
山　西	45 621	44 499		44 499	1 122			1 122
内蒙古	141 321	110 312		110 312	31 009			31 009
辽　宁	5 050 252	3 712 312	2 827 609	884 703	1 337 940	1 079 259	204 434	54 247
吉　林	185 827	164 975		164 975	20 852			20 852
黑龙江	488 615	437 055		437 055	51 560			51 560
上　海	288 787	160 121		160 121	128 666	19 639	105 186	3 841
江　苏	5 093 844	4 191 984	938 742	3 253 242	901 860	553 787	19 549	328 524
浙　江	5 508 186	1 852 218	871 700	980 518	3 655 968	3 192 000	368 186	95 782
安　徽	2 155 341	1 830 292		1 830 292	325 049			325 049
福　建	6 584 802	4 331 888	3 548 960	782 928	2 252 914	1 937 300	230 526	85 088
江　西	2 426 460	2 165 840		2 165 840	260 620			260 620
山　东	8 631 599	6 061 106	4 566 350	1 494 756	2 570 493	2 315 178	113 062	142 253
河　南	850 130	803 313		803 313	46 817			46 817
湖　北	4 103 732	3 890 697		3 890 697	213 035			213 035
湖　南	2 340 595	2 235 989		2 235 989	104 606			104 606
广　东	8 161 268	6 477 422	2 870 020	3 607 402	1 683 846	1 490 821	63 181	129 844
广　西	3 193 444	2 408 205	1 056 461	1 351 744	785 239	650 599	2 789	131 851
海　南	1 831 423	688 622	248 072	440 550	1 142 801	1 121 263		21 538
重　庆	385 000	370 200		370 200	14 800			14 800
四　川	1 260 578	1 200 578		1 200 578	60 000			60 000
贵　州	166 997	152 997		152 997	14 000			14 000
云　南	486 300	448 053		448 053	38 247			38 247
西　藏	400	65		65	335			335
陕　西	125 150	119 750		119 750	5 400			5 400
甘　肃	13 884	13 884		13 884				
青　海	6 000	6 000		6 000				
宁　夏	144 930	144 700		144 700	230			230
新　疆	131 704	118 551		118 551	13 153			13 153
中农发集团	225 030				225 030		225 030	

各地区水产品产量（三）

单位：吨

地区	2014年比2013年增减（±）							
	总产量	1. 养殖产品小计	海水养殖	淡水养殖	2. 捕捞产品小计	海洋捕捞	远洋渔业	淡水捕捞
全国总计	**2 895 145**	**2 067 270**	**734 028**	**1 333 242**	**827 875**	**164 549**	**675 340**	**-12 014**
北京	4 573	-2 041		-2 041	6 614		6 214	400
天津	9 682	11 173	-642	11 815	-1 491	-7 889	7 019	-621
河北	33 305	20 169	39 729	-19 560	13 136	9 056		4 080
山西	5 627	5 689		5 689	-62			-62
内蒙古	6 628	7 719		7 719	-1 091			-1 091
辽宁	206 467	82 419	62 916	19 503	124 048	-3 254	125 861	1 441
吉林	4 298	4 493		4 493	-195			-195
黑龙江	24 919	22 341		22 341	2 578			2 578
上海	41 673	-2 653		-2 653	44 326	306	44 463	-443
江苏	93 659	101 882	-2 795	104 677	-8 223	-5 835	358	-2 746
浙江	233 548	23 174	26 240	-3 066	210 374	50 724	164 480	-4 830
安徽	81 523	78 116		78 116	3 407			3 407
福建	373 559	299 499	245 338	54 161	74 060	37 762	33 961	2 337
江西	110 153	110 941		110 941	-788			-788
山东	405 783	202 057	232 757	-30 700	203 726	-17 984	251 980	-30 270
河南	67 510	65 017		65 017	2 493			2 493
湖北	229 276	234 243		234 243	-4 967			-4 967
湖南	141 025	137 887		137 887	3 138			3 138
广东	202 138	198 133	73 961	124 172	4 005	2 835	5 189	-4 019
广西	130 512	127 763	34 514	93 249	2 749		-2	2 751
海南	142 934	43 571	22 010	21 561	99 363	98 828		535
重庆	58 409	52 876		52 876	5 533			5 533
四川	65 771	65 611		65 611	160			160
贵州	42 943	43 043		43 043	-100			-100
云南	95 713	87 079		87 079	8 634			8 634
西藏	-60	-4		-4	-56			-56
陕西	14 170	13 570		13 570	600			600
甘肃	592	592		592				
青海	3 037	3 037		3 037				
宁夏	17 658	17 544		17 544	114			114
新疆	12 303	12 330		12 330	-27			-27
中农发集团	35 817				35 817		35 817	

全国水产养殖产量（按水域和养殖方式分）

单位：吨

指　　标		2014 年	2013 年	2014 年比 2013 年增减（±）	
				绝对量	幅度（%）
总　计		**47 484 072**	**45 416 802**	**2 067 270**	**4.55**
1. 海水养殖		18 126 481	17 392 453	734 028	4.22
按水域分	海上	10 129 603	9 582 064	547 539	5.71
	滩涂	5 955 212	5 857 555	97 657	1.67
	其他	2 041 666	1 952 834	88 832	4.55
养殖方式中	池塘	2 295 836	2 281 213	14 623	0.64
	普通网箱	437 373	400 010	37 363	9.34
	深水网箱	88 737	73 885	14 852	20.10
	筏式	4 969 337	4 773 112	196 225	4.11
	吊笼	1 205 268	1 152 897	52 371	4.54
	底播	5 100 512	4 949 858	150 654	3.04
	工厂化	170 338	177 413	-7 075	-3.99
2. 淡水养殖		29 357 591	28 024 349	1 333 242	4.76
按水域分	池塘	20 902 594	19 887 462	1 015 132	5.10
	湖泊	1 646 320	1 634 253	12 067	0.74
	水库	3 770 891	3 536 581	234 310	6.63
	河沟	864 246	856 309	7 937	0.93
	其他	716 821	659 285	57 536	8.73
	稻田养成鱼	1 456 719	1 450 459	6 260	0.43
养殖方式中	围栏	487 412	495 296	-7 884	-1.59
	网箱	1 391 651	1 388 340	3 311	0.24
	工厂化	197 420	208 129	-10 709	-5.15

全国海水养殖产量（一）

单位：吨

指　　标	2014 年	2013 年	2014 年比 2013 年增减（±）	
			绝对量	幅度（%）
海水养殖	**18 126 481**	**17 392 453**	**734 028**	**4.22**
1. 鱼类	1 189 667	1 123 576	66 091	5.88
其中：鲈鱼	113 803	128 086	-14 283	-11.15
鲆鱼	126 397	122 600	3 797	3.10
大黄鱼	127 917	105 230	22 687	21.56
军曹鱼	35 563	39 627	-4 064	-10.26
鰤鱼	19 272	35 966	-16 694	-46.42
鲷鱼	59 281	57 110	2 171	3.80
美国红鱼	69 940	59 136	10 804	18.27
河鲀	18 125	14 394	3 731	25.92
石斑鱼	88 130	82 434	5 696	6.91
鲽鱼	9 629	5 616	4 013	71.46
2. 甲壳类	1 433 763	1 340 218	93 545	6.98
其中：虾	1 162 175	1 081 269	80 906	7.48
其中：南美白对虾	875 470	812 545	62 925	7.74
斑节对虾	74 869	72 008	2 861	3.97
中国对虾	48 167	41 931	6 236	14.87
日本对虾	47 469	45 949	1 520	3.31
蟹	271 588	258 949	12 639	4.88
其中：梭子蟹	118 836	109 584	9 252	8.44
青蟹	140 738	138 071	2 667	1.93

全国海水养殖产量（二）

单位：吨

指 标	2014 年	2013 年	2014 年比 2013 年增减（±）	
			绝对量	幅度（%）
3. 贝类	13 165 511	12 728 037	437 474	3.44
其中：牡蛎	4 352 053	4 218 644	133 409	3.16
鲍	115 397	110 380	5 017	4.55
螺	232 849	212 844	20 005	9.40
蚶	353 388	336 870	16 518	4.90
贻贝	805 583	747 077	58 506	7.83
江珧	17 618	17 323	295	1.70
扇贝	1 649 399	1 608 201	41 198	2.56
蛤	3 966 953	3 853 531	113 422	2.94
蛏	786 828	720 804	66 024	9.16
4. 藻类	2 004 576	1 856 804	147 772	7.96
其中：海带	1 361 035	1 017 737	343 298	33.73
裙带菜	203 099	170 111	32 988	19.39
紫菜	114 171	113 900	271	0.24
江蓠	262 232	246 112	16 120	6.55
麒麟菜	4 286	9 256	-4 970	-53.69
石花菜				
羊栖菜	17 543	15 152	2 391	15.78
苔菜	100	439	-339	-77.22
5. 其他类	332 964	343 818	-10 854	-3.16
其中：海参	200 969	193 705	7 264	3.75
海胆（千克）	6 790 857	6 427 160	363 697	5.66
海水珍珠（千克）	3 727	8 764	-5 037	-57.47
海蜇	67 532	66 513	1 019	1.53

全国淡水养殖产量

单位：吨

指　　标	2014 年	2013 年	2014 年比 2013 年增减（±）	
			绝对量	幅度（%）
淡水养殖产量	**29 357 591**	**28 024 349**	**1 333 242**	**4.76**
1. 鱼类	26 029 655	24 817 311	1 212 344	4.89
2. 甲壳类	2 559 693	2 429 437	130 256	5.36
其中：虾	1 763 158	1 699 575	63 583	3.74
其中：罗氏沼虾	127 204	117 402	9 802	8.35
青虾	257 641	251 149	6 492	2.58
克氏原螯虾	659 661	603 520	56 141	9.30
南美白对虾	701 423	617 384	84 039	13.61
蟹（河蟹）	796 535	729 862	66 673	9.14
3. 贝类	251 200	255 756	-4 556	-1.78
其中：河蚌	92 459	104 675	-12 216	-11.67
螺	110 393	110 589	-196	-0.18
蚬	24 431	23 459	972	4.14
4. 藻类（螺旋藻）	8 553	8 189	364	4.44
5. 其他类	508 490	513 656	-5 166	-1.01
其中：龟	36 226	38 006	-1 780	-4.68
鳖	341 288	343 734	-2 446	-0.71
蛙	92 993	87 331	5 662	6.48
珍珠（千克）	1 979 325	1 983 203	-3 878	-0.20
6. 观赏鱼（万尾）	236 219	368 758	-132 538	-35.94

全国淡水养殖主要鱼类产量

单位：吨

指　标	2014 年	2013 年	2014 年比 2013 年增减（±）	
			绝对量	幅度（%）
青　鱼	557 328	525 498	31 830	6.06
草　鱼	5 376 803	5 069 948	306 855	6.05
鲢　鱼	4 226 009	3 850 873	375 136	9.74
鳙　鱼	3 202 887	3 015 380	187 507	6.22
鲤　鱼	3 172 433	3 022 494	149 939	4.96
鲫　鱼	2 767 910	2 594 438	173 472	6.69
鳊　鱼	783 023	730 962	52 061	7.12
泥　鳅	343 130	321 499	21 631	6.73
鲶　鱼	450 846	433 948	16 898	3.89
鮰　鱼	248 608	247 399	1 209	0.49
黄颡鱼	333 651	295 669	37 982	12.85
鲑　鱼	11 023	3 322	7 701	231.82
鳟　鱼	28 141	28 991	-850	-2.93
河　鲀	4 815	4 860	-45	-0.93
短盖巨脂鲤	103 815	101 151	2 664	2.63
长吻鮠	24 536	16 141	8 395	52.01
黄　鳝	357 991	346 077	11 914	3.44
鳜　鱼	293 853	284 780	9 073	3.19
池沼公鱼	12 129	17 972	-5 843	-32.51
银　鱼	20 546	21 209	-663	-3.13
鲈　鱼	351 772	339 836	11 936	3.51
乌　鳢	510 340	509 865	475	0.09
罗非鱼	1 698 483	1 657 717	40 766	2.46
鲟　鱼	75 920	64 652	11 268	17.43
鳗　鲡	218 498	206 026	12 472	6.05

各地区海水养殖产量（按品种分）（一）

单位：吨

地区	海水养殖产量	1. 鱼类	其中					
			鲈鱼	鲆鱼	大黄鱼	军曹鱼	鰤鱼	鲷鱼
全国总计	**18 126 481**	**1 189 667**	**113 803**	**126 397**	**127 917**	**35 563**	**19 272**	**59 281**
天　津	11 627	3 657	87	2 583				67
河　北	491 999	8 232	40	3 333				
辽　宁	2 890 525	58 684	1 228	34 730			115	
上　海								
江　苏	935 947	86 950	1 568	6 228				166
浙　江	897 940	33 397	7 600	123	3 745	200	121	3 022
福　建	3 794 298	281 202	25 127	4 759	114 502	113	3 463	23 779
山　东	4 799 107	160 752	16 190	72 237	80			
广　东	2 943 981	437 924	51 506	2 404	9 590	27 665	14 827	24 596
广　西	1 090 975	43 668	6 863			56		5 188
海　南	270 082	75 201	3 594			7 529	746	2 463

各地区海水养殖产量（按品种分）（二）

单位：吨

地区	1. 鱼类（续）				2. 甲壳类			
	其中（续）					(1) 虾	其中	
	美国红鱼	河鲀	石斑鱼	鲽鱼			南美白对虾	斑节对虾
全国总计	**69 940**	**18 125**	**88 130**	**9 629**	**1 433 763**	**1 162 175**	**875 470**	**74 869**
天　津	50	84	247	11	7 970	7 970	7 950	
河　北		1 835		730	22 856	20 063	11 588	
辽　宁		3 436			24 930	22 733	9 696	
上　海								
江　苏		181	3	2 628	114 696	79 426	25 212	3 926
浙　江	7 868	100	497	140	95 693	49 049	31 047	712
福　建	15 342	3 333	24 676	535	163 058	99 046	74 803	5 911
山　东	9 062	4 086	24	3 771	135 859	107 795	67 215	950
广　东	28 805	4 380	36 138	1 814	483 659	423 580	338 833	50 641
广　西	5 116		1 762		249 751	233 922	224 046	9 704
海　南	3 697	690	24 783		135 291	118 591	85 080	3 025

各地区海水养殖产量（按品种分）（三）

单位：吨

地　区	2. 甲壳类					3. 贝类
	（1）（续）		（2）蟹			
	其中（续）			其中		
	中国对虾	日本对虾		梭子蟹	青蟹	
全国总计	**48 167**	**47 469**	**271 588**	**118 836**	**140 738**	**13 165 511**
天　津						
河　北	4 607	3 863	2 793	2 768		448 766
辽　宁	9 685	2 250	2 197	1 755		2 327 070
上　海						
江　苏	6 501	1 120	35 270	31 446	2 099	699 306
浙　江	975	1 076	46 644	18 855	27 363	719 822
福　建	4 146	11 287	64 012	30 177	30 667	2 508 019
山　东	11 078	20 977	28 064	27 540		3 697 128
广　东	11 175	6 724	60 079	6 205	48 270	1 941 258
广　西		172	15 829		15 729	794 550
海　南			16 700	90	16 610	29 592

各地区海水养殖产量（按品种分）（四）

单位：吨

地　区	3. 贝类（续）								
	其中								
	牡蛎	鲍	螺	蚶	贻贝	江珧	扇贝	蛤	蛏
全国总计	**4 352 053**	**115 397**	**232 849**	**353 388**	**805 583**	**17 618**	**1 649 399**	**3 966 953**	**786 828**
天　津									
河　北			25	35 246	770		375 762	36 913	
辽　宁	170 533	1 742		30 121	36 373		405 896	1 247 305	50 848
上　海									
江　苏	39 580	50	65 952	30 267	49 007		13	370 265	83 836
浙　江	162 402	66	10 437	134 291	88 113		310	60 471	259 088
福　建	1 612 385	91 252	5 203	47 975	91 124		7 833	335 493	234 856
山　东	803 493	14 716	21 468	15 358	434 272		756 815	1 340 431	147 614
广　东	1 079 949	7 449	85 981	53 703	95 450	17 618	97 608	319 028	9 370
广　西	480 322		38 155	2 749	10 474		2 255	247 220	1 216
海　南	3 389	122	5 628	3 678			2 907	9 827	

各地区海水养殖产量（按品种分）（五）

单位：吨

地　区	4. 藻类	其中					
		海带	裙带菜	紫菜	江蓠	麒麟菜	石花菜
全国总计	**2 004 576**	**1 361 035**	**203 099**	**114 171**	**262 232**	**4 286**	
天　津							
河　北							
辽　宁	351 337	189 470	161 857				
上　海							
江　苏	27 019	351	6	25 786	805		
浙　江	45 549	9 937		22 752	800		
福　建	813 134	600 298		53 408	136 956		
山　东	662 784	556 388	40 709	1 890	60 797		
广　东	74 850	4 591	527	10 335	52 281	1 315	
广　西							
海　南	29 903				10 593	2 971	

各地区海水养殖产量（按品种分）（六）

单位：吨

地　区	4. 藻类（续）		5. 其他类	其中			
	其中（续）						
	栖菜	苔菜		海参	海胆（千克）	海水珍珠（千克）	海蜇
全国总计	**17 543**	**100**	**332 964**	**200 969**	**6 790 857**	**3 727**	**67 532**
天　津							
河　北			12 145	9 837			2 308
辽　宁			128 504	68 754	162 163		53 266
上　海							
江　苏			7 976	284			3 987
浙　江	9 135	100	3 479	69			528
福　建	5 383		28 885	22 227			2 756
山　东	3 000		142 584	99 560	4 508 000		4 309
广　东	25		6 290	238	2 120 694	2 910	234
广　西			3 006			817	144
海　南			95				

各地区海水养殖产量（按水域和养殖方式分）（一）

单位：吨

地　区	海水养殖产量	按水域养殖分		养殖方式中	
		1. 海上	2. 滩涂	3. 其他	4. 池塘
全国总计	**18 126 481**	**10 129 603**	**5 955 212**	**2 041 666**	**2 295 836**
天　津	11 627			11 627	8 055
河　北	491 999	412 325	55 153	24 521	35 165
辽　宁	2 890 525	1 842 318	853 627	194 580	175 063
上　海					
江　苏	935 947	208 925	516 672	210 350	296 399
浙　江	897 940	296 623	337 568	263 749	252 409
福　建	3 794 298	2 449 272	1 066 140	278 886	285 945
山　东	4 799 107	3 345 904	1 260 557	192 646	327 042
广　东	2 943 981	1 147 551	1 272 018	524 412	559 224
广　西	1 090 975	356 333	482 188	252 454	209 920
海　南	270 082	70 352	111 289	88 441	146 614

各地区海水养殖产量（按水域和养殖方式分）（二）

单位：吨

地　区	养殖方式中（续）					
	2. 普通网箱	3. 深水网箱	4. 筏式	5. 吊笼	6. 底播	7. 工厂化
全国总计	**437 373**	**88 737**	**4 969 337**	**1 205 268**	**5 100 512**	**170 338**
天　津						3 572
河　北			401 482		31 549	7 523
辽　宁	2 708	1 900	816 423	41 183	1 295 125	37 545
上　海						
江　苏	20	120	93 961	1 920	454 841	13 508
浙　江	20 971	2 352	235 642	2 922	239 967	4 816
福　建	219 250	9 600	1 168 242	139 229	364 992	17 725
山　东	34 688	18 725	1 635 999	906 923	1 787 324	77 227
广　东	104 923	16 321	376 185	107 843	694 753	4 262
广　西	29 848	4 554	241 403	2 305	222 006	
海　南	24 965	35 165		2 943	9 955	4 160

各地区淡水养殖产量（按品种分）（一）

单位：吨

地区	淡水养殖产量	1. 鱼类	其中				
			青鱼	草鱼	鲢鱼	鳙鱼	鲤鱼
全国总计	**29 357 591**	**26 029 655**	**557 328**	**5 376 803**	**4 226 009**	**3 202 887**	**3 172 433**
北京	50 871	50 533	893	14 312	4 870	2 891	15 118
天津	319 311	275 240		30 891	41 982	11 208	122 199
河北	430 667	398 408	86	74 169	72 082	39 810	146 702
山西	50 188	49 636	244	15 102	7 575	3 844	15 460
内蒙古	118 031	115 630		14 707	19 168	14 054	46 117
辽宁	904 206	803 131	2 367	115 459	125 648	72 119	281 375
吉林	169 468	167 957	1 180	17 268	43 690	33 206	41 024
黑龙江	459 396	455 313		35 486	94 115	40 435	191 070
上海	157 468	102 842	5 025	23 643	14 594	9 303	712
江苏	3 357 919	2 507 070	76 233	437 184	482 170	247 288	156 985
浙江	977 452	675 167	42 542	89 550	133 285	97 934	30 307
安徽	1 908 408	1 568 316	75 836	270 546	297 098	287 356	115 612
福建	837 089	710 199	13 561	178 189	74 447	65 181	56 073
江西	2 276 781	2 064 656	52 399	480 255	262 981	355 723	148 463
山东	1 464 056	1 375 994	13 502	250 543	241 934	151 845	351 606
河南	868 330	846 102	8 010	132 457	203 262	137 289	256 877
湖北	4 124 940	3 465 881	108 875	919 547	673 181	423 298	182 023
湖南	2 373 876	2 300 669	83 674	634 762	426 504	346 528	175 135
广东	3 731 574	3 392 995	45 426	740 256	231 899	380 897	123 565
广西	1 444 993	1 406 418	13 639	320 020	245 191	179 250	160 563
海南	462 111	454 381	1 711	7 011	6 636	10 369	5 544
重庆	423 076	420 094	1 606	94 782	99 727	38 547	39 142
四川	1 266 189	1 252 267	1 737	221 407	274 868	147 841	158 536
贵州	196 040	194 798	3 570	45 583	19 979	31 984	56 221
云南	535 132	533 036	4 958	92 924	58 213	38 820	136 860
西藏	61	61		8			12
陕西	133 320	129 650	240	32 615	29 941	15 483	39 450
甘肃	14 476	14 427	14	3 599	1 616	510	4 626
青海	9 037	8 901		171	160		306
宁夏	162 244	160 035		46 539	18 613	10 324	69 123
新疆	130 881	129 848		37 818	20 580	9 550	45 627

各地区淡水养殖产量（按品种分）（二）

单位：吨

地　区	1. 鱼类（续）						
	其中（续）						
	鲫鱼	鳊鲂	泥鳅	鲶鱼	鮰鱼	黄颡鱼	鲑鱼
全国总计	**2 767 910**	**783 023**	**343 130**	**450 846**	**248 608**	**333 651**	**11 023**
北　京	3 337	1 180	26	781	168	13	
天　津	54 843	2 271	776	1 636	502		
河　北	35 082	1 246	2 577	533	89	60	15
山　西	1 886	229	199	387	19		12
内 蒙 古	14 437	675	1 060	2 365	4	139	
辽　宁	92 027	8 543	14 981	45 804	219	5 640	1 372
吉　林	19 003	1 419	1 450	2 302		1 178	110
黑 龙 江	70 099	1 124	2 566	3 909	65	2 534	
上　海	37 990	4 121	160		125	1 034	
江　苏	616 488	193 765	71 472	13 262	1 116	27 794	48
浙　江	86 169	29 308	6 628	1 995	1 037	39 749	85
安　徽	187 112	95 367	34 892	16 347	16 512	25 735	
福　建	32 352	4 560	2 204	9 280	1 845	4 225	20
江　西	201 791	68 396	76 340	56 354	27 256	44 410	266
山　东	144 002	16 241	8 881	30 694	348	2 596	
河　南	51 410	13 031	10 011	13 612	6 149	2 221	
湖　北	445 342	181 501	40 758	39 361	48 845	87 983	
湖　南	183 686	87 161	14 192	34 786	40 096	24 416	1
广　东	137 993	27 056	14 724	35 647	15 673	31 210	439
广　西	39 303	2 013	3 241	35 116	11 441	2 942	1
海　南	1 240		344	1 526			
重　庆	93 937	6 027	8 922	7 278	6 766	4 144	54
四　川	151 322	33 625	24 588	82 421	59 995	23 108	537
贵　州	5 805	2 196	646	4 954	8 097	1 111	1 057
云　南	33 617	311	764	7 744	943	438	161
西　藏	7						22
陕　西	5 106	426	468	982	561	666	20
甘　肃	846	60	2	22	2		130
青　海	223						6 641
宁　夏	12 501	383	236	1 341	526	1	
新　疆	8 954	788	22	407	209	304	32

各地区淡水养殖产量（按品种分）（三）

单位：吨

地　区	1. 鱼类（续）						
	其中（续）						
	鳟鱼	河鲀	短盖巨脂鲤	长吻鮠	黄鳝	鳜鱼	池沼公鱼
全国总计	**28 141**	**4 815**	**103 815**	**24 536**	**357 991**	**293 853**	**12 129**
北　京	2 044		20			21	
天　津							
河　北	2 083		27		5	3	5 018
山　西	1 367						13
内蒙古	125						910
辽　宁	5 418					1 864	699
吉　林	217					252	3 591
黑龙江	484					583	11
上　海					101	60	
江　苏	6	3 169	8 427	15	6 540	27 973	30
浙　江	67		138	561	1 125	12 508	2
安　徽	2	8	4 023	204	42 627	38 890	
福　建	284	632	4 085	155	768	1 587	2
江　西	259		23 250	700	82 995	48 825	
山　东	3 568		2 490		1 688	2 697	20
河　南	266		820	6	2 612	540	27
湖　北		8	56	912	166 973	37 485	
湖　南	607		5	139	34 112	18 235	
广　东	1 237	998	28 056	8 775	2 870	96 179	
广　西	219		30 299	871	1 752	208	
海　南			1 707		56		
重　庆	877		239	1 154	862	597	
四　川	1 694		10	9 863	11 837	4 545	
贵　州	561			1 146	342	117	36
云　南	4 598		153	35	371	31	212
西　藏	12						
陕　西	750				355	593	
甘　肃	538		10				3
青　海							1 400
宁　夏						60	
新　疆	858						155

各地区淡水养殖产量（按品种分）（四）

单位：吨

地 区	1. 鱼类（续）						2. 甲壳类
	其中（续）						
	银鱼	鲈鱼	乌鳢	罗非鱼	鲟鱼	鳗鲡	
全国总计	**20 546**	**351 772**	**510 340**	**1 698 483**	**75 920**	**218 498**	**2 559 693**
北 京		192	27	1 442	3 132		17
天 津				2 299			43 398
河 北	141	39	49	12 800	4 858		26 972
山 西	45	38	278	1 212	1 029		118
内 蒙 古	119		1 610	82			507
辽 宁	559	166	3 438	2 957	1 001		87 668
吉 林	1 259	43	749		16		1 511
黑 龙 江	1 275	10	169	21			4 037
上 海		335		23		59	53 916
江 苏	38	34 972	32 626	4 138	865	5 889	777 989
浙 江	100	18 584	45 873	1 986	5 735	1 679	123 579
安 徽	2 206	4 967	31 563	4 590	241	3 780	250 649
福 建	45	10 409	2 209	131 479	3 570	84 530	70 599
江 西	1 650	21 031	58 801	6 996	2 700	15 868	105 855
山 东	3 781	727	113 278	12 623	11 981		77 876
河 南	2 306	412	2 006	1 191	1 290		15 000
湖 北	2 360	3 558	37 571	4 050	8 966	170	592 125
湖 南	1 613	1 433	48 509	1 790	4 948		19 898
广 东	271	237 704	114 981	714 296	4 037	105 115	289 954
广 西	661	745	2 702	306 941	1 077	30	6 132
海 南				330 991	35	1 377	1 639
重 庆	30	1 078	4 663	4 054	1 286		1 687
四 川	1 503	11 428	8 633	3 808	6 312		3 581
贵 州	226	2 748	54	4 496	3 869		763
云 南	291	121	301	143 190	6 674	1	628
西 藏							
陕 西	67		158	366	1 403		221
甘 肃			1	26	539		47
青 海							136
宁 夏		159	20		180		2 203
新 疆		873	71	636	176		988

各地区淡水养殖产量（按品种分）（五）

单位：吨

地区	1. 甲壳类（续）						3. 贝类	其中
	(1) 虾	其中				(2) 蟹		河蚌
		罗氏沼虾	青虾	克氏原螯虾	南美白对虾			
全国总计	**1 763 158**	**127 204**	**257 641**	**659 661**	**701 423**	**796 535**	**251 200**	**92 459**
北京	8					9		
天津	42 099		169		41 930	1 299		
河北	23 298	6	889		22 403	3 674	3	3
山西	63		3		60	55		
内蒙古	140		115			367		
辽宁	8 839				8 639	78 829	22	22
吉林	463		26			1 048		
黑龙江	299				40	3 738		
上海	39 484	3 405	443	60	35 576	14 432	11	7
江苏	419 747	70 691	119 611	88 102	140 605	358 242	39 775	9 586
浙江	116 303	11 099	19 223	3 439	80 745	7 276	9 350	2 784
安徽	146 237	2 522	49 175	93 163	1 255	104 412	51 232	28 373
福建	69 389	1 226	1 724	160	65 604	1 210	35 445	4 403
江西	88 757	604	27 204	60 481	468	17 098	46 295	13 557
山东	60 684	837	1 900	5 750	52 087	17 192	2 133	953
河南	12 891	1 831	2 300	8 178	582	2 109	179	125
湖北	425 600	1 608	28 307	392 951	2 734	166 525	25 789	20 229
湖南	12 822	628	3 628	3 480	4 002	7 076	19 109	8 436
广东	283 532	30 502	1 641	22	240 386	6 422	13 195	2 778
广西	5 349	1 720	808	286	2 221	783	4 140	478
海南	1 639				1 457		99	
重庆	1 281	189	41	633	220	406	65	2
四川	3 097	83	163	2 765	24	484	3 514	579
贵州	232	123	24	85		531	197	72
云南	516	130	245	106	8	112	600	72
西藏								
陕西	133		2		131	88	2	
甘肃	10					37		
青海						136		
宁夏	54				54	2 149		
新疆	192				192	796	45	

各地区淡水养殖产量（按品种分）（六）

单位：吨

地　区	3. 贝（续）		4. 藻类	5. 其他类					6. 观赏鱼（万尾）
	其中（续）				其中				
	螺	蚬			龟	鳖	蛙	珍珠（千克）	
全国总计	**110 393**	**24 431**	**8 553**	**508 490**	**36 226**	**341 288**	**92 993**	**1 979 325**	**236 219**
北　京				321	225	96			34 040
天　津				673		673			34 058
河　北				5 284		5 167			5 128
山　西				434	434				242
内蒙古			1 838	56			56		13
辽　宁				13 385			13 385		36
吉　林									14 000
黑龙江				46					
上　海				699	77	535	82		13 293
江　苏	25 356	4 566	959	32 126	1 553	26 842	1 351	250 000	16 771
浙　江	6 186	147	104	169 252	11 639	140 877	13 595	934	8 279
安　徽	21 177	1 677		38 211	5 186	26 015	5 248	370 940	8 403
福　建	3 284	10 507	746	20 100	737	8 147	9 537	10 000	2 333
江　西	27 577	4 100	3 319	56 656	4 114	25 762	24 982	982 000	5
山　东	906	200		8 053	1	6 827	1		25 054
河　南	44	10	168	6 881	189	6 651	41		23 746
湖　北	5 458	102		41 145	3 145	36 264	1 600	136 000	301
湖　南	9 573	294		34 200	2 132	19 980	9 694	229 451	410
广　东	4 003	2 595	20	35 410	3 708	10 910	4 763		23 285
广　西	3 271	232	80	28 223	2 631	22 598	662		15
海　南	99		830	5 162	335	560	3 447		32
重　庆	63			1 230	4	479	678		12 085
四　川	2 697			6 827	116	1 926	3 777		6 712
贵　州	124	1		282		241	41		
云　南	528		489	379		12	53		4 359
西　藏									
陕　西	2			3 447		718			3 025
甘　肃				2		2			
青　海									
宁　夏				6		6			500
新　疆	45								93

各地区淡水养殖产量（按水域和养殖方式分）（一）

单位：吨

地　区	淡水养殖产量	按水域分			
		1. 池塘	2. 湖泊	3. 水库	4. 河沟
全国总计	**29 357 591**	**20 902 594**	**1 646 320**	**3 770 891**	**864 246**
北　京	50 871	44 181			
天　津	319 311	306 792		5 521	2 540
河　北	430 667	304 914	13 716	101 718	4 586
山　西	50 188	33 870	1 615	14 338	171
内蒙古	118 031	68 552	22 148	24 762	2 134
辽　宁	904 206	673 933	30	121 624	4 142
吉　林	169 468	70 550	27 502	66 628	490
黑龙江	459 396	326 113	41 442	54 066	22 165
上　海	157 468	150 929	692		5 348
江　苏	3 357 919	2 508 401	212 299	85 988	232 986
浙　江	977 452	440 147	6 505	86 002	75 846
安　徽	1 908 408	1 141 584	363 117	164 986	115 021
福　建	837 089	569 454	5 068	176 811	40 994
江　西	2 276 781	1 271 753	315 468	514 194	68 520
山　东	1 464 056	1 063 022	78 424	270 447	15 595
河　南	868 330	668 497	8 691	103 337	17 344
湖　北	4 124 940	3 330 557	337 737	206 560	17 110
湖　南	2 373 876	1 810 388	130 866	259 917	23 643
广　东	3 731 574	3 403 117	11 402	237 918	16 975
广　西	1 444 993	808 012		479 784	102 450
海　南	462 111	300 050	703	142 978	294
重　庆	423 076	371 208		34 902	7 501
四　川	1 266 189	635 597	965	232 150	77 251
贵　州	196 040	17 012	1 018	128 005	2 503
云　南	535 132	288 962	6 204	194 255	4 104
西　藏	61	61			
陕　西	133 320	76 825	3 147	34 024	2 026
甘　肃	14 476	10 375	81	3 088	
青　海	9 037	454	542	8 041	
宁　夏	162 244	101 663	56 239	1 631	840
新　疆	130 881	105 621	699	17 216	1 667

各地区淡水养殖产量（按水域和养殖方式分）（二）

单位：吨

地区	按水域分（续）		养殖方式中		
	5. 其他	6. 稻田	围栏	网箱	工厂化
全国总计	**716 821**	**1 456 719**	**487 412**	**1 391 651**	**197 420**
北京	6 690				2 493
天津	4 138	320			
河北	4 857	876	4 105	68 552	4 258
山西	54	140	160	1 855	320
内蒙古		435	872	1 112	225
辽宁	36 049	68 428	2 580	58 867	1 427
吉林	3 392	906	1 073	1 991	80
黑龙江	11 323	4 287	147	1 614	
上海	496	3			56
江苏	110 524	207 721	40 519	78 325	13 529
浙江	67 156	301 796	12 080	18 340	69 876
安徽	44 527	79 173	206 554	97 359	7 858
福建	29 313	15 449	1 513	23 350	40 584
江西	38 924	67 922	55 583	93 274	11 044
山东	34 326	2 242	31 253	99 620	25 257
河南	69 907	554	3 622	51 734	3 173
湖北	13 110	219 866	78 668	173 682	2 816
湖南	79 564	69 498	29 398	126 836	635
广东	59 354	2 808	2 868	4 534	843
广西	39 031	15 716	11 822	199 286	
海南	18 086		93	893	610
重庆	1 114	8 351	1 243	1 703	601
四川	9 614	310 612		48 853	74
贵州	11 497	36 005	882	118 095	2 122
云南	38	41 569	620	93 108	8 893
西藏					
陕西	17 128	170	1 757	21 656	400
甘肃	931	1		116	
青海				6 641	
宁夏		1 871			
新疆	5 678			255	246

全国海洋捕捞产量

单位：吨

指　　标	2014 年	2013 年	2014 年比 2013 年增减（±）	
			绝对量	幅度（%）
海洋捕捞产量	**12 808 371**	**12 643 822**	**164 549**	**1.30**
1. 鱼类	8 807 901	8 717 638	90 263	1.04
2. 甲壳类	2 395 699	2 285 476	110 223	4.82
其中：虾	1 531 025	1 551 263	-20 238	-1.30
其中：毛虾	538 011	566 503	-28 492	-5.03
对虾	140 286	130 333	9 953	7.64
鹰爪虾	319 045	324 450	-5 405	-1.67
虾蛄	292 796	294 151	-1 355	-0.46
蟹	864 674	734 213	130 461	17.77
其中：梭子蟹	577 994	470 637	107 357	22.81
青蟹	83 877	77 429	6 448	8.33
蟳	59 812	57 483	2 329	4.05
3. 贝类	551 607	547 556	4 051	0.74
4. 藻类	24 299	28 036	-3 737	-13.33
5. 头足类	676 715	664 285	12 430	1.87
其中：乌贼	137 211	128 046	9 165	7.16
鱿鱼	374 727	361 058	13 669	3.79
章鱼	121 352	116 828	4 524	3.87
6. 其他类	352 150	400 831	-48 681	-12.15
其中：海蜇	196 174	211 315	-15 141	-7.17

全国海洋捕捞主要鱼类产量

单位：吨

指　标	2014 年	2013 年	2014 年比 2013 年增减（±）	
			绝对量	幅度（%）
海　鳗	381 665	370 885	10 780	2.91
鳓　鱼	80 448	84 033	-3 585	-4.27
鳀　鱼	926 462	866 808	59 654	6.88
沙丁鱼	151 047	141 558	9 489	6.70
鲱　鱼	15 809	17 838	-2 029	-11.37
石斑鱼	113 096	101 998	11 098	10.88
鲷	172 947	169 253	3 694	2.18
蓝圆鲹	602 259	570 602	31 657	5.55
白姑鱼	109 471	120 408	-10 937	-9.08
黄姑鱼	73 464	84 132	-10 668	-12.68
鮸　鱼	70 033	71 443	-1 410	-1.97
大黄鱼	95 515	91 070	4 445	4.88
小黄鱼	342 725	364 112	-21 387	-5.87
梅童鱼	299 016	278 564	20 452	7.34
方头鱼	42 150	42 631	-481	-1.13
玉筋鱼	117 038	120 219	-3 181	-2.65
带　鱼	1 084 184	1 096 812	-12 628	-1.15
金线鱼	411 263	331 655	79 608	24.00
梭　鱼	154 863	142 318	12 545	8.81
鲐　鱼	480 425	511 500	-31 075	-6.08
鲅　鱼	428 475	472 022	-43 547	-9.23
金枪鱼	44 352	43 044	1 308	3.04
鲳　鱼	329 936	326 141	3 795	1.16
马面鲀	192 330	190 356	1 974	1.04
竹荚鱼	38 253	31 321	6 932	22.13
鲻　鱼	118 682	113 553	5 129	4.52

全国海洋捕捞产量（按海区、渔具分）

单位：吨

指标		2014 年	2013 年	2014 年比 2013 年增减（±）	
				绝对量	幅度（%）
合计		**12 808 371**	**12 643 822**	**164 549**	**1.30**
按捕捞海域分	渤海	1 023 741	975 257	48 484	4.97
	黄海	3 315 958	3 185 005	130 953	4.11
	东海	4 898 709	5 022 719	-124 010	-2.47
	南海	3 569 963	3 460 841	109 122	3.15
按捕捞渔具分	拖网	6 118 041	6 064 359	53 682	0.89
	围网	1 015 444	1 027 111	-11 667	-1.14
	刺网	2 865 252	2 716 695	148 557	5.47
	张网	1 596 455	1 621 802	-25 347	-1.56
	钓具	384 343	349 750	34 593	9.89
	其他渔具	828 836	864 105	-35 269	-4.08

全国淡水捕捞产量

单位：吨

指标	2014 年	2013 年	2014 年比 2013 年增减（±）	
			绝对量	幅度（%）
淡水捕捞产量	**2 295 413**	**2 307 427**	**-12 014**	**-0.52**
1. 鱼类	1 673 452	1 661 230	12 222	0.74
2. 甲壳类	327 704	340 607	-12 903	-3.79
其中：虾	275 353	285 029	-9 676	-3.39
蟹	52 351	55 578	-3 227	-5.81
3. 贝类	263 297	272 272	-8 975	-3.30
4. 藻类	256	265	-9	-3.40
5. 其他类	30 704	33 053	-2 349	-7.11
其中：丰年虫	526	1 252	-726	-57.99

各地区海洋捕捞产量（按品种分）（一）

单位：吨

地　区	海洋捕捞产量	1. 鱼类	其中				
			海鳗	鳓鱼	鳀鱼	沙丁鱼	鲱鱼
全国总计	**12 808 371**	**8 807 901**	**381 665**	**80 448**	**926 462**	**151 047**	**15 809**
天　津	45 548	40 797			26 065		
河　北	239 595	135 551			52 576		
辽　宁	1 076 005	653 889	1 002	425	85 937	9 023	24
上　海	19 945	6 939	198	20			
江　苏	547 952	296 348	7 903	2 439	2 184	358	30
浙　江	3 242 724	2 111 192	86 608	9 651	65 197	23 920	2 842
福　建	1 975 062	1 458 245	69 768	14 026	77 894	13 905	3 917
山　东	2 297 194	1 630 501	28 136		566 241	5 300	
广　东	1 493 656	1 081 692	85 024	27 192	32 892	62 613	4 543
广　西	650 599	368 131	13 931	22 846		12 941	956
海　南	1 220 091	1 024 616	89 095	3 849	17 476	22 987	3 497

各地区海洋捕捞产量（按品种分）（二）

单位：吨

地　区	1. 鱼类（续）							
	其中（续）							
	石斑鱼	鲷	蓝圆鲹	白姑鱼	黄姑鱼	鮸鱼	大黄鱼	小黄鱼
全国总计	**113 096**	**172 947**	**602 259**	**109 471**	**73 464**	**70 033**	**95 515**	**342 725**
天　津								3 460
河　北	28			453	290		1 067	10 691
辽　宁	2 565	75		1 255	3 346	351	47 855	97 835
上　海					38	65	33	235
江　苏	8	122	51	4 157	7 176	2 184	501	29 470
浙　江	1 443	5 135	93 013	47 660	32 777	45 618	405	94 718
福　建	19 414	63 313	264 322	9 714	8 792	8 204	4 706	9 530
山　东	20	80		16 567	8 563	810	1 891	59 749
广　东	37 497	45 377	106 781	23 515	6 176	5 721	23 746	23 423
广　西	6 009	26 850	72 948	1 481	80	816		
海　南	46 112	31 995	65 144	4 669	6 226	6 264	15 311	13 614

各地区海洋捕捞产量（按品种分）（三）

单位：吨

地　　区	1. 鱼类（续）							
	其中（续）							
	梅童鱼	方头鱼	玉筋鱼	带鱼	金钱鱼	梭鱼	鲐鱼	鲅鱼
全国总计	**299 016**	**42 150**	**117 038**	**1 084 184**	**411 263**	**154 863**	**480 425**	**428 475**
天　　津				572		288	6 031	526
河　　北	309		123	6 240		10 943	1 644	13 206
辽　　宁	6 618	170	6 837	13 275	115	23 461	34 194	70 156
上　　海	252			379			5	57
江　　苏	73 486	216	1 120	54 176		9 218	5 900	8 378
浙　　江	188 497	15 306	31 344	414 978	5 241	7 000	176 293	71 266
福　　建	22 344	4 693	19 904	180 086	10 076	14 550	126 798	52 072
山　　东	600		39 948	69 506		33 729	69 555	176 471
广　　东	3 631	9 104	1 560	152 279	87 532	25 654	31 603	27 914
广　　西		42		31 318	35 474	10 531	13 633	2 234
海　　南	3 279	12 619	16 202	161 375	272 825	19 489	14 769	6 195

各地区海洋捕捞产量（按品种分）（四）

单位：吨

地　　区	1. 鱼类（续）					2. 甲壳类		
	其中（续）						（1）虾	其中
	金枪鱼	鲳鱼	马面鲀	竹荚鱼	鲻鱼			毛虾
全国总计	**44 352**	**329 936**	**192 330**	**38 253**	**118 682**	**2 395 699**	**1 531 025**	**538 011**
天　　津						1 186	805	109
河　　北		2 482	130		6 090	52 126	38 118	11 556
辽　　宁		4 695	569	50	8 354	220 601	145 806	44 269
上　　海	2	186		20		12 871	1 758	
江　　苏		34 046	1 341	33	11 653	158 116	50 163	25 149
浙　　江	5 722	80 705	24 653	798	31 010	937 862	641 221	229 154
福　　建	3 209	60 368	66 511	10 960	14 800	332 118	186 219	56 432
山　　东		20 251	2 856	10	530	262 450	213 156	87 681
广　　东	18 609	67 273	47 921	4 610	24 036	228 515	149 627	42 296
广　　西		12 040	28 990	415	8 584	126 522	71 240	28 433
海　　南	16 810	47 890	19 359	21 357	13 625	63 332	32 912	12 932

各地区海洋捕捞产量（按品种分）（五）

单位：吨

地区	2. 甲壳类（续）						
	（1）虾（续）			（2）蟹	其中		
	其中（续）						
	对虾	鹰爪虾	虾蛄		梭子蟹	青蟹	蟳
全国总计	**140 286**	**319 045**	**292 796**	**864 674**	**577 994**	**83 877**	**59 812**
天　津	67		490	381	231	150	
河　北	1 589	2 866	19 083	14 008	7 851	455	919
辽　宁	6 322	7 003	67 998	74 795	35 545	7 097	23 844
上　海	163	764		11 113	9 361		
江　苏	2 770	10 128	8 585	107 953	96 938	1 960	3 751
浙　江	15 291	197 406	73 264	296 641	209 937	4 309	13 947
福　建	23 813	47 784	36 586	145 899	98 092	13 385	5 868
山　东	5 582	27 072	55 750	49 294	33 343	252	5 139
广　东	52 658	13 421	21 389	78 888	44 472	26 716	3 709
广　西	18 860	8 256	7 481	55 282	30 779	11 190	2 023
海　南	13 171	4 345	2 170	30 420	11 445	18 363	612

各地区海洋捕捞产量（按品种分）（六）

单位：吨

地区	3. 贝类	4. 藻类	5. 头足类	其中			6. 其他类	其中
				乌贼	鱿鱼	章鱼		海蜇
全国总计	**551 607**	**24 299**	**676 715**	**137 211**	**374 727**	**121 352**	**352 150**	**196 174**
天　津	1 797		1 746	26	1 614	106	22	22
河　北	20 530		11 151	1 396	1 646	6 751	20 237	12 352
辽　宁	82 927	65	48 366	5 101	30 343	6 772	70 157	14 432
上　海	10		118	19	62	23	7	
江　苏	49 683	1 274	15 108	2 200	8 141	4 284	27 423	16 196
浙　江	18 012	2 715	144 401	26 468	83 412	31 737	28 542	2 060
福　建	48 789	2 022	118 117	35 098	59 391	16 167	15 771	12 784
山　东	175 522	1 485	126 337	9 939	79 506	25 189	100 899	81 649
广　东	56 459	7 323	80 068	20 218	31 564	16 044	39 599	16 197
广　西	57 357		50 732	17 863	25 039	7 347	47 857	39 335
海　南	40 521	9 415	80 571	18 883	54 009	6 932	1 636	1 147

各地区海洋捕捞产量（按海域分）

单位：吨

地　区	海洋捕捞产量	按捕捞海域分			
		1. 渤海	2. 黄海	3. 东海	4. 南海
全国总计	**12 808 371**	**1 023 741**	**3 315 958**	**4 898 709**	**3 569 963**
天　津	45 548	9 973	35 575		
河　北	239 595	195 145	44 450		
辽　宁	1 076 005	406 953	657 792	11 260	
上　海	19 945			19 945	
江　苏	547 952	449	486 665	60 838	
浙　江	3 242 724		205 503	3 037 221	
福　建	1 975 062			1 769 445	205 617
山　东	2 297 194	411 221	1 885 973		
广　东	1 493 656				1 493 656
广　西	650 599				650 599
海　南	1 220 091				1 220 091

各地区海洋捕捞产量（按渔具分）

单位：吨

地　区	海洋捕捞产量	按捕捞渔具分					
		1. 拖网	2. 围网	3. 刺网	4. 张网	5. 钓具	6. 其他
全国总计	**12 808 371**	**6 118 041**	**1 015 444**	**2 865 252**	**1 596 455**	**384 343**	**828 836**
天　津	45 548	32 876		9 956	265		2 451
河　北	239 595	50 410	5 843	114 631	48 368		20 343
辽　宁	1 076 005	441 268	2 158	467 734	83 857	15 575	65 413
上　海	19 945	17 955		300	1 685	5	
江　苏	547 952	77 408	4 213	156 404	225 199	216	84 512
浙　江	3 242 724	1 927 332	209 255	273 573	637 169	31 463	163 932
福　建	1 975 062	761 157	286 140	298 662	348 396	45 435	235 272
山　东	2 297 194	1 455 673	33 726	439 832	211 099	79 451	77 413
广　东	1 493 656	757 196	147 948	432 464	7 320	89 096	59 632
广　西	650 599	423 782	59 182	84 492	188	7 278	75 677
海　南	1 220 091	172 984	266 979	587 204	32 909	115 824	44 191

各地区淡水捕捞产量（按品种分）

单位：吨

地区	淡水捕捞产量	1. 鱼类	2. 甲壳类	其中		3. 贝类	4. 藻类	5. 其他类	其中
				虾	蟹				丰年虫
全国总计	**2 295 413**	**1 673 452**	**327 704**	**275 353**	**52 351**	**263 297**	**256**	**30 704**	**526**
北 京	4 091	4 044	30		30			17	
天 津	11 712	8 776	806	740	66	979		1 151	
河 北	101 680	91 723	5 356	4 559	797	3 776		825	
山 西	1 060	1 001	9	7	2			50	50
内 蒙 古	29 918	29 014	766	755	11			138	73
辽 宁	55 688	45 601	8 549	4 299	4 250	590		948	
吉 林	20 657	19 649	513	504	9	490		5	
黑 龙 江	54 138	53 492	322	322		319		5	
上 海	3 398	3 310	52	50	2			36	
江 苏	325 778	192 135	57 208	42 327	14 881	71 955		4 480	
浙 江	90 952	59 157	7 867	6 633	1 234	22 129	22	1 777	
安 徽	328 456	217 540	67 712	57 716	9 996	36 348	210	6 646	
福 建	87 425	59 797	6 547	5 135	1 412	19 910		1 171	
江 西	259 832	177 960	47 512	45 185	2 327	30 300	23	4 037	
山 东	111 983	94 903	12 412	8 339	4 073	4 242		426	11
河 南	49 310	41 215	7 524	6 918	606	552		19	
湖 北	208 068	130 795	58 751	53 532	5 219	15 039		3 483	
湖 南	107 744	89 274	11 907	10 800	1 107	5 242		1 321	
广 东	125 825	79 187	11 829	8 360	3 469	33 946		863	
广 西	134 602	111 047	8 807	7 415	1 392	13 092		1 656	
海 南	22 073	19 325	843	593	250	1 670		235	
重 庆	20 333	18 641	1 301	1 080	221	391			
四 川	60 160	55 094	4 182	3 675	507	664		220	
贵 州	13 900	11 405	2 229	2 050	179	192		74	
云 南	46 881	40 543	4 311	4 185	126	1 467		560	
西 藏	279	216						63	63
陕 西	6 000	5 675	151	139	12	4	1	169	
甘 肃									
青 海									
宁 夏	344	322	22	12	10				
新 疆	13 126	12 611	186	23	163			329	329

各地区远洋渔业

单位：吨、万元

地　　区	远洋捕捞产量	返回国内量	境外出售量	远洋渔业总产值	2013 年比 2011 年增减（±）			
					远洋捕捞产量	返回国内量	境外出售量	远洋渔业总产值
全国总计	**2 027 318**	**1 343 327**	**683 991**	**1 848 556**	**675 340**	**533 881**	**141 459**	**417 314**
北　京	13 222	9 905	3 317	10 900	6 214	6 773	－559	4 494
天　津	20 046	15 706	4 340	13 592	7 019	6 196	823	3 165
河　北								
辽　宁	330 295	196 318	133 977	202 305	125 861	100 357	25 504	626
上　海	149 649	72 223	77 426	137 075	44 463	38 907	5 556	22 506
江　苏	19 907	10 175	9 732	19 088	358	1 479	－1 121	－13 232
浙　江	532 666	461 819	70 847	411 724	164 480	122 193	42 287	109 603
福　建	264 487	183 406	81 081	333 277	33 961	49 607	－15 646	41 083
山　东	365 042	206 602	158 440	322 384	251 980	155 878	96 102	186 617
广　东	68 370	21 559	46 811	106 169	5 189	3 791	1 398	33 903
广　西	2 787		2 787	3 130	－2		－2	－114
海　南								
中农发集团	260 847	165 614	95 233	288 912	35 817	48 700	－12 883	28 663

各地区远洋渔业主要品种产量

单位：吨

地　　区	远洋捕捞产量	其中	
		金枪鱼	鱿鱼
全国总计	**2 027 318**	**284 937**	**878 512**
北　京	13 222	481	10 531
天　津	20 046	957	2 398
河　北			
辽　宁	330 295	11 333	132 817
上　海	149 649	75 371	23 335
江　苏	19 907		7 962
浙　江	532 666	72 590	392 187
福　建	264 487	17 837	19 865
山　东	365 042	39 714	172 347
广　东	68 370	21 944	1 922
广　西	2 787	989	
海　南			
中农发集团	260 847	43 721	115 148

各地区水产养殖面积（一）

单位：公顷

地 区	2014年			
	总面积	海水养殖面积	淡水养殖面积	池塘
全国总计	**8 386 360**	**2 305 472**	**6 080 888**	**2 661 901**
北 京	3 924		3 924	3 850
天 津	40 560	3 180	37 380	31 991
河 北	201 018	122 434	78 584	31 306
山 西	15 814		15 814	2 779
内 蒙 古	118 580		118 580	18 419
辽 宁	1 145 399	928 503	216 896	48 870
吉 林	313 090		313 090	28 817
黑 龙 江	376 238		376 238	105 452
上 海	20 461		20 461	18 344
江 苏	761 040	188 657	572 383	381 088
浙 江	298 065	88 178	209 887	72 838
安 徽	575 907		575 907	215 250
福 建	261 881	161 418	100 463	39 608
江 西	435 324		435 324	157 119
山 东	835 108	548 487	286 621	151 694
河 南	269 695		269 695	113 643
湖 北	688 000		688 000	384 405
湖 南	454 346		454 346	232 901
广 东	564 989	193 691	371 298	278 019
广 西	236 163	54 233	181 930	80 101
海 南	53 914	16 691	37 223	22 983
重 庆	93 602		93 602	53 813
四 川	199 446		199 446	103 576
贵 州	58 883		58 883	5 427
云 南	138 490		138 490	36 947
西 藏	31		31	31
陕 西	50 512		50 512	11 785
甘 肃	14 373		14 373	2 300
青 海	42 431		42 431	318
宁 夏	46 669		46 669	16 304
新 疆	72 407		72 407	11 923

各地区水产养殖面积（二）

单位：公顷

地　　区	2013 年			
	总面积	海水养殖面积	淡水养殖面积	池塘
全国总计	**8 321 699**	**2 315 569**	**6 006 130**	**2 623 176**
北　　京	4 221		4 221	4 143
天　　津	40 481	3 169	37 312	32 548
河　　北	197 294	117 928	79 366	30 965
山　　西	15 462		15 462	2 820
内 蒙 古	115 753		115 753	18 054
辽　　宁	1 148 881	942 050	206 831	47 930
吉　　林	307 687		307 687	30 027
黑 龙 江	376 396		376 396	108 681
上　　海	20 966		20 966	18 856
江　　苏	765 278	193 807	571 471	376 031
浙　　江	302 376	89 358	213 018	72 329
安　　徽	570 384		570 384	209 643
福　　建	253 252	154 453	98 799	38 298
江　　西	433 226		433 226	155 126
山　　东	826 897	546 814	280 083	146 408
河　　南	255 458		255 458	111 193
湖　　北	683 460		683 460	375 953
湖　　南	447 632		447 632	226 893
广　　东	570 137	197 198	372 939	277 871
广　　西	231 665	54 001	177 664	79 404
海　　南	57 898	16 791	41 107	23 376
重　　庆	88 039		88 039	51 027
四　　川	196 809		196 809	102 147
贵　　州	56 237		56 237	5 309
云　　南	134 934		134 934	36 436
西　　藏	31		31	31
陕　　西	47 932		47 932	11 203
甘　　肃	13 878		13 878	2 377
青　　海	42 431		42 431	318
宁　　夏	45 897		45 897	16 278
新　　疆	70 707		70 707	11 501

各地区水产养殖面积（三）

单位：公顷

地　区	2014 年比 2013 年增减（±）			
	总面积	海水养殖面积	淡水养殖面积	池塘
全国总计	**64 661**	**-10 097**	**74 758**	**38 725**
北　京	-297		-297	-293
天　津	79	11	68	-557
河　北	3 724	4 506	-782	341
山　西	352		352	-41
内蒙古	2 827		2 827	365
辽　宁	-3 482	-13 547	10 065	940
吉　林	5 403		5 403	-1 210
黑龙江	-158		-158	-3 229
上　海	-505		-505	-512
江　苏	-4 238	-5 150	912	5 057
浙　江	-4 311	-1 180	-3 131	509
安　徽	5 523		5 523	5 607
福　建	8 629	6 965	1 664	1 310
江　西	2 098		2 098	1 993
山　东	8 211	1 673	6 538	5 286
河　南	14 237		14 237	2 450
湖　北	4 540		4 540	8 452
湖　南	6 714		6 714	6 008
广　东	-5 148	-3 507	-1 641	148
广　西	4 498	232	4 266	697
海　南	-3 984	-100	-3 884	-393
重　庆	5 563		5 563	2 786
四　川	2 637		2 637	1 429
贵　州	2 646		2 646	118
云　南	3 556		3 556	511
西　藏				
陕　西	2 580		2 580	582
甘　肃	495		495	-77
青　海				
宁　夏	772		772	26
新　疆	1 700		1 700	422

各地区海水养殖面积（按品种分）（一）

单位：公顷

地区	海水养殖面积	1. 鱼类	2. 甲壳类	虾	其中			
					南美白对虾	斑节对虾	中国对虾	日本对虾
全国总计	**2 305 472**	**80 588**	**305 584**	**249 383**	**163 844**	**14 413**	**21 916**	**19 708**
天　　津	3 180	19	3 161	3 161	3 161			
河　　北	122 434	304	27 844	26 300	14 587		6 881	4 654
辽　　宁	928 503	6 521	13 592	12 692	2 995		6 145	3 002
上　　海								
江　　苏	188 657	10 975	23 917	14 376	3 918	677	1 838	142
浙　　江	88 178	3 687	31 371	16 442	10 333	204	248	632
福　　建	161 418	14 212	25 916	16 349	9 744	1 460	1 404	3 240
山　　东	548 487	10 385	77 327	69 487	49 069	1 510	3 396	6 685
广　　东	193 691	29 436	71 033	61 472	44 415	8 841	2 004	1 064
广　　西	54 233	1 163	22 031	20 712	19 044	1 379		289
海　　南	16 691	3 886	9 392	8 392	6 578	342		

各地区海水养殖面积（按品种分）（二）

单位：公顷

地区	2. 甲壳类（续）			3. 贝类	其中				
	蟹	其中			牡蛎	鲍	螺	蚶	贻贝
		梭子蟹	青蟹						
全国总计	**56 201**	**27 307**	**26 448**	**1 530 414**	**133 353**	**13 334**	**39 559**	**56 528**	**43 906**
天　　津									
河　　北	1 544	1 491		85 483			15	11 438	345
辽　　宁	900	900		757 919	15 108	1 929		22 398	2 018
上　　海									
江　　苏	9 541	9 385	156	113 090	3 695	67	18 070	3 583	3 402
浙　　江	14 929	3 585	11 344	42 631	4 793	67	3 061	9 400	1 402
福　　建	9 567	4 853	4 385	78 440	37 934	4 713	686	3 511	1 491
山　　东	7 840	6 582		336 176	24 095	5 782	8 510	2 710	31 305
广　　东	9 561	505	8 250	84 594	29 970	759	6 318	2 869	3 768
广　　西	1 319		1 319	29 512	17 474		2 856	188	175
海　　南	1 000	6	994	2 569	284	17	43	431	

各地区海水养殖面积（按品种分）（三）

单位：公顷

地区	3. 贝类（续）				4. 藻类				
	其中（续）					其中			
	江珧	扇贝	蛤	蛏		海带	裙带菜	紫菜	江蓠
全国总计	**1 043**	**639 942**	**404 983**	**60 418**	**124 990**	**39 901**	**7 693**	**64 152**	**9 697**
天　津									
河　北		59 005	14 680						
辽　宁		470 216	141 298	4 025	11 699	5 396	6 293		
上　海									
江　苏			70 756	9 231	39 724	700		39 024	
浙　江		73	6 195	15 723	10 089	637		8 437	25
福　建		248	14 310	13 665	39 843	16 573		15 635	6 237
山　东		102 842	129 976	15 554	19 820	16 508	1 390	265	1 117
广　东	1 043	7 009	19 814	2 121	3 021	87	10	791	1 882
广　西		184	6 596	99					
海　南		365	1 358		794				436

各地区海水养殖面积（按品种分）（四）

单位：公顷

地区	4. 藻类（续）				5. 其他类				
	其中（续）					其中			
	麒麟菜	石花菜	羊栖菜	苔菜		海参	海胆	海水珍珠	海蜇
全国总计	**398**		**1 379**	**39**	**263 896**	**214 180**	**15 417**	**3 036**	**14 129**
天　津									
河　北					8 803	8 778			25
辽　宁					138 772	116 606	7 916		11 425
上　海									
江　苏					951	662			231
浙　江			840	39	400	5			190
福　建			442		3 007	1 608			1 240
山　东			67		104 779	86 235	4 754		945
广　东	40		30		5 607	286	2 747	2 126	26
广　西					1 527			910	47
海　南	358				50				

各地区海水养殖面积（按水域和养殖方式分）（一）

单位：公顷

地　　区	海水养殖面积	按养殖水域分			养殖方式中	
		1. 海上	2. 滩涂	3. 其他	1. 池塘	2. 普通网箱（m^2）
全国总计	**2 305 472**	**1 347 034**	**674 628**	**283 810**	**456 923**	**53 971 270**
天　津	3 180			3 180	3 174	
河　北	122 434	77 006	28 726	16 702	29 909	
辽　宁	928 503	723 625	125 912	78 966	76 031	292 047
上　海						
江　苏	188 657	41 255	121 041	26 361	42 069	9 000
浙　江	88 178	16 380	40 286	31 512	32 025	970 525
福　建	161 418	79 884	56 458	25 076	29 949	42 511 425
山　东	548 487	328 139	192 004	28 344	138 153	2 458 846
广　东	193 691	60 341	82 030	51 320	72 641	5 851 495
广　西	54 233	17 228	19 756	17 249	20 307	464 656
海　南	16 691	3 176	8 415	5 100	12 665	1 413 276

各地区海水养殖面积（按水域和养殖方式分）（二）

单位：公顷

地　　区	养殖方式中（续）				
	3. 深水网箱（m^3）	4. 筏式	5. 吊笼	6. 底播	7. 工厂化（m^3）
全国总计	**6 055 773**	**331 610**	**113 399**	**1 130 381**	**25 645 110**
天　津					424 600
河　北		64 274		19 728	2 629 660
辽　宁	493 000	53 563	8 703	698 158	3 455 192
上　海					
江　苏	14 040	44 019	320	85 571	648 232
浙　江	772 697	13 126	136	22 592	1 282 975
福　建	312 699	42 406	6 649	18 487	7 273 127
山　东	1 525 858	92 444	90 303	233 831	8 891 516
广　东	861 264	15 611	6 742	39 878	616 358
广　西	464 705	6 167	164	10 971	
海　南	1 611 510		382	1 165	423 450

各地区淡水养殖面积（按水域和养殖方式分）（一）

单位：公顷

地 区	淡水养殖面积	按水域			
		1. 池塘	2. 湖泊	3. 水库	4. 河沟
全国总计	**6 080 888**	**2 661 901**	**1 015 327**	**1 994 819**	**274 965**
北 京	3 924	3 850			
天 津	37 380	31 991		4 036	463
河 北	78 584	31 306	4 054	41 350	1 520
山 西	15 814	2 779	2 550	10 287	30
内蒙古	118 580	18 419	44 711	51 692	3 758
辽 宁	216 896	48 870	200	105 775	7 462
吉 林	313 090	28 817	103 530	180 589	150
黑龙江	376 238	105 452	104 567	138 893	22 091
上 海	20 461	18 344	348		1 549
江 苏	572 383	381 088	90 311	21 710	63 070
浙 江	209 887	72 838	2 904	95 252	32 915
安 徽	575 907	215 250	201 296	94 113	52 504
福 建	100 463	39 608	863	52 997	4 798
江 西	435 324	157 119	103 503	156 531	14 823
山 东	286 621	151 694	10 004	115 825	5 584
河 南	269 695	113 643	3 704	142 789	9 545
湖 北	688 000	384 405	190 068	106 641	4 600
湖 南	454 346	232 901	87 140	131 747	980
广 东	371 298	278 019	3 056	79 674	2 003
广 西	181 930	80 101		92 101	7 363
海 南	37 223	22 983	189	13 831	42
重 庆	93 602	53 813		28 925	10 393
四 川	199 446	103 576	4 457	71 571	19 698
贵 州	58 883	5 427	642	44 582	3 610
云 南	138 490	36 947	14 181	85 491	1 866
西 藏	31	31			
陕 西	50 512	11 785	7 472	28 565	1 861
甘 肃	14 373	2 300	56	11 837	
青 海	42 431	318	4 254	37 859	
宁 夏	46 669	16 304	28 213	1 415	737
新 疆	72 407	11 923	3 054	48 741	1 550

各地区淡水养殖面积（按水域和养殖方式分）（二）

单位：公顷

地区	按水域（续）		养殖方式中		
	5. 其他	6. 稻田	1. 围栏（m²）	2. 网箱（m²）	3. 工厂化（m³）
全国总计	**133 876**	**1 489 501**	**2 421 009 884**	**142 116 554**	**32 675 043**
北　京	74				364 855
天　津	890	1 067			239 115
河　北	354	1 903	9 539 770	7 912 079	1 156 200
山　西	168	266	149 028	59 495	450
内蒙古		3 235	35 071 000	16 960	19 168
辽　宁	54 589	104 962	3 885 000	990 650	213 286
吉　林	4	5 897	135 180	19 250	1
黑龙江	5 235	15 065	1 817 750	112 080	
上　海	220	12			26 000
江　苏	16 204	117 676	71 665 063	11 712 860	2 176 659
浙　江	5 978	75 424	11 015 384	2 050 930	7 603 355
安　徽	12 744	52 894	1 206 067 706	19 303 361	692 168
福　建	2 197	18 623	104 462	1 053 423	9 384 567
江　西	3 348	63 429	225 474 387	9 033 591	1 906 513
山　东	3 514	595	38 139 668	9 886 908	2 305 668
河　南	14	762	74 070 530	3 752 091	176 985
湖　北	2 286	192 600	559 860 000	49 598 000	376 000
湖　南	1 578	165 616	82 550 355	10 179 318	5 450
广　东	8 546	3 375	493 064	265 652	16 272
广　西	2 365	45 155	59 183 651	6 356 688	
海　南	178		5 600	38 772	165 000
重　庆	471	37 345	21 841 220	24 500	80 986
四　川	144	306 928		850 490	1 200
贵　州	4 622	151 009	6 290 062	5 444 320	150 375
云　南	5	113 417	3 012 294	1 721 904	1 528 546
西　藏					
陕　西	829	859	10 638 710	1 527 383	4 011 240
甘　肃	180			33 402	
青　海				160 629	
宁　夏		11 387			
新　疆	7 139			11 818	74 984

全国水产苗种数量

指　标	计量单位	2014 年	2013 年	2014 年比 2013 年增减（±）	
				绝对量	幅度（%）
淡水鱼苗产量	**亿尾**	**12 746**	**19 143**	**-6 396**	**-33.41**
其中：罗非鱼	亿尾	256	1 029	-772	-75.07
淡水鱼种产量	吨	3 694 912	3 567 482	127 430	3.57
投放鱼种产量	吨	4 038 359	3 927 223	111 136	2.83
河蟹育苗量	千克	942 388	846 781	95 607	11.29
扣蟹	千克	54 656 440	49 943 769	4 712 671	9.44
稚鳖数量	万只	65 776	59 086	6 689	11.32
稚龟数量	万只	8 587	8 353	234	2.80
鳗苗捕捞量	千克	20 152	21 930	-1 778	-8.11
海水鱼苗产量	**万尾**	**648 281**	**572 887**	**75 394**	**13.16**
其中：大黄鱼	万尾	214 852	182 791	32 061	17.54
鲆鱼	万尾	43 532	33 477	10 055	30.04
虾类育苗量	亿尾	6 678	7 560	-882	-11.67
其中：南美白对虾	亿尾	5 290	6 134	-844	-13.77
贝类育苗量	万粒	186 430 373	132 371 057	54 059 316	40.84
其中：鲍鱼育苗量	万粒	681 841	770 125	-88 284	-11.46
海带育苗量	亿株	326	303	23	7.71
紫菜育苗量	亿贝壳	202	202	0	0.03
海参	亿头	746	738	8	1.05

各地区水产苗种数量（一）

地区	淡水鱼苗（亿尾）	其中：罗非鱼（亿尾）	淡水鱼种（吨）	投放鱼种（吨）	河蟹育苗（千克）	扣蟹（千克）
全国总计	**12 746.18**	**256.45**	**3 694 912**	**4 038 359**	**942 388**	**54 656 440**
北京	12.68	0.02	13 815	9 295		
天津	36.90		14 621	27 273	1 550	150 120
河北	30.18	0.36	22 625	31 187	3 150	7 020
山西	2.99	0.14	3 494	7 044		
内蒙古	4.59		11 493	14 846		
辽宁	92.00	2.00	82 494	100 723	72 500	18 226 950
吉林	12.05		12 775	18 719		
黑龙江	11.89		45 477	50 653		
上海	16.30		5 251	17 405		7 872 000
江苏	483.21	0.18	339 079	476 067	858 658	10 580 159
浙江	139.89	0.52	51 321	92 132	1 490	43 605
安徽	408.46	0.75	285 877	338 697		13 399 674
福建	29.24	8.35	14 885	35 294		
江西	346.04	4.31	295 006	419 085		283 535
山东	59.22	1.27	102 651	148 969	940	112 054
河南	72.58	0.16	115 855	117 306		85 337
湖北	1 050.00	9.00	1 103 682	1 043 750	4 100	3 825 596
湖南	342.42	0.01	415 783	323 631		28 758
广东	8 633.00	117.00	297 634	168 951		122
广西	343.35	20.26	112 625	128 369		
海南	84.30	78.28	2 284	5 801		
重庆	72.30	1.00	74 264	86 164		
四川	220.84	0.93	153 731	205 502		
贵州	78.23		11 867	19 763		4 410
云南	108.00	11.49	45 240	85 284		
西藏	0.03	0.03	5	5		
陕西	19.25	0.29	12 979	12 105		16 200
甘肃	0.52	0.08	2 378	2 736		1 420
青海			3			19 480
宁夏	9.00		30 665	34 554		
新疆	26.72	0.02	15 053	17 049		

各地区水产苗种数量（二）

地 区	稚鳖（万只）	稚龟（万只）	鳗苗捕捞（千克）	海水鱼苗（万尾）	其中	
					大黄鱼（万尾）	鲆鱼（万尾）
全国总计	**65 775.77**	**8 586.95**	**20 152**	**648 280.50**	**214 852.00**	**43 532.00**
北 京	17.20	2.30				
天 津	160.00			2 548.00		2 096.00
河 北	837.50			3 526.00		1 251.00
山 西	211.00					
内 蒙 古						
辽 宁	3.00			2 806.00		2 397.00
吉 林						
黑 龙 江						
上 海	6.00	22.00	1 654			
江 苏	4 911.00	1 198.00	6 556	11 501.00		76.00
浙 江	20 963.91	1 525.20	2 758	9 122.00	7 200.00	
安 徽	4 058.71	758.26				
福 建	191.50	182.00	8 345	295 211.00	207 249.00	650.00
江 西	6 728.55	1 375.14				
山 东	3 008.00	2.00		54 367.00	53.00	36 852.00
河 南	2 565.00	15.00				
湖 北	6 936.00	1 330.00				
湖 南	3 250.73	1 031.62				
广 东	6 046.00	603.00	839	253 773.00	350.00	210.00
广 西	5 215.13	536.92		28.50		
海 南				15 398.00		
重 庆	57.60	0.10				
四 川	175.32	5.41				
贵 州	0.32					
云 南	0.30					
西 藏						
陕 西	433.00					
甘 肃						
青 海						
宁 夏						
新 疆						

各地区水产苗种数量（三）

地　区	虾类育苗（亿尾）	其中：南美白对虾（亿尾）	贝类育苗（万粒）	其中：鲍鱼（万粒）	海带（亿株）	紫菜（亿贝壳）	海参（亿头）
全国总计	**6 678.49**	**5 289.70**	**186 430 373**	**681 841**	**326.03**	**201.81**	**745.55**
北　京							
天　津	269.20	259.40					
河　北	323.10	253.90	36 730				6.61
山　西							
内蒙古							
辽　宁	139.00	56.00	4 220 085	29 799			249.00
吉　林							
黑龙江							
上　海	39.01	23.00					
江　苏	222.98	174.31	35 000			4.23	
浙　江	160.48		26 853 998			32.49	
安　徽	74.75		82 700				
福　建	3 540.92	3 270.91	114 430 409	556 359	235.03	5.09	0.15
江　西	4.86		12 320				
山　东	631.00	444.00	40 019 155	16 160	91.00		489.09
河　南	2.63						
湖　北	298.00		82 996				
湖　南							
广　东	280.00	120.00	597 994	78 957		160.00	0.70
广　西	221.05	218.82	26 023	241			
海　南	469.36	469.36	32 963	325			
重　庆	2.00						
四　川							
贵　州							
云　南	0.15						
西　藏							
陕　西							
甘　肃							
青　海							
宁　夏							
新　疆							

各地区机动渔船年末拥有量

地　区	2014年			2013年			2014年比2013年增减(±)		
	艘	总吨	千瓦	艘	总吨	千瓦	艘	总吨	千瓦
全国总计	686 766	10 214 416	22 275 528	694 905	9 895 517	22 199 018	−8 139	318 899	76 510
北　京	31	7 322	11 143	31	4 462	7 189		2 860	3 954
天　津	4 235	34 540	97 904	4 328	34 938	97 362	−93	−398	542
河　北	12 992	272 539	563 933	13 716	265 238	564 652	−724	7 301	−719
山　西	224	501	3 307	229	592	3 021	−5	−91	286
内蒙古	1 292	1 999	16 821	1 430	2 395	18 774	−138	−396	−1 953
辽　宁	40 902	825 012	1 566 947	40 878	779 955	1 555 998	24	45 057	10 949
吉　林	4 654	6 669	83 475	4 405	6 277	80 219	249	392	3 256
黑龙江	11 817	16 282	108 855	12 066	16 222	111 462	−249	60	−2 607
上　海	1 329	125 019	192 659	1 417	122 917	189 090	−88	2 102	3 569
江　苏	125 405	954 812	2 237 290	130 625	1 000 644	3 209 029	−5 220	−45 832	−971 739
浙　江	43 981	2 911 193	4 697 333	46 667	2 795 665	4 584 231	−2 686	115 528	113 102
安　徽	30 421	291 743	448 145	31 854	316 581	444 247	−1 433	−24 838	3 898
福　建	61 209	1 126 225	2 614 723	62 199	1 071 352	2 539 317	−990	54 873	75 406
江　西	32 551	169 992	444 964	32 219	173 476	446 227	332	−3 484	−1 263
山　东	71 359	1 149 954	2 518 974	71 874	1 099 828	2 388 240	−515	50 126	130 734
河　南	4 151	15 746	65 207	4 510	16 669	69 915	−359	−923	−4 708
湖　北	50 661	115 188	421 978	50 685	115 236	421 328	−24	−48	650
湖　南	46 041	111 069	851 376	42 650	78 826	320 264	3 391	32 243	531 112
广　东	64 015	948 447	2 492 479	65 897	930 544	2 445 109	−1 882	17 903	47 370
广　西	26 524	395 011	881 553	26 606	390 796	881 734	−82	4 215	−181
海　南	26 190	501 035	1 365 550	26 805	437 836	1 244 529	−615	63 199	121 021
重　庆	5 647	15 801	64 061	5 693	15 971	61 785	−46	−170	2 276
四　川	8 151	11 073	77 660	8 134	10 542	76 964	17	531	696
贵　州	8 369	24 773	95 796	5 598	19 966	86 395	2 771	4 807	9 401
云　南	1 413	4 820	24 699	1 474	3 965	24 126	−61	855	573
西　藏	6	8	52	7	12	61	−1	−4	−9
陕　西	1 466	8 697	25 394	1 214	9 114	28 784	252	−417	−3 390
甘　肃	35	79	644	33	75	624	2	4	20
青　海	222	870	5 506	222	870	5 506			
宁　夏	21	113	1 716	21	113	1 716			
新　疆	1 102	3 562	17 904	1 056	3 401	17 100	46	161	804
中农发集团	350	164 322	277 480	362	171 039	274 020	−12	−6 717	3 460

六、农产品加工业

全国农产品加工业增加值同比增长

单位:%

行业名称	12 月份	全年累计
总　　计	**7.9**	**7.9**
一、农副食品加工业	7.9	7.7
1. 谷物磨制	5.9	6.9
2. 饲料加工	10.0	8.7
3. 植物油加工	9.8	10.5
4. 制糖业	8.7	9.6
5. 屠宰及肉类加工	6.7	7.2
6. 水产品加工	1.2	5.0
7. 蔬菜．水果和坚果加工	12.9	11.9
8. 其他农副食品加工	8.2	4.5
二、食品制造业*	9.3	8.6
1. 焙烤食品制造	5.1	7.7
2. 糖果、巧克力及蜜饯制造	4.1	9.5
3. 方便食品制造	6.7	7.6
4. 乳制品制造	5.9	1.7
5. 罐头食品制造	7.7	6.2
6. 调味品、发酵制品制造	9.8	10.2
7. 其他食品制造*	16.4	12.2
三、酒、饮料和精制茶制造业*	4.4	6.5
1. 酒的制造	5.5	6.1
2. 饮料制造*	0.2	6.7
3. 精制茶加工	7.8	9.0
四、烟草制品业	14.1	8.2
1. 烟叶复烤	-8.8	8.6
2. 卷烟制造	15.3	8.3
3. 其他烟草制品制造	1.8	8.4
五、纺织业*	7.4	6.7
六、皮革、毛皮、羽毛及其制品业*	6.4	6.2
七、木材加工和木、竹、藤、棕、草制品业*	8.7	9.5
八、家具制造业*	7.2	8.7
九、造纸和纸制品业*	5.9	6.5
十、中药饮片加工与中成药生产业*	12.2	13.2
十一、橡胶制品业*	6.9	9.2

注：带*的表示对该行业进行了扣除计算（下同）。

全国农产品加工业主要经济指标

单位：个、亿元、%

分　　类	汇总企业数	主营业务收入	
			同比增减
总　　计	**75 693**	**184 753.88**	**8.20**
一、按规模划分			
1. 大型	1 579	51 331.73	6.96
2. 中型	10 645	47 206.76	6.45
3. 小型	63 469	86 215.39	9.96
二、按投资类型划分			
1. 国有控股	1 880	19 193.07	4.58
2. 集体控股	1 203	4 956.87	5.62
3. 私人控股	63 050	125 318.52	9.39
4. 港澳台商控股	3 235	9 987.79	3.39
5. 外商控股	3 361	15 205.81	4.75
6. 其他控股	2 964	10 091.83	12.61

全国农产品加工业主要经济指标（续）

单位：亿元、%

分　　类	利润总额		税金总额	
		同比增减		同比增减
总　　计	**12 244.84**	**2.15**	**11 714.58**	**7.01**
一、按规模划分				
大型	4 324.59	-1.27	7 190.34	6.94
中型	2 973.40	3.51	1 771.58	3.88
小型	4 946.85	4.49	2 752.66	9.34
二、按投资类型划分				
国有控股	1 924.50	-4.27	6 455.52	7.75
集体控股	319.77	-0.97	149.59	-0.13
私人控股	7 795.19	4.46	3 873.78	7.31
港澳台商控股	608.16	3.98	371.72	8.22
外商控股	989.96	-3.49	547.95	-3.55
其他控股	607.26	4.51	316.02	11.24

全国农产品加工业分行业主要经济指标（一）

单位：个、%

行业名称	企业单位数	亏损企业单位数	
			同比增减
总　　计	**75 693**	**6 721**	**14.24**
一、农副食品加工业	23 784	1 870	14.16
1. 谷物磨制	6 061	242	15.24
2. 饲料加工	3 842	330	-0.30
3. 植物油加工	2 185	229	33.14
食用植物油加工	2 050	216	31.71
非食用植物油加工	135	13	62.50
4. 制糖业	311	171	30.53
5. 屠宰及肉类加工	3 786	351	8.33
（1）牲畜屠宰	1 339	137	12.30
（2）禽类屠宰	849	94	18.99
（3）肉制品及副产品加工	1 598	120	-2.44
6. 水产品加工	2 085	204	0.99
7. 蔬菜、水果和坚果加工	3 103	149	28.45
（1）蔬菜加工	2 103	91	18.18
（2）水果和坚果加工	1 000	58	48.72
8. 其他农副食品加工	2 411	194	27.63
（1）淀粉及淀粉制品制造	844	85	26.87
（2）豆制品制造	463	20	-9.09
（3）蛋品加工	174	5	-16.67
（4）其他未列明农副食品加工	930	84	47.37
二、食品制造业*	7 714	661	15.56
1. 焙烤食品制造	1 279	115	8.49
（1）糕点、面包制造	621	73	-2.67
（2）饼干及其他焙烤食品制造	658	42	35.48
2. 糖果、巧克力及蜜饯制造	755	33	26.92
（1）糖果、巧克力制造	376	25	38.89
（2）蜜饯制作	379	8	

全国农产品加工业分行业主要经济指标（一）续

单位：个、%

行业名称	企业单位数	亏损企业单位数	同比增减
3. 方便食品制造	1 293	87	12.99
（1）米、面制品制造	533	24	50.00
（2）速冻食品制造	369	33	17.86
（3）方便面及其他方便食品制造	391	30	-9.09
4. 乳制品制造	631	100	14.94
5. 罐头食品制造	846	78	
（1）肉、禽类罐头制造	92	4	-33.33
（2）水产品罐头制造	42	5	150.00
（3）蔬菜、水果罐头制造	660	64	-1.54
（4）其他罐头食品制造	52	5	
6. 调味品、发酵制品制造	1 088	74	15.63
7. 其他食品制造*	1 822	174	29.85
三、酒、饮料和精制茶制造业*	5 170	500	18.20
1. 酒的制造	2 602	327	18.48
（2）白酒制造	1 498	117	32.95
（3）啤酒制造	480	137	4.58
（5）葡萄酒制造	217	35	34.62
2. 饮料制造*	1 082	137	14.17
（1）果菜汁及果菜汁饮料制造	527	63	-7.35
（2）含乳饮料和植物蛋白饮料制造	246	13	
（3）固体饮料制造	98	18	63.64
（4）茶饮料及其他饮料制造	211	43	53.57
3. 精制茶加工	1 486	36	33.33
四、烟草制品业	131	12	100.00
五、纺织业*	11 395	1 312	13.10
六、皮革、毛皮、羽毛及其制品业*	4 004	366	12.27
七、木材加工和木、竹、藤、棕、草制品业*	8 092	394	6.49
八、家具制造业*	3 240	292	12.31
九、造纸和纸制品业*	6 819	813	16.48
十、中药饮片加工与中成药生产业*	2 427	206	9.57
十一、橡胶制品业*	2 917	295	21.90

全国农产品加工业分行业主要经济指标（二）

单位：亿元、%

行业名称	主营业务收入	同比增减	主营业务成本	同比增减
总　计	**184 753.88**	**8.20**	**152 966.47**	**9.15**
一、农副食品加工业	63 533.18	7.01	57 016.25	7.94
1. 谷物磨制	12 571.51	9.27	11 274.93	10.25
2. 饲料加工	10 813.85	8.44	9 744.61	9.20
3. 植物油加工	10 650.50	3.03	9 905.53	3.54
食用植物油加工	10 369.98	2.74	9 650.91	3.22
非食用植物油加工	280.52	15.21	254.62	17.06
4. 制糖业	1 121.76	-6.00	1 024.00	-0.37
5. 屠宰及肉类加工	12 874.01	8.38	11 477.49	9.52
（1）牲畜屠宰	5 352.92	8.26	4 768.41	9.23
（2）禽类屠宰	3 295.96	6.45	3 009.72	8.07
（3）肉制品及副产品加工	4 225.13	10.11	3 699.37	11.11
6. 水产品加工	5 087.20	5.20	4 529.14	6.27
7. 蔬菜、水果和坚果加工	4 888.70	11.62	4 188.06	12.57
（1）蔬菜加工	3 241.47	11.81	2 781.81	12.75
（2）水果和坚果加工	1 647.23	11.25	1 406.25	12.22
8. 其他农副食品加工	5 525.66	4.81	4 872.48	5.60
（1）淀粉及淀粉制品制造	3 166.99	-0.11	2 840.54	0.56
（2）豆制品制造	664.40	14.48	568.51	17.32
（3）蛋品加工	271.50	21.33	234.16	23.47
（4）其他未列明农副食品加工	1 422.78	9.67	1 229.27	10.22
二、食品制造业*	20 125.19	12.26	16 031.38	13.42
1. 焙烤食品制造	2 426.67	10.28	1 945.97	11.44
（1）糕点、面包制造	899.44	11.04	704.61	11.94
（2）饼干及其他焙烤食品制造	1 527.23	9.83	1 241.36	11.15
2. 糖果、巧克力及蜜饯制造	1 714.02	10.76	1 322.42	13.48
（1）糖果、巧克力制造	1 185.58	8.68	878.70	11.66
（2）蜜饯制作	528.44	15.71	443.72	17.27

全国农产品加工业分行业主要经济指标（二）续

单位：亿元、%

行业名称	主营业务收入	同比增减	主营业务成本	同比增减
3. 方便食品制造	3 463.87	9.97	2 880.78	11.58
（1）米、面制品制造	855.89	15.65	736.50	16.65
（2）速冻食品制造	782.28	15.73	661.35	16.20
（3）方便面及其他方便食品制造	1 825.69	5.29	1 482.93	7.36
4. 乳制品制造	3 297.73	18.07	2 619.10	20.25
5. 罐头食品制造	1 631.73	8.54	1 405.23	9.08
（1）肉、禽类罐头制造	241.85	12.11	211.59	10.53
（2）水产品罐头制造	95.03	9.33	77.75	8.66
（3）蔬菜、水果罐头制造	1 179.80	8.32	1 024.22	9.58
（4）其他罐头食品制造	115.05	3.14	91.67	1.21
6. 调味品、发酵制品制造	2 649.06	13.97	2 152.71	15.10
7. 其他食品制造*	4 942.12	12.09	3 705.16	12.14
三、酒、饮料和精制茶制造业*	14 297.61	6.97	10 643.53	9.05
1. 酒的制造	8 778.05	5.85	6 259.43	8.43
（2）白酒制造	5 258.89	5.69	3 559.96	9.12
（3）啤酒制造	1 886.24	5.10	1 390.63	7.38
（5）葡萄酒制造	420.57	3.91	316.72	4.66
2. 饮料制造*	3 850.46	7.66	3 045.75	8.74
（1）果菜汁及果菜汁饮料制造	1 210.45	5.98	992.70	5.84
（2）含乳饮料和植物蛋白饮料制造	1 039.22	10.85	821.26	13.41
（3）固体饮料制造	499.15	2.74	402.27	4.02
（4）茶饮料及其他饮料制造	1 101.64	8.95	829.52	10.28
3、精制茶加工	1 669.11	11.56	1 338.35	12.84
四、烟草制品业	8 906.07	7.42	2 319.47	9.75
五、纺织业*	24 719.70	7.31	22 180.47	8.12
六、皮革、毛皮、羽毛及其制品业*	6 673.32	9.45	5 789.56	10.05
七、木材加工和木、竹、藤、棕、草制品业*	12 105.56	11.08	10 495.24	12.07
八、家具制造业*	4 708.50	10.70	4 001.21	11.72
九、造纸和纸制品业*	13 465.00	6.32	11 695.36	7.08
十、中药饮片加工与中成药生产业*	7 302.09	13.66	5 175.38	14.71
十一、橡胶制品业*	8 917.66	5.98	7 618.63	6.38

全国农产品加工业分行业主要经济指标（三）

单位：亿元、%

行业名称	利润总额	同比增减	亏损企业亏损额	同比增减
总　　计	12 244.84	2.15	609.02	33.68
一、农副食品加工业	3 069.95	-0.44	198.45	51.11
1. 谷物磨制	644.59	7.75	13.19	4.55
2. 饲料加工	508.02	4.45	11.26	-6.43
3. 植物油加工	358.45	-11.49	51.10	94.87
食用植物油加工	347.26	-11.45	50.20	93.32
非食用植物油加工	11.18	-12.78	0.90	250.72
4. 制糖业	18.41	-65.25	57.99	97.22
5. 屠宰及肉类加工	643.63	-3.07	33.57	22.19
（1）牲畜屠宰	256.80	-7.68	13.47	70.01
（2）禽类屠宰	134.54	-2.31	11.05	-10.16
（3）肉制品及副产品加工	252.29	1.67	9.05	24.80
6. 水产品加工	276.66	0.13	8.75	9.60
7. 蔬菜、水果和坚果加工	348.20	5.75	4.53	6.30
（1）蔬菜加工	229.18	4.79	3.64	1.48
（2）水果和坚果加工	119.02	7.65	0.89	31.82
8. 其他农副食品加工	271.99	0.24	18.05	59.36
（1）淀粉及淀粉制品制造	139.90	-1.37	12.68	49.63
（2）豆制品制造	36.40	4.65	0.86	75.89
（3）蛋品加工	17.00	16.00	0.32	46.47
（4）其他未列明农副食品加工	78.69	-1.72	4.19	95.34
二、食品制造业*	1 682.41	9.72	83.73	49.48
1、焙烤食品制造	202.72	8.04	7.79	31.73
（1）糕点、面包制造	82.42	9.88	5.13	11.32
（2）饼干及其他焙烤食品制造	120.30	6.82	2.66	103.72
2. 糖果、巧克力及蜜饯制造	157.24	1.24	1.25	37.56
（1）糖果、巧克力制造	115.33	-2.40	0.93	64.88
（2）蜜饯制作	41.92	12.79	0.32	-6.99

全国农产品加工业分行业主要经济指标（三）续

单位：亿元、%

行业名称	利润总额		亏损企业亏损额	
		同比增减		同比增减
3. 方便食品制造	238.10	0.40	5.82	16.17
（1）米、面制品制造	52.30	17.79	1.01	56.29
（2）速冻食品制造	57.89	8.63	1.35	81.76
（3）方便面及其他方便食品制造	127.91	-8.29	3.47	-4.35
4. 乳制品制造	225.32	25.63	22.71	79.36
5. 罐头食品制造	91.49	7.58	13.72	54.73
（1）肉、禽类罐头制造	13.39	29.22	0.69	-58.42
（2）水产品罐头制造	5.24	7.55	0.31	-16.92
（3）蔬菜、水果罐头制造	61.83	7.73	12.54	91.03
（4）其他罐头食品制造	11.03	-11.18	0.18	-34.00
6. 调味品、发酵制品制造	225.53	14.59	15.27	22.90
7. 其他食品制造*	542.00	10.14	17.16	67.90
三、酒、饮料和精制茶制造业*	1 461.59	-4.12	75.36	21.50
1. 酒的制造	976.17	-7.44	44.71	6.21
（2）白酒制造	698.75	-12.61	13.38	70.21
（3）啤酒制造	138.01	11.00	26.30	-9.19
（5）葡萄酒制造	43.87	0.16	2.83	15.84
2. 饮料制造*	340.93	2.37	30.17	54.08
（1）果菜汁及果菜汁饮料制造	110.72	18.63	5.58	-13.97
（2）含乳饮料和植物蛋白饮料制造	126.26	-0.77	0.31	-70.29
（3）固体饮料制造	34.63	-0.12	0.68	30.26
（4）茶饮料及其他饮料制造	69.32	-10.89	23.59	104.94
3. 精制茶加工	144.49	5.73	0.47	39.19
四、烟草制品业	1 215.80	0.24	0.76	67.99
五、纺织业*	1 337.22	3.38	73.35	19.61
六、皮革、毛皮、羽毛及其制品业*	454.43	8.49	11.05	20.24
七、木材加工和木、竹、藤、棕、草制品业*	758.23	3.85	18.11	-2.74
八、家具制造业*	277.89	9.48	12.62	23.22
九、造纸和纸制品业*	701.57	-1.33	87.33	35.57
十、中药饮片加工与中成药生产业*	703.18	9.15	13.52	18.61
十一、橡胶制品业*	582.57	0.18	34.74	13.71

全国农产品加工业分行业主要经济指标（四）

单位：亿元、%

行业名称	税金总额	同比增减	出口交货值	同比增减
总　计	**11 714.58**	**7.01**	**11 391.97**	**4.50**
一、农副食品加工业	1 391.05	4.21	3 189.62	4.37
1. 谷物磨制	271.85	5.95	24.79	-27.82
2. 饲料加工	180.55	10.04	72.76	36.19
3. 植物油加工	203.86	0.21	75.33	2.40
食用植物油加工	196.79	-0.55	71.34	3.81
非食用植物油加工	7.07	27.52	3.99	-17.59
4. 制糖业	34.22	-29.61	0.45	1.79
5. 屠宰及肉类加工	260.92	1.23	264.99	-1.89
（1）牲畜屠宰	91.91	-4.50	52.86	-13.55
（2）禽类屠宰	63.10	3.65	80.24	-13.46
（3）肉制品及副产品加工	105.91	5.25	131.89	13.46
6. 水产品加工	161.77	4.25	1 699.09	4.56
7. 蔬菜、水果和坚果加工	148.18	15.57	793.37	5.63
（1）蔬菜加工	99.60	19.34	561.52	4.35
（2）水果和坚果加工	48.58	8.55	231.86	8.86
8. 其他农副食品加工	129.70	7.13	258.85	4.30
（1）淀粉及淀粉制品制造	64.08	-1.95	62.83	-13.74
（2）豆制品制造	22.56	14.43	24.49	10.72
（3）蛋品加工	7.49	7.44	7.31	29.23
（4）其他未列明农副食品加工	35.57	22.55	164.21	11.28
二、食品制造业*	783.34	7.63	1 109.22	4.54
1. 焙烤食品制造	91.39	6.54	32.02	-12.69
（1）糕点、面包制造	34.64	12.37	8.78	-27.47
（2）饼干及其他焙烤食品制造	56.76	3.27	23.24	-5.40
2. 糖果、巧克力及蜜饯制造	76.79	3.77	118.69	18.72
（1）糖果、巧克力制造	58.52	0.21	65.04	9.58
（2）蜜饯制作	18.27	17.06	53.65	32.06

全国农产品加工业分行业主要经济指标（四）续

单位：亿元、%

行业名称	税金总额	同比增减	出口交货值	同比增减
3. 方便食品制造	123.49	8.22	77.92	2.49
（1）米、面制品制造	25.54	15.08	16.13	6.93
（2）速冻食品制造	24.13	16.47	43.97	11.46
（3）方便面及其他方便食品制造	73.82	3.68	17.82	-17.10
4. 乳制品制造	105.04	-5.92	6.46	-13.21
5. 罐头食品制造	62.64	13.37	397.51	8.97
（1）肉、禽类罐头制造	12.17	0.96	23.32	6.95
（2）水产品罐头制造	4.53	72.65	22.16	18.29
（3）蔬菜、水果罐头制造	40.63	10.90	349.82	8.59
（4）其他罐头食品制造	5.31	34.86	2.22	5.52
6. 调味品、发酵制品制造	104.84	11.92	136.92	5.70
7. 其他食品制造*	219.14	13.36	339.70	-2.00
三、酒、饮料和精制茶制造业*	1 035.30	-0.91	267.34	4.61
1. 酒的制造	830.81	-1.97	75.33	23.76
（2）白酒制造	525.79	-4.39	44.26	28.61
（3）啤酒制造	208.48	1.32	14.93	15.32
（5）葡萄酒制造	29.61	9.05	5.07	45.81
2. 饮料制造*	143.01	5.53	117.25	3.16
（1）果菜汁及果菜汁饮料制造	42.12	12.54	101.08	2.89
（2）含乳饮料和植物蛋白饮料制造	41.20	0.12	2.32	-6.03
（3）固体饮料制造	16.37	-0.51	10.21	5.72
（4）茶饮料及其他饮料制造	43.31	6.99	3.64	10.48
3. 精制茶加工	61.48	-0.50	74.75	-7.73
四、烟草制品业	5 943.03	9.40	37.74	2.83
五、纺织业*	720.20	6.50	1 526.28	-0.55
六、皮革、毛皮、羽毛及其制品业*	197.12	12.83	1 303.56	6.70
七、木材加工和木、竹、藤、棕、草制品业*	421.84	10.36	813.63	8.03
八、家具制造业*	168.63	10.62	848.30	5.48
九、造纸和纸制品业*	414.53	-0.92	592.02	4.00
十、中药饮片加工与中成药生产业*	397.05	11.21	92.81	19.31
十一、橡胶制品业*	242.49	-1.37	1 611.44	5.25

全国农产品加工业分行业主要经济指标（五）

单位：亿元、%

行业名称	负债合计	同比增减	资产合计	同比增减
总计	**55 672.12**	**7.34**	**116 838.91**	**10.93**
一、农副食品加工业	15 887.80	9.59	30 480.98	12.68
1. 谷物磨制	1 848.15	12.13	4 537.68	14.63
2. 饲料加工	1 845.11	13.27	3 846.46	15.54
3. 植物油加工	3 729.29	-1.12	5 730.60	4.55
食用植物油加工	3 678.32	-1.06	5 619.55	4.42
非食用植物油加工	50.97	-5.49	111.05	11.73
4. 制糖业	1 427.27	18.21	1 739.10	11.12
5. 屠宰及肉类加工	3 006.73	13.16	6 245.71	15.53
（1）牲畜屠宰	1 229.59	13.18	2 413.51	12.05
（2）禽类屠宰	793.97	11.92	1 560.86	17.37
（3）肉制品及副产品加工	983.17	14.15	2 271.34	18.16
6. 水产品加工	1 408.06	9.30	2 807.82	14.89
7. 蔬菜、水果和坚果加工	993.50	12.91	2 396.48	15.77
（1）蔬菜加工	566.81	9.56	1 470.60	15.04
（2）水果和坚果加工	426.69	17.67	925.89	16.94
8. 其他农副食品加工	1 629.68	15.09	3 177.13	13.58
（1）淀粉及淀粉制品制造	1 063.46	14.55	1 919.64	13.60
（2）豆制品制造	154.50	11.97	335.23	14.82
（3）蛋品加工	39.01	26.42	104.67	26.79
（4）其他未列明农副食品加工	372.70	16.94	817.60	11.54
二、食品制造业*	5 896.89	8.14	12 796.64	13.57
1. 焙烤食品制造	520.99	7.82	1 293.45	12.60
（1）糕点、面包制造	237.55	11.83	565.57	15.23
（2）饼干及其他焙烤食品制造	283.44	4.68	727.88	10.64
2. 糖果、巧克力及蜜饯制造	398.32	-6.22	1 031.18	11.57
（1）糖果、巧克力制造	290.75	-12.60	745.72	9.88
（2）蜜饯制作	107.57	16.80	285.46	16.25

全国农产品加工业分行业主要经济指标（五）续

单位：亿元、%

行业名称	负债合计	同比增减	资产合计	同比增减
3. 方便食品制造	821.47	10.35	1 970.25	13.03
（1）米、面制品制造	149.79	18.61	380.14	20.80
（2）速冻食品制造	209.00	11.37	508.22	17.17
（3）方便面及其他方便食品制造	462.68	7.48	1 081.90	8.77
4. 乳制品制造	1 241.27	10.85	2 321.23	12.49
5. 罐头食品制造	452.78	3.07	848.64	7.20
（1）肉、禽类罐头制造	44.08	12.55	114.72	14.26
（2）水产品罐头制造	26.97	7.44	49.62	16.23
（3）蔬菜、水果罐头制造	353.73	2.16	632.33	6.34
（4）其他罐头食品制造	28.00	-2.76	51.97	-3.54
6. 调味品、发酵制品制造	1 009.89	9.86	2 114.24	14.88
7. 其他食品制造*	1 452.16	9.80	3 217.64	16.74
三、酒、饮料和精制茶制造业*	5 725.63	6.29	12 834.09	9.81
1. 酒的制造	4 018.40	4.70	9 000.25	9.34
（2）白酒制造	2 084.87	3.28	5 202.49	8.90
（3）啤酒制造	1 068.07	2.63	2 181.08	8.27
（5）葡萄酒制造	193.82	6.16	426.76	4.98
2. 饮料制造*	1 338.54	9.41	2 901.55	9.08
（1）果菜汁及果菜汁饮料制造	474.20	5.06	1 059.54	6.19
（2）含乳饮料和植物蛋白饮料制造	261.58	5.01	658.16	12.38
（3）固体饮料制造	119.58	4.93	311.83	7.77
（4）茶饮料及其他饮料制造	483.18	18.14	872.03	10.76
3. 精制茶加工	368.69	13.38	932.29	17.10
四、烟草制品业	1 886.40	-7.10	8 368.43	4.63
五、纺织业*	7 548.15	4.58	14 516.69	8.98
六、皮革、毛皮、羽毛及其制品业*	1 496.01	9.49	3 242.89	15.59
七、木材加工和木、竹、藤、棕、草制品业*	2 293.32	10.05	5 366.05	15.84
八、家具制造业*	1 371.53	10.60	2 848.48	12.18
九、造纸和纸制品业*	7 501.56	4.59	13 197.95	4.95
十、中药饮片加工与中成药生产业*	2 699.93	18.01	6 403.34	18.95
十一、橡胶制品业*	3 364.91	7.60	6 783.36	11.75

全国农产品加工业分行业主要经济指标（六）

单位：亿元、%

行业名称	流动资产合计	同比增减	应收账款	同比增减
总　　计	**61 725.22**	**8.39**	**10 360.26**	**9.29**
一、农副食品加工业	16 237.69	8.53	2 420.72	15.59
1. 谷物磨制	2 238.24	11.43	318.43	13.27
2. 饲料加工	1 953.54	9.40	324.67	19.70
3. 植物油加工	3 882.99	0.05	372.75	15.18
食用植物油加工	3 818.64	-0.02	364.40	15.10
非食用植物油加工	64.36	4.29	8.36	18.62
4. 制糖业	1 160.50	14.39	95.45	-6.98
5. 屠宰及肉类加工	2 918.11	14.03	467.40	25.34
(1) 牲畜屠宰	1 163.94	14.09	180.50	24.92
(2) 禽类屠宰	711.04	11.70	100.42	18.47
(3) 肉制品及副产品加工	1 043.13	15.62	186.48	29.80
6、水产品加工	1 540.11	8.64	358.88	20.93
7、蔬菜、水果和坚果加工	1 133.99	10.72	231.68	4.30
(1) 蔬菜加工	655.99	9.31	148.17	5.94
(2) 水果和坚果加工	478.00	12.71	83.51	1.50
8、其他农副食品加工	1 410.21	10.96	251.46	12.37
(1) 淀粉及淀粉制品制造	770.33	9.45	118.32	6.60
(2) 豆制品制造	150.51	12.82	25.70	13.63
(3) 蛋品加工	50.87	28.34	12.37	26.07
(4) 其他未列明农副食品加工	438.50	11.30	95.06	18.30
二、食品制造业*	6 403.46	9.94	1 284.46	11.68
1、焙烤食品制造	594.09	8.05	130.61	4.72
(1) 糕点、面包制造	253.00	10.50	57.72	1.63
(2) 饼干及其他焙烤食品制造	341.09	6.30	72.89	7.31
2、糖果、巧克力及蜜饯制造	523.45	6.14	118.89	7.29
(1) 糖果、巧克力制造	392.25	6.83	87.33	8.46
(2) 蜜饯制作	131.20	4.15	31.56	4.18

全国农产品加工业分行业主要经济指标（六）续

单位：亿元、%

行业名称	负债合计	同比增减	资产合计	同比增减
3. 方便食品制造	922.42	9.25	221.83	6.47
（1）米、面制品制造	162.93	17.19	28.72	20.76
（2）速冻食品制造	257.15	14.63	66.29	26.42
（3）方便面及其他方便食品制造	502.34	4.44	126.82	-4.02
4. 乳制品制造	1 236.96	10.79	234.70	21.65
5. 罐头食品制造	440.46	2.97	83.30	-5.27
（1）肉、禽类罐头制造	47.38	6.60	7.87	-9.04
（2）水产品罐头制造	31.30	9.67	5.40	2.92
（3）蔬菜、水果罐头制造	340.50	1.80	64.92	-7.11
（4）其他罐头食品制造	21.28	4.90	5.11	23.31
6. 调味品、发酵制品制造	940.90	12.58	158.83	13.12
7. 其他食品制造*	1 745.19	12.09	336.30	18.03
三、酒、饮料和精制茶制造业*	6 882.53	8.60	746.76	9.48
1. 酒的制造	4 996.16	7.20	397.31	7.23
（2）白酒制造	3 261.97	5.77	231.00	-0.31
（3）啤酒制造	842.66	4.01	82.54	12.24
（5）葡萄酒制造	223.08	6.46	24.99	16.67
2. 饮料制造*	1 395.79	12.09	239.81	13.77
（1）果菜汁及果菜汁饮料制造	468.28	6.34	76.75	10.36
（2）含乳饮料和植物蛋白饮料制造	330.84	13.19	50.77	26.76
（3）固体饮料制造	173.44	15.48	32.11	24.29
（4）茶饮料及其他饮料制造	423.24	16.78	80.17	6.40
3. 精制茶加工	490.58	13.61	109.64	8.78
四、烟草制品业	5 887.32	4.70	369.16	-10.78
五、纺织业*	7 421.97	6.34	1 224.54	6.82
六、皮革、毛皮、羽毛及其制品业*	1 919.48	9.82	422.24	10.07
七、木材加工和木、竹、藤、棕、草制品业*	2 524.27	12.56	478.58	12.18
八、家具制造业*	1 542.42	9.54	309.19	11.41
九、造纸和纸制品业*	6 069.25	4.76	1 405.75	1.28
十、中药饮片加工与中成药生产业*	3 557.37	17.24	826.64	20.74
十一、橡胶制品业*	3 279.46	9.40	872.23	4.75

全国农产品加工业分行业主要经济指标（七）

单位：亿元、%

行业名称	存货	同比增减	销售费用	同比增减
总计	**19 100.62**	**9.38**	**6 306.69**	**8.22**
一、农副食品加工业	4 721.54	7.94	1 282.55	7.05
1. 谷物磨制	851.37	8.40	234.79	10.18
2. 饲料加工	535.21	3.70	238.47	7.47
3. 植物油加工	1 129.24	2.61	162.66	4.44
食用植物油加工	1 109.59	2.74	158.19	4.51
非食用植物油加工	19.64	-3.86	4.47	1.91
4. 制糖业	165.19	12.74	22.12	-6.42
5. 屠宰及肉类加工	705.46	9.95	266.58	6.01
（1）牲畜屠宰	246.12	17.27	101.21	6.97
（2）禽类屠宰	205.48	4.09	51.32	0.45
（3）肉制品及副产品加工	253.86	8.33	114.05	7.84
6. 水产品加工	511.48	10.27	89.09	5.54
7. 蔬菜、水果和坚果加工	356.71	13.04	134.66	10.97
（1）蔬菜加工	210.07	14.89	85.79	12.56
（2）水果和坚果加工	146.64	10.49	48.86	8.27
8. 其他农副食品加工	466.89	15.34	134.17	6.08
（1）淀粉及淀粉制品制造	266.20	20.47	61.31	-2.24
（2）豆制品制造	39.62	10.08	24.38	7.52
（3）蛋品加工	13.11	22.03	7.78	10.15
（4）其他未列明农副食品加工	147.95	7.91	40.70	19.59
二、食品制造业*	1 385.87	10.93	1 494.54	10.23
1. 焙烤食品制造	113.86	5.69	162.45	10.46
（1）糕点、面包制造	42.70	6.06	64.73	3.94
（2）饼干及其他焙烤食品制造	71.16	5.46	97.71	15.25
2. 糖果、巧克力及蜜饯制造	112.61	1.15	144.15	3.12
（1）糖果、巧克力制造	76.72	-0.05	126.04	1.38
（2）蜜饯制作	35.89	3.82	18.11	17.12

全国农产品加工业分行业主要经济指标（七）续

单位：亿元、%

行业名称	存货	同比增减	销售费用	同比增减
3. 方便食品制造	178.38	3.23	213.51	1.36
（1）米、面制品制造	47.84	19.93	29.10	12.27
（2）速冻食品制造	66.69	-1.82	28.96	22.15
（3）方便面及其他方便食品制造	63.84	-1.73	155.45	-3.46
4. 乳制品制造	230.29	34.24	350.89	2.67
5. 罐头食品制造	161.57	3.63	55.86	12.19
（1）肉、禽类罐头制造	15.23	7.00	5.79	12.61
（2）水产品罐头制造	11.61	9.45	4.65	14.13
（3）蔬菜、水果罐头制造	128.17	2.82	38.94	4.36
（4）其他罐头食品制造	6.57	2.33	6.47	98.62
6. 调味品、发酵制品制造	244.72	12.48	121.48	9.96
7. 其他食品制造*	344.44	10.25	446.21	25.21
三、酒、饮料和精制茶制造业*	2 237.00	13.08	996.47	2.96
1. 酒的制造	1 782.48	14.07	600.98	0.39
（2）白酒制造	1 184.25	17.49	385.96	1.85
（3）啤酒制造	278.54	2.41	146.08	-4.48
（5）葡萄酒制造	106.29	2.36	28.44	4.36
2. 饮料制造*	284.60	6.60	324.45	5.36
（1）果菜汁及果菜汁饮料制造	134.05	4.12	61.05	-1.25
（2）含乳饮料和植物蛋白饮料制造	62.59	8.40	66.13	14.25
（3）固体饮料制造	37.25	15.40	33.37	-13.87
（4）茶饮料及其他饮料制造	50.71	5.18	163.91	9.63
3. 精制茶加工	169.91	14.32	71.04	15.97
四、烟草制品业	3 867.50	14.94	146.85	-5.19
五、纺织业*	2 312.66	2.06	296.92	10.00
六、皮革、毛皮、羽毛及其制品业*	580.90	9.65	115.93	4.83
七、木材加工和木、竹、藤、棕、草制品业*	743.89	8.49	280.30	12.95
八、家具制造业*	462.41	9.90	155.06	9.05
九、造纸和纸制品业*	1 177.43	3.57	366.68	6.62
十、中药饮片加工与中成药生产业*	852.59	15.12	938.30	14.54
十一、橡胶制品业*	758.84	5.91	233.11	7.44

全国农产品加工业分行业主要经济指标（八）

单位：亿元、%

行业名称	管理费用	同比增减	财务费用	同比增减
总　　计	**5 526.21**	**7.67**	**1 738.34**	**10.71**
一、农副食品加工业	1 321.31	6.94	542.22	15.07
1. 谷物磨制	238.98	10.38	96.57	5.80
2. 饲料加工	221.94	2.58	53.39	9.72
3. 植物油加工	148.09	4.07	81.98	89.90
食用植物油加工	141.23	4.27	79.77	93.48
非食用植物油加工	6.86	0.14	2.21	13.76
4. 制糖业	46.73	1.23	39.70	14.70
5. 屠宰及肉类加工	270.18	6.88	105.78	9.44
(1) 牲畜屠宰	104.08	6.58	45.93	5.64
(2) 禽类屠宰	58.24	0.85	32.21	16.56
(3) 肉制品及副产品加工	107.87	10.75	27.63	8.19
6. 水产品加工	115.15	2.16	58.10	-4.34
7. 蔬菜、水果和坚果加工	132.45	14.13	45.13	11.12
(1) 蔬菜加工	85.62	15.81	29.21	8.53
(2) 水果和坚果加工	46.83	11.17	15.92	16.20
8. 其他农副食品加工	147.79	11.33	61.58	11.00
(1) 淀粉及淀粉制品制造	74.07	8.81	38.69	8.17
(2) 豆制品制造	24.00	16.42	5.48	14.81
(3) 蛋品加工	6.60	8.98	2.40	26.87
(4) 其他未列明农副食品加工	43.11	13.46	15.01	15.09
二、食品制造业*	706.69	9.33	134.03	12.68
1. 焙烤食品制造	90.26	11.11	13.84	13.02
(1) 糕点、面包制造	38.32	10.15	6.48	14.15
(2) 饼干及其他焙烤食品制造	51.95	11.82	7.36	12.05
2. 糖果、巧克力及蜜饯制造	68.90	3.42	9.74	40.20
(1) 糖果、巧克力制造	52.86	-0.03	5.50	74.69
(2) 蜜饯制作	16.04	16.71	4.24	11.63

全国农产品加工业分行业主要经济指标（八）续

单位：亿元、%

行业名称	管理费用	同比增减	财务费用	同比增减
3. 方便食品制造	96.60	12.76	15.12	7.47
（1）米、面制品制造	23.76	9.60	6.09	11.03
（2）速冻食品制造	23.67	17.82	5.99	13.81
（3）方便面及其他方便食品制造	49.17	12.00	3.04	-8.45
4. 乳制品制造	103.39	13.05	11.22	76.91
5. 罐头食品制造	47.10	10.38	17.52	-1.99
（1）肉、禽类罐头制造	5.78	28.30	2.14	18.87
（2）水产品罐头制造	4.54	10.11	1.56	1.64
（3）蔬菜、水果罐头制造	30.73	1.20	12.91	-3.29
（4）其他罐头食品制造	6.05	64.64	0.92	-23.41
6. 调味品、发酵制品制造	107.61	9.00	31.04	9.46
7. 其他食品制造*	192.83	7.13	35.55	7.38
三、酒、饮料和精制茶制造业*	626.23	10.43	112.66	22.77
1. 酒的制造	436.30	8.55	68.00	26.98
（2）白酒制造	269.77	12.10	32.80	40.68
（3）啤酒制造	111.59	2.75	12.42	11.51
（5）葡萄酒制造	13.83	-0.31	4.35	12.48
2. 饮料制造*	114.94	15.40	26.57	17.65
（1）果菜汁及果菜汁饮料制造	37.70	5.18	13.92	1.36
（2）含乳饮料和植物蛋白饮料制造	30.44	30.13	1.33	27.66
（3）固体饮料制造	14.86	8.20	6.14	15.68
（4）茶饮料及其他饮料制造	31.94	19.92	5.18	107.10
3. 精制茶加工	74.99	14.39	18.09	15.73
四、烟草制品业	457.78	2.71	-16.39	43.14
五、纺织业*	505.03	5.85	336.26	4.43
六、皮革、毛皮、羽毛及其制品业*	186.42	4.18	65.02	9.87
七、木材加工和木、竹、藤、棕、草制品业*	352.05	12.69	108.84	4.20
八、家具制造业*	194.95	11.26	45.13	2.16
九、造纸和纸制品业*	448.27	6.33	235.43	12.81
十、中药饮片加工与中成药生产业*	403.62	8.51	67.64	12.98
十一、橡胶制品业*	323.86	7.72	107.50	6.14

分地区农产品加工业主要经济指标

单位：个、亿元、%

地　区	汇总企业数	主营业务收入	
		累计	同比增减
总　计	**75 693**	**184 753.88**	**8.20**
北　京	497	1 435.57	4.35
天　津	609	3 130.28	10.08
河　北	3 044	7 710.51	6.69
山　西	372	830.04	-2.14
内蒙古	1 077	3 362.37	18.79
辽　宁	3 176	7 863.21	-5.82
吉　林	1 864	6 094.07	5.73
黑龙江	1 795	4 383.74	-1.07
上　海	1 045	3 087.23	3.43
江　苏	7 077	15 517.05	8.29
浙　江	6 003	8 168.35	2.07
安　徽	4 057	6 636.81	11.17
福　建	3 983	8 078.04	10.35
江　西	1 603	5 051.69	15.65
山　东	10 804	34 548.71	9.66
河　南	5 578	15 085.54	11.18
湖　北	3 948	10 188.25	12.34
湖　南	2 981	6 983.55	6.07
广　东	5 625	11 359.68	8.86
广　西	1 766	4 388.94	8.95
海　南	124	336.10	0.80
重　庆	924	2 125.27	12.92
四　川	3 336	8 842.66	8.89
贵　州	804	1 788.07	13.32
云　南	937	2 769.47	8.60
西　藏	28	39.24	38.60
陕　西	1 094	2 535.78	14.27
甘　肃	543	777.34	6.74
青　海	94	157.18	26.07
宁　夏	296	539.09	15.52
新　疆	609	940.07	7.19
东部地区	41 987	101 234.72	6.89
中部地区	22 198	55 253.70	9.19
西部地区	11 508	28 265.47	11.13

分地区农产品加工业主要经济指标（续）

单位：个、亿元、%

地区	利润汇总		税金总额	
	累计	同比增减	累计	同比增减
总计	**12 244.84**	**2.15**	**11 714.58**	**7.01**
北京	79.49	-5.01	108.64	2.94
天津	255.48	-0.63	134.52	1.55
河北	537.49	3.44	307.53	5.66
山西	40.76	-18.53	50.07	-11.58
内蒙古	258.90	6.38	145.02	1.61
辽宁	385.23	-21.61	229.09	-2.78
吉林	265.63	2.53	216.99	-0.27
黑龙江	233.31	-3.69	150.12	-22.80
上海	345.33	3.15	813.96	9.28
江苏	1 112.22	5.28	982.42	9.60
浙江	443.60	-2.65	567.63	6.80
安徽	372.48	5.95	378.62	6.13
福建	502.84	1.37	436.21	3.53
江西	390.97	17.67	286.46	19.65
山东	2 062.03	3.98	1 233.91	7.72
河南	1 288.27	6.15	627.65	4.15
湖北	543.24	2.00	690.16	17.36
湖南	363.14	-0.58	861.53	9.87
广东	726.91	8.98	624.01	9.70
广西	252.31	-2.36	268.55	8.23
海南	7.73	-34.43	26.64	2.57
重庆	155.63	13.07	199.05	10.00
四川	606.25	-8.24	573.55	0.01
贵州	345.88	4.43	372.87	6.69
云南	270.52	-10.08	1 003.27	6.46
西藏	10.22	41.22	3.62	24.81
陕西	232.50	19.09	227.72	19.23
甘肃	49.40	11.07	123.50	12.32
青海	11.03	-16.87	5.76	-8.59
宁夏	26.72	-7.34	15.85	5.14
新疆	69.35	10.94	49.67	9.23
东部地区	6 458.36	1.60	5 464.57	7.17
中部地区	3 497.79	4.51	3 261.60	7.30
西部地区	2 288.70	0.22	2 988.41	6.43

全国农产品加工业主要产品产量

单位：个、亿元、%

产品名称	单位	本月	累计	同比增减
小麦粉	吨	13 583 163	141 160 173	4.76
大米	吨	13 000 447	130 428 155	7.36
饲料	吨	25 338 662	272 377 693	6.73
配合饲料	吨	13 797 048	152 873 833	5.32
混合饲料	吨	6 069 786	65 042 537	6.99
精制食用植物油	吨	6 592 236	65 341 274	6.65
成品糖	吨	3 544 169	16 600 916	4.20
鲜、冷藏肉	吨	3 694 328	39 034 432	4.86
冷冻水产品	吨	848 885	8 575 687	5.39
糖果	吨	400 649	3 624 064	13.84
速冻米面食品	吨	568 235	5 282 580	-3.93
方便面	吨	909 007	10 256 366	-1.55
乳制品	吨	2 324 351	26 518 123	-1.23
液体乳	吨	2 089 750	24 001 154	-0.91
乳粉	吨	156 981	1 508 457	-6.39
罐头	吨	1 183 308	11 718 935	4.70
酱油	吨	1 004 836	9 388 311	10.63
冷冻饮品	吨	163 738	3 085 718	-0.66
食品添加剂	吨	641 040	6 829 005	7.95
发酵酒精（折96度，商品量）	千升	978 125	9 842 792	7.69
饮料酒	千升	4 136 806	65 439 931	-0.08
白酒（折65度，商品量）	千升	1 317 088	12 571 318	2.75
啤酒	千升	2 420 958	49 218 530	-0.96
葡萄酒	千升	118 917	1 160 989	2.11
软饮料	吨	12 029 559	166 768 083	4.61
碳酸饮料类（汽水）	吨	1 534 523	18 106 564	1.66
包装饮用水类	吨	5 264 681	78 161 362	9.37
果汁和蔬菜汁饮料类	吨	1 943 117	23 868 037	-4.58
精制茶	吨	231 551	2 437 646	3.39
卷烟	亿支	1 746	26 099	1.93

全国食品行业主要商品海关出口量值

单位：吨、万美元、%

商品分类名称	出口数量		出口金额	
	累计	同比	累计	同比
总　计			**4 836 919**	**4.8**
一、农副食品加工品			3 593 115	4.9
1. 谷物细粉、粗粉、团粒	189 547	-31.5	11 023	-26.6
2. 植物油及其分离品	145 637	14.3	27 283	8.3
3. 冻的畜禽肉	240 322	19.3	83 153	26.8
4. 干、熏、盐腌（渍）猪肉和牛肉	897	6.9	570	12.3
5. 冻的水产品	2 239 529	4.0	904 512	9.4
6. 干、熏、盐腌（渍）水产品	107 480	-2.9	63 211	5.5
7. 冻、干、盐腌（渍）贝参蛤类品	423 999	19.0	300 905	23.8
8. 冷冻及暂时保藏的蔬菜	1 016 595	0.1	118 304	2.9
9. 干制蔬菜	326 026	-1.4	243 025	5.6
10. 冷冻及暂时保藏水果和坚果	172 906	-15.9	30 164	-11.6
11. 干果及坚果	456 573	-1.6	142 047	6.6
12. 天然蜂蜜及蜂产品	132 941	4.1	31 673	2.6
13. 淀粉	101 423	-28.4	8 238	-20.4
14. 蛋制品			6 936	-0.3
15. 其他农副产品	5 918 840	-5.6	1 622 070	-0.4
二、食品			928 193	6.2
1. 糖	46 216	-3.3	3 786	-9.4
2. 糖果、蜜饯	384 487	10.7	109 265	9.6
3. 焙烘糕饼及谷物膨化．烘炒食品	178 457	-1.3	56 007	0.1
4. 方便食品	510 632	1.7	83 912	3.4
5. 乳品	39 866	10.6	7 511	31.7
6. 罐头	2 373 543	-5.3	330 059	0.9
7. 可可制品	99 724	15.1	47 531	24.0
8. 调味品、发酵品			290 122	10.7
三、饮料及酒类制品			315 612	0.8
1. 饮料			99 195	-19.9
2. 酒精及酒			87 745	41.3
3. 冷冻饮品	6 799	-15.4	1 373	-48.4
4. 茶	301 484	-7.5	127 298	2.1

全国食品行业主要商品海关进口量值

单位：吨、万美元、%

商品分类名称	进口数量		进口金额	
	累计	同比增减	累计	同比增减
总　　计			**4 353 740**	**1.3**
一、农副食品加工品			3 012 733	-2.0
1. 谷物细粉、粗粉、团粒	56 845	0.9	4 239	-9.5
2. 植物油及其分离品	8 685 294	-14.9	806 836	-18.7
3. 冻的畜禽肉	2 445 942	-3.7	580 047	-0.5
4. 干、熏、盐腌（渍）猪肉和牛肉	134	32.5	399	27.0
5. 冻的水产品	2 251 848	1.1	436 735	8.7
6. 干、熏、盐腌（渍）水产品	137 754	8.6	19 089	25.7
7. 冻、干、盐腌（渍）贝参蛤类品	356 639	7.2	58 131	-3.1
8. 冷冻及暂时保藏的蔬菜	20 136	-2.5	2 502	-4.8
9. 干制蔬菜	1 144	-12.0	1 151	26.5
10. 冷冻及暂时保藏水果和坚果	34 961	1.2	11 402	-0.9
11. 干果及坚果	180 213	42.8	32 235	20.8
12. 天然蜂蜜及蜂产品	5 843	18.1	6 352	23.5
13. 淀粉	1 949 277	32.4	87 050	22.6
14. 蛋制品			3	
15. 其他农副产品	12 816 022	12.3	966 562	7.7
二、食品			985 084	11.5
1. 糖	3 485 796	-23.3	149 426	-27.8
2. 糖果、蜜饯	40 544	13.8	13 955	16.3
3. 焙烘糕饼及谷物膨化．烘炒食品	120 247	16.2	57 162	18.0
4. 方便食品	47 089	28.7	10 442	32.4
5. 乳品	1 812 514	13.8	641 292	23.6
6. 罐头	58 530	1.6	8 680	10.3
7. 可可制品	128 309	12.2	76 407	27.5
8. 调味品、发酵品			27 721	29.7
三、饮料及酒类制品			355 923	4.3
1. 饮料			52 404	26.2
2. 酒精及酒			287 641	0.3
3. 冷冻饮品	17 599	24.8	6 594	22.2
4. 茶	22 671	15.2	9 285	22.9

七、农　垦

全国农垦生产建设综合情况（一）

项　目	单　位	2014 年	2013 年	2014 年比 2013 年增减	
				绝对量	%
基本情况					
农垦国有企业	个	5 107	5 404	－297	－5.50
农场	个	1 789	1 779	10	0.56
工业企业	个	1 192	1 298	－106	－8.17
建筑企业	个	439	509	－70	－13.75
运输企业	个	244	227	17	7.49
商业企业	个	1 443.00	1 591.00	－148.00	－9.30
总人口	万人	1 420.34	1 412.74	7.60	0.54
职工总数	万人	299.15	323.96	－24.81	－7.66
在岗职工人数	万人	278.34	298.02	－19.68	－6.60
耕地面积	千公顷	6 242.72	6 210.51	32.21	0.52
当年造林	千公顷	53.57	57.23	－3.66	－6.40
橡胶面积	千公顷	423.39	447.82	－24.43	－5.46
农垦生产总值	亿元	6 420.37	5 937.55	482.82	12.80
第一产业增加值	亿元	1 743.45	1 750.10	－6.65	7.50
第二产业增加值	亿元	2 866.25	2 613.22	253.03	16.90
第三产业增加值	亿元	1 810.67	1 574.23	236.44	17.50
工农业总产值	亿元	12 101.82	11 473.59	628.23	17.10
农业总产值	亿元	3 415.23	3 356.34	58.89	1.75
工业总产值	亿元	8 686.58	8 117.25	569.33	18.30
农垦人均生产总值	元/(人·年)	46 129.00	42 996.00	3 133.00	13.10
工资总额	亿元	844	894	－50	－5.55
职工平均工资	元/(人·年)	28 224	27 660	564	13.20
在岗职工平均工资	元/(人·年)	29 738	28 131	1 607	13.70
人均纯收入	元/(人·年)	13 495.00	12 318.00	1 177.00	9.70
固定资产投资总额	亿元	4 555.78	3 996.28	559.50	14.00
主要农作物面积产量					
农作物总播种面积	千公顷	6 907.30	6 664.83	242.47	3.64

注：表中价值量指标均按当年价格计算，增长速度按可比价格计算。

全国农垦生产建设综合情况（二）

项　　目	单　位	2014 年	2013 年	2014 年比 2013 年增减	
				绝对量	%
粮食作物面积	千公顷	4 923.60	4 839.83	83.77	1.73
粮食作物总产量	万吨	3 538.07	3 419.88	118.19	3.46
棉花面积	千公顷	905.26	769.96	135.30	17.57
棉花总产量	万吨	211.39	176.18	35.21	19.99
油料作物面积	千公顷	364.41	356.54	7.87	2.21
油料作物总产量	万吨	82.57	80.42	2.15	2.67
糖料作物面积	千公顷	84.33	111.25	-26.92	-24.20
糖料作物总产量	万吨	706.82	846.16	-139.34	-16.47
干胶总产量	万吨	31.34	33.14	-1.80	-5.43
剑麻产量（折纤维）	万吨	2.59	3.05	-0.46	-15.08
水果总产量	万吨	547.11	478.03	69.08	14.45
茶叶总产量	万吨	4.96	4.41	0.55	12.47
牲畜头数和畜、水产品产量					
猪年末头数	万头	1 256.85	1 313.48	-56.63	-4.31
大牲畜年末头数	万头	276.08	295.57	-19.49	-6.59
良种及改良种奶牛	万头	139.20	146.71	-7.51	-5.12
羊年末只数	万只	1 434.70	1 302.47	132.23	10.15
肉类总产量	万吨	261.46	286.35	-24.89	-8.69
牛奶总产量	万吨	375.14	402.07	-26.93	-6.70
羊毛总产量	万吨	3.17	3.23	-0.06	-1.86
禽蛋总产量	万吨	46.72	47.75	-1.03	-2.16
鹿茸总产量	吨	74.34	77.32	-2.98	-3.85
蜂蜜总产量	吨	12 675.00	11 459.00	1 216.00	10.61
水产品产量	万吨	153.43	150.96	2.47	1.64
主要农业机械、电和化肥用量					
农业机械总动力	万千瓦	2 725.90	2 621.01	104.89	4.00
大中型农用拖拉机	万台	19.25	17.68	1.57	8.88
	万千瓦	846.27	767.80	78.47	10.22

全国农垦生产建设综合情况（三）

项　目	单　位	2014年	2013年	2014年比2013年增减	
				绝对量	%
农用小型及手扶拖拉机	万台	32.09	33.30	-1.21	-3.63
	万千瓦	382.23	373.27	8.96	2.40
农用排灌动力机械	万台	29.25	28.84	0.41	1.42
	万千瓦	420.63	409.71	10.92	2.67
联合收割机	万台	5.29	4.84	0.45	9.30
	万千瓦	411.90	359.59	52.31	14.55
农场用电量	亿千瓦时	186.32	184.27	2.05	1.11
农用化肥施用总量	万吨	273.20	260.97	12.23	4.69
主要工业产品产量					
原煤	万吨	2 661.34	3 430.41	-769.07	-22.42
混配合饲料	万吨	862.00	775.32	86.68	11.18
食用植物油	万吨	407.32	343.38	63.94	18.62
机制糖	万吨	283.57	250.62	32.95	13.15
乳制品	万吨	371.76	348.56	23.20	6.66
液体乳	万吨	349.44	301.16	48.28	16.03
饮料酒	万千升	168.37	169.33	-0.96	-0.57
葡萄酒	万千升	6.61	7.47	-0.86	-11.51
纱	万吨	64.06	67.81	-3.75	-5.53
布	亿米	4.83	6.30	-1.47	-23.33
机制纸和纸板	万吨	64.47	45.82	18.65	40.70
水泥	万吨	2 741.25	3 139.54	-398.29	-12.69
砖	亿块	176.90	172.58	4.32	2.50
发电量	亿千瓦时	622.35	490.57	131.78	26.86
粮食商品量	**万吨**	**3 233.30**	**3 041.55**	**191.75**	**6.30**
粮食商品率	%	91.39	88.94	2.45	2.45
出口商品总金额	**亿元**	**944.84**	**838.00**	**106.84**	**12.75**
贸易业、餐饮业销售总额	**亿元**	**6 304.28**	**5 464.42**	**839.86**	**15.37**
服务业营业收入	**亿元**	**285.13**	**256.28**	**28.85**	**11.26**

各地区农垦基本情况（一）

地　　区	国有企业个　　数（个）	农场	工业	建筑业	运输业	商业	总人口（人）	职工人数（人）
全国总计	**5 107**	**1 789**	**1 192**	**439**	**244**	**1 443**	**14 203 383**	**2 991 547**
北　　京	62	9	27	2	3	21	64 316	42 496
天　　津	46	15	16	2	1	12	18 074	5 462
河　　北	82	33	19	9	3	18	454 864	66 692
山　　西	30	26	2			2	33 360	4 185
内 蒙 古	152	104	25		1	22	495 588	93 371
辽　　宁	184	109	13	6	1	55	939 983	245 497
吉　　林	99	88	2			9	291 367	34 119
黑 龙 江	786	113	172	42	111	348	1 697 451	352 724
上　　海	487	19	119	9	50	290	140 547	93 466
江　　苏	50	18	21	6		5	202 155	60 303
浙　　江	65	56	3			6	55 009	1 848
安　　徽	52	20	10	3		19	124 362	24 475
福　　建	149	112	30			7	235 415	27 818
江　　西	275	156	82	15	4	18	1 263 606	354 717
山　　东	30	14	7	2		7	23 062	4 730
河　　南	118	97	10	1		10	180 908	36 351
湖　　北	186	53	93	16	4	20	1 456 407	372 921
湖　　南	306	69	127	87	10	13	692 023	148 553
广　　东	231	47	99	11	11	63	379 765	49 801
广　　西	185	41	78	27	3	36	379 799	30 224
海　　南	154	40	39	19	10	46	893 553	126 990
重　　庆	28	17	5	1	1	4	21 320	6 441
四　　川	47	42	4			1	13 601	3 008
贵　　州	43	37	6			0	24 336	4 743
云　　南	113	43	36	5	7	22	340 474	61 688
西　　藏								
陕　　西	65	12	5			48	27 960	4 441
甘　　肃	89	20	47	3	1	18	86 994	17 178
青　　海	23	19	3			1	50 174	7 058
宁　　夏	40	14	15	2		9	143 291	15 975
新疆（兵团）	617	175	22	156		264	2 732 868	524 453
新疆（农业）	162	46	47	14	10	45	270 944	46 104
新疆（畜牧）	134	123	6	1	3	1	453 107	117 586
热 科 院	1	1				0	11 768	3 706
广　　州	2		1			1	1 667	1 667
南　　京	4	1	1			2	3 265	756

各地区农垦基本情况（二）

地区	耕地面积（公顷）	农作物耕地面积（公顷）	农垦生产总值（万元）	农垦人均生产总值[元/（人·年）]	工农业总产值（万元）	出口商品总金额（万元）
全国总计	**6 242 717**	**6 907 295**	**64 203 662**	**46 129**	**121 018 156**	**9 448 382**
北 京	1 434	984	565 822	88 656	1 645 869	63 448
天 津	2 612	2 743	166 631	91 924	230 667	4 593
河 北	98 017	101 119	4 280 685	94 445	9 931 237	154 146
山 西	6 752	6 301	59 281	18 402	81 894	
内蒙古	660 308	693 997	1 507 076	31 117	2 119 487	177
辽 宁	154 835	169 864	3 104 842	33 543	8 648 772	281 884
吉 林	123 752	122 516	412 476	14 143	856 119	1 700
黑龙江	2 892 305	2 872 462	11 335 478	66 286	18 007 076	444 153
上 海	35 763	59 036	1 528 094	108 901	3 473 105	94 469
江 苏	71 084	141 657	1 261 168	62 665	2 568 030	17 059
浙 江	4 045	4 716	217 026	42 554	1 311 745	51 912
安 徽	30 104	59 407	238 797	19 230	408 925	
福 建	10 799	22 032	527 935	23 102	1 413 518	47 811
江 西	83 154	140 443	1 993 943	16 498	6 590 664	318 410
山 东	14 613	20 152	218 139	94 584	1 128 604	
河 南	30 009	57 093	174 738	11 349	531 314	1 596
湖 北	135 880	295 388	8 680 000	59 752	19 591 133	405 628
湖 南	67 146	151 003	1 366 132	21 155	1 698 829	25 270
广 东	37 921	42 430	1 394 859	36 701	2 591 071	627 790
广 西	33 846	33 026	4 178 952	114 611	6 478 415	145 292
海 南	34 201	53 670	1 577 941	17 975	1 434 160	4 908
重 庆	306	800	166 868	79 423	964 583	
四 川	898	1 067	22 092	19 471	36 989	
贵 州	1 701	2 693	42 168	19 043	95 958	
云 南	12 380	17 561	420 016	12 355	645 213	2 165
西 藏						
陕 西	9 217	16 119	47 213	16 936	51 052	
甘 肃	65 202	70 696	145 557	15 437	392 979	2 636
青 海	25 866	28 126	49 429	19 450	32 180	
宁 夏	42 346	41 511	220 088	16 555	369 792	3 618
新疆（兵团）	1 250 017	1 327 850	17 386 842	63 989	26 415 934	6 732 867
新疆（农业）	101 603	92 255	237 445	10 528	418 499	13 021
新疆（畜牧）	203 983	258 345	573 341	12 654	786 832	
热科院	617	230	73 466	63 026	3 253	
广 州			25 325	163 282	51 458	3 830
南 京		4	3 796	11 556	12 800	

各地区农垦生产总值

地　区	生产总值（万元）	第一产业	第二产业	第三产业	构成（%） 第一产业	第二产业	第三产业
全国总计	**64 203 662**	**17 434 454**	**28 662 488**	**18 106 720**	**27.2**	**44.6**	**28.2**
北　京	565 822	135 287	157 193	273 342	23.9	27.8	48.3
天　津	166 631	27 977	25 864	112 790	16.8	15.5	67.7
河　北	4 280 685	427 801	2 310 360	1 542 525	10.0	54.0	36.0
山　西	59 281	14 660	25 010	19 611	24.7	42.2	33.1
内蒙古	1 507 076	844 754	418 401	243 921	56.1	27.8	16.2
辽　宁	3 104 842	979 927	1 545 424	579 491	31.6	49.8	18.7
吉　林	412 476	179 681	151 112	81 683	43.6	36.6	19.8
黑龙江	11 335 478	5 436 584	2 500 794	3 398 100	48.0	22.1	30.0
上　海	1 528 094	153 679	507 100	867 315	10.1	33.2	56.8
江　苏	1 261 168	241 898	654 103	365 167	19.2	51.9	29.0
浙　江	217 026	13 486	201 212	2 328	6.2	92.7	1.1
安　徽	238 797	108 917	50 745	79 135	45.6	21.3	33.1
福　建	527 935	102 691	369 492	55 752	19.5	70.0	10.6
江　西	1 993 943	253 737	1 298 103	442 103	12.7	65.1	22.2
山　东	218 139	67 790	135 583	14 766	31.1	62.2	6.8
河　南	174 738	86 420	57 006	31 312	49.5	32.6	17.9
湖　北	8 680 000	941 715	5 895 162	1 843 123	10.8	67.9	21.2
湖　南	1 366 132	354 325	741 345	270 462	25.9	54.3	19.8
广　东	1 394 859	435 309	613 290	346 260	31.2	44.0	24.8
广　西	4 178 952	471 905	2 626 342	1 080 705	11.3	62.8	25.9
海　南	1 577 941	781 518	174 513	621 910	49.5	11.1	39.4
重　庆	166 868	13 877	106 692	46 299	8.3	63.9	27.7
四　川	22 092	6 382	12 572	3 138	28.9	56.9	14.2
贵　州	42 168	12 078	30 090		28.6	71.4	
云　南	420 016	264 376	37 698	117 942	62.9	9.0	28.1
西　藏							
陕　西	47 213	29 832	9 332	8 049	63.2	19.8	17.0
甘　肃	145 557	70 035	61 783	13 739	48.1	42.4	9.4
青　海	49 429	42 814	668	5 948	86.6	1.4	12.0
宁　夏	220 088	108 414	70 314	41 361	49.3	31.9	18.8
新疆（兵团）	17 386 842	4 169 643	7 768 658	5 448 541	24.0	44.7	31.3
新疆（农业）	237 445	165 472	39 135	32 838	69.7	16.5	13.8
新疆（畜牧）	573 341	484 161	54 605	34 575	84.4	9.5	6.0
热科院	73 466			73 466			100.0
广　州	25 325	6 834	11 661	6 830	27.0	46.0	27.0
南　京	3 796	476	1 127	2 193	12.5	29.7	57.8

各地区农垦工农业总产值

地　区	工农业总产值（万元）	农　业	工　业	构成（%） 农　业	工　业
全国总计	**121 018 156**	**34 152 330**	**86 865 826**	**28.2**	**71.8**
北　京	1 645 869	874 530	771 339	53.1	46.9
天　津	230 667	99 408	131 259	43.1	56.9
河　北	9 931 237	823 377	9 107 860	8.3	91.7
山　西	81 894	28 835	53 059	35.2	64.8
内蒙古	2 119 487	1 586 960	532 527	74.9	25.1
辽　宁	8 648 772	1 926 306	6 722 466	22.3	77.7
吉　林	856 119	363 124	492 995	42.4	57.6
黑龙江	18 007 076	9 655 405	8 351 671	53.6	46.4
上　海	3 473 105	550 655	2 922 451	15.9	84.1
江　苏	2 568 030	611 711	1 956 319	23.8	76.2
浙　江	1 311 745	68 653	1 243 092	5.2	94.8
安　徽	408 925	202 326	206 600	49.5	50.5
福　建	1 413 518	231 735	1 181 783	16.4	83.6
江　西	6 590 664	482 881	6 107 783	7.3	92.7
山　东	1 128 604	117 747	1 010 857	10.4	89.6
河　南	531 314	197 916	333 398	37.3	62.7
湖　北	19 591 133	1 941 867	17 649 266	9.9	90.1
湖　南	1 698 829	560 473	1 138 356	33.0	67.0
广　东	2 591 071	798 068	1 793 003	30.8	69.2
广　西	6 478 415	787 917	5 690 498	12.2	87.8
海　南	1 434 160	1 267 084	167 076	88.4	11.6
重　庆	964 583	86 300	878 283	8.9	91.1
四　川	36 989	9 405	27 584	25.4	74.6
贵　州	95 958	31 487	64 471	32.8	67.2
云　南	645 213	518 147	127 066	80.3	19.7
西　藏					
陕　西	51 052	37 490	13 562	73.4	26.6
甘　肃	392 979	208 347	184 632	53.0	47.0
青　海	32 180	32 037	142	99.6	0.4
宁　夏	369 792	248 383	121 409	67.2	32.8
新疆（兵团）	26 415 934	8 755 234	17 660 700	33.1	66.9
新疆（农业）	418 499	347 872	70 627	83.1	16.9
新疆（畜牧）	786 832	680 599	106 233	86.5	13.5
热科院	3 253	3 253		100.0	
广　州	51 458	15 042	36 416	29.2	70.8
南　京	12 800	1 757	11 043	13.7	86.3

各地区农垦出口商品金额

单位：万元

地区	出口商品总金额			工业品金额		
	2014 年	2013 年	增减（%）	2014 年	2013 年	增减（%）
全国总计	**9 448 382**	**8 379 986**	**12.75**	**7 982 054**	**7 004 666**	**13.95**
北京	63 448	70 072	-9.45	18 029	28 963	-37.75
天津	4 593	4 272	7.51	4 593	4 272	7.51
河北	154 146	100 099	53.99	146 022	86 258	69.29
山西						
内蒙古	177	140	26.43		140	
辽宁	281 884	278 000	1.40	220 150	210 337	4.67
吉林	1 700	1 430	18.88			
黑龙江	444 153	401 139	10.72	162 127	147 251	10.10
上海	94 469	91 501	3.24	91 417	87 035	5.03
江苏	17 059	41 803	-59.19	9 190	14 289	-35.68
浙江	51 912	54 602	-4.93	70 412	54 602	28.95
安徽						
福建	47 811	42 177	13.36	24 569	20 723	18.56
江西	318 410	301 619	5.57	309 452	292 550	
山东						
河南	1 596	1 426	11.92			
湖北	405 628	342 078	18.58	331 037	265 827	24.53
湖南	25 270	25 060	0.84	18 077	18 072	0.03
广东	627 790	575 922	9.01	592 664	538 521	10.05
广西	145 292	127 557	13.90	130 064	111 652	16.49
海南	4 908	4 776	2.76	4 788	4 671	2.50
重庆						
四川		490				
贵州						
云南	2 165	2 988	-27.54	1 097	2 988	-63.29
西藏						
陕西						
甘肃	2 636			2 366		#DIV/0!
青海						
宁夏	3 618	6 120	-40.88			
新疆（兵团）	6 732 867	5 892 723	14.26	5 846 000	5 116 515	14.26
新疆（农业）	13 021	10 715	21.52			
新疆（畜牧）						
热科院						
广州	3 830	3 277	16.88			
南京						

全国农垦农作物播种面积和产量

项　　目	播种面积（千公顷）		总产量（吨）		每公顷产量（千克）	
	2014 年	2013 年	2014 年	2013 年	2014 年	2013 年
农作物总计	6 907.30	6 664.83				
粮食	4 923.60	4 839.83	35 380 680	34 198 763	7 186	7 066
夏收粮食	453.58	462.77	2 763 014	2 700 051	6 092	5 834
稻谷	2 083.44	2 137.50	18 162 955	18 556 768	8 718	8 682
早稻	91.88	95.01	589 501	604 653	6 416	6 364
小麦	618.19	570.33	3 136 046	2 779 140	5 073	4 873
春小麦	259.80	270.87	1 071 343	1 049 234	4 124	3 874
玉米	1 433.03	1 473.68	11 707 765	10 995 636	8 170	7 461
谷子	3.18	2.60	8 144	8 276	2 561	3 188
高粱	12.49	11.91	94 306	73 832	7 551	6 197
大豆	610.96	451.38	1 495 199	895 211	2 447	1 983
薯类	59.03	62.88	423 066	444 523	7 167	7 069
油料	364.41	356.54	825 740	804 248	2 266	2 256
花生	30.06	34.89	106 432	134 494	3 541	3 855
油菜籽	229.04	220.52	449 599	410 802	1 963	1 863
向日葵	88.50	86.43	242 357	233 058	2 738	2 697
棉花	905.26	769.96	2 113 874	1 761 834	2 335	2 288
麻类	3.33	2.38	13 821	11 057	4 150	4 639
糖料	84.33	111.24	7 068 165	8 461 616	83 816	76 063
甘蔗	56.18	63.76	4 611 913	5 644 143	82 092	88 521
烟叶	2.30	2.38	4 876	5 034	2 120	2 115
药材	32.20	26.53	155 806	147 021	4 839	5 542
蔬菜、瓜类	292.67	275.57	14 503 134	12 864 969	49 555	46 685
其他农作物	290.41	273.80	1 077 865			

各地区农垦主要农作物播种面积和产量（一）

地区	农作物播种面积（公顷）	粮食			稻谷		
		播种面积（公顷）	总产量（吨）	每公顷产量（千克）	播种面积（公顷）	总产量（吨）	每公顷产量（千克）
全国总计	**6 907 295**	**4 923 597**	**35 380 680**	**7 186**	**2 083 439**	**18 162 955**	**8 718**
北京	984	441	2 491	5 649			
天津	2 743	1 924	14 230	7 396	895	7 779	8 692
河北	101 119	72 511	451 667	6 229	21 882	190 871	8 723
山西	6 301	5 388	35 714	6 628			
内蒙古	693 997	503 294	2 005 035	3 984	2 801	20 246	7 228
辽宁	169 864	152 444	1 393 852	9 143	97 052	1 026 752	10 579
吉林	122 516	113 836	839 127	7 371	40 288	360 668	8 952
黑龙江	2 872 462	2 831 264	21 806 898	7 702	1 500 396	13 293 509	8 860
上海	59 036	42 870	332 625	7 759	22 842	201 783	8 834
江苏	141 657	134 189	1 011 691	7 539	64 044	518 712	8 099
浙江	4 716	1 920	10 221	5 323	1 021	6 835	6 694
安徽	59 407	55 370	347 015	6 267	12 199	109 022	8 937
福建	22 032	11 361	62 618	5 512	7 667	44 772	5 840
江西	140 443	104 997	720 669	6 864	98 420	690 017	7 011
山东	20 152	15 675	99 284	6 334	4 670	31 210	6 683
河南	57 093	44 819	306 816	6 846	1 004	7 566	7 538
湖北	295 388	170 721	1 027 487	6 019	53 118	479 823	9 033
湖南	151 003	95 547	627 702	6 570	83 806	576 391	6 878
广东	42 430	8 750	58 626	6 700	5 334	37 382	7 008
广西	33 026	2 926	16 378	5 597	663	4 440	6 697
海南	53 670	25 150	148 548	5 906	20 054	118 700	5 919
重庆	800	800	4 600	5 750	133	400	3 008
四川	1 067	510	4 332	8 494	73	540	7 397
贵州	2 693	1 194	6 357	5 324	411	2 634	6 409
云南	17 561	10 805	57 132	5 288	3 869	29 900	7 728
西藏							
陕西	16 119	13 369	63 347	4 738	175	1 424	8 137
甘肃	70 696	32 556	257 210	7 901			
青海	28 126	16 341	31 297	1 915			
宁夏	41 511	35 479	354 186	9 983	10 700	84 985	7 943
新疆（兵团）	1 327 850	279 140	2 228 898	7 985	19 410	219 874	11 328
新疆（农业）	92 255	36 180	276 508	7 643	4 072	36 857	9 051
新疆（畜牧）	258 345	101 634	776 260	7 638	6 273	58 943	9 396
热科院	230	192	1 859	9 671	167	920	5 508
广州							
南京	4						

各地区农垦主要农作物播种面积和产量（二）

地区	粮食						
	小麦			玉米			大豆
	播种面积（公顷）	总产量（吨）	每公顷产量（千克）	播种面积（公顷）	总产量（吨）	每公顷产量（千克）	播种面积（公顷）
全国总计	**618 190**	**3 136 046**	**5 073**	**1 433 033**	**11 707 765**	**8 170**	**610 958**
北京	110	550	5 000	331	1 940	5 861	
天津	233	1 518	6 515	781	4 896	6 269	12
河北	17 254	75 888	4 398	23 602	144 852	6 137	448
山西	257	1 029	4 004	4 510	32 493	7 205	139
内蒙古	150 310	431 693	2 872	195 574	1 167 172	5 968	124 776
辽宁	43	228	5 302	46 609	339 467	7 283	4 641
吉林				63 320	449 247	7 095	3 077
黑龙江	7 601	38 272	5 035	839 089	7 170 555	8 546	436 264
上海	11 803	78 729	6 670	278	1 925	6 924	
江苏	53 549	374 905	7 001	2 544	18 048	7 094	422
浙江	303	1 298	4 284	107	466	4 355	356
安徽	27 521	184 718	6 712	2 099	14 619	6 965	12 699
福建	26	142	5 462	580	2 467	4 253	712
江西	551	1 761	3 196	992	4 544	4 581	1 986
山东	5 151	30 266	5 876	3 710	26 179	7 056	495
河南	23 990	180 576	7 527	13 346	98 452	7 377	6 198
湖北	80 683	337 192	4 179	25 192	168 426	6 686	6 281
湖南	2 889	10 603	3 670	5 112	27 111	5 303	1 412
广东				810	5 571	6 878	142
广西				1 331	7 868	5 911	150
海南				1 258	8 879	7 058	272
重庆				667	4 200	6 297	
四川	63	277	4 397	62	187	3 016	2
贵州	43	79	1 837	516	1 822	3 531	16
云南	229	340	1 485	6 380	26 028	4 080	
西藏							
陕西	5 565	16 873	3 032	5 703	40 103	7 032	1 706
甘肃	12 397	72 050	5 812	15 752	159 612	10 133	353
青海	6 660	9 931	1 491				
宁夏	855	5 679	6 642	23 806	263 318	11 061	118
新疆（兵团）	153 890	1 023 976	6 654	88 720	873 331	9 844	4 970
新疆（农业）	13 189	76 894	5 830	17 087	154 320	9 031	1 048
新疆（畜牧）	43 024	180 579	4 197	43 165	489 667	11 344	2 263
热科院							
广州							
南京							

各地区农垦主要农作物播种面积和产量（三）

地区	粮食 大豆		棉花			油料	
	总产量（吨）	每公顷产量（千克）	播种面（公顷）	总产量（吨）	每公顷产量（千克）	播种面积（公顷）	总产量（吨）
全国总计	**1 495 199**	**2 447**	**905 259**	**2 113 874**	**2 335**	**364 413**	**825 740**
北　京	1					2	6
天　津	21	1 750	101	145	1 436		
河　北	947	2 114	12 231	18 486	1 511	1 596	1 424
山　西	272	1 957	73	107	1 466	130	347
内蒙古	213 952	1 715				166 713	305 725
辽　宁	15 427	3 324				2 627	6 279
吉　林	6 981	2 269				6 151	13 194
黑龙江	1 148 247	2 632				4 915	8 414
上　海			20	270		67	110
江　苏	1 209	2 865	678	712	1 050	247	925
浙　江	1 154	3 242	62	70	1 129	109	205
安　徽	33 522	2 640	669	1 132	1 693	820	1 895
福　建	1 645	2 310				1 532	3 918
江　西	4 584	2 308	2 915	8 952	3 071	15 507	31 163
山　东	1 246	2 517	2 961	3 004	1 015	39	123
河　南	16 929	2 731	980	873	891	6 559	22 379
湖　北	16 717	2 662	29 834	42 449	1 423	32 998	93 816
湖　南	2 675	1 894	7 012	14 186	2 023	23 631	61 041
广　东	221	1 556				2 965	7 998
广　西	478	3 187				1 064	3 581
海　南	685	2 518				1 738	4 705
重　庆							
四　川	4	2 000				18	30
贵　州	14	875				625	807
云　南						58	75
西　藏							
陕　西	568	333	275	939	3 415	200	658
甘　肃	710	2 011	4 666	7 697	1 650	6 925	25 674
青　海						9 216	9 190
宁　夏	204	1 729				1 078	3 681
新疆（兵团）	18 365	3 695	700 570	1 716 966	2 451	53 520	169 898
新疆（农业）	2 922	2 788	42 569	89 169	2 095	5 150	12 434
新疆（畜牧）	5 500	2 431	99 643	208 717	2 095	18 212	36 039
热科院						1	5
广　州							
南　京							

各地区农垦主要农作物播种面积和产量（四）

地　区	油　料	油菜籽			糖　料		
	每公顷产量（千克）	播种面积（公顷）	总产量（吨）	每公顷产量（千克）	播种面积（公顷）	总产量（吨）	每公顷产量（千克）
全国总计	**2 266**	**229 041**	**449 599**	**1 963**	**84 333**	**7 068 165**	**83 812**
北　京							
天　津							
河　北	892	611	138	226	201	9 980	49 652
山　西	2 669	9	31	3 444	7	45	6 429
内蒙古	1 834	128 357	222 380	1 733	576	22 312	38 736
辽　宁	2 390				30	1 200	40 000
吉　林	2 145						
黑龙江	1 712						
上　海	1 642	67	110	1 642			
江　苏	3 745	237	903	3 810			
浙　江	1 881	106	199	1 877	1	42	
安　徽	2 311	434	912	2 102			
福　建	2 557	120	145	1 208	331	24 029	72 595
江　西	2 010	10 984	18 625	1 696	271	8 143	30 081
山　东	3 154						
河　南	3 412	302	514	1 701			
湖　北	2 843	22 956	56 297	2 452	98	8 165	83 316
湖　南	2 583	22 911	59 708	2 606	870	61 925	71 178
广　东	2 697				23 220	1 405 784	60 542
广　西	3 366				21 984	2 345 604	106 696
海　南	2 707				4 655	300 926	64 646
重　庆							
四　川	1 667	17	28	1 647			
贵　州	1 291	625	807	1 291			
云　南	1 293	23	34	1 478	4 744	456 820	96 294
西　藏							
陕　西	3 290						
甘　肃	3 707	348	538	1 546			
青　海	997	9 216	9 190	997			
宁　夏	3 415						
新疆（兵团）	3 174	22 270	65 036	2 920	23 900	2 035 694	85 175
新疆（农业）	2 414	3 029	6 393	2 111	1 215	63 251	52 058
新疆（畜牧）	1 979	6 419	7 611	1 186	2 222	323 770	145 711
热科院	3 797				9	475	54 598
广　州							
南　京							

各地区农垦主要工业产品产量（一）

地　　区	发电量（万千瓦时）	原煤（吨）	混配合饲料（吨）	水泥（万吨）	砖（万块）	机制纸及纸板（吨）
全国总计	**6 223 450**	**26 613 415**	**8 619 921**	**27 412 473**	**1 768 996**	**644 740**
北　　京			204 703			
天　　津						
河　　北	149 648		382 520	347 987	11 718	26 870
山　　西			14 410			
内 蒙 古	8 000	15 530 000	25 575	410 000	25 032	1 920
辽　　宁			155 240	191 699	12 148	2 000
吉　　林				619 518	1 215	36 080
黑 龙 江	102 361	150 000	348 272	1 050 508	141 844	4 324
上　　海			512 069			
江　　苏			106 959		24 378	
浙　　江	30 177		320 838	1 016 400	1 330	
安　　徽			52 707		3 189	
福　　建	11 342	28 900	20 348	435 605	20 286	3 820
江　　西	76 743	772 482	29 795	172 086	87 832	76 918
山　　东			4 250		8 073	
河　　南			74 270		6 315	
湖　　北	14 449		1 373 021	3 532 992	352 444	84 796
湖　　南	6 733		1 141 281		41 595	39 959
广　　东	16 154		3 824	401 000	40 525	73 388
广　　西	20 049		637 774	494 647	119 271	145 433
海　　南	14 493			460 000	13 829	200
重　　庆			363 357			
四　　川	2 159					
贵　　州	120	14 600	2 613			
云　　南	38 748		3 840	213 589	14 724	
西　　藏						
陕　　西		601 200	1 843			
甘　　肃			8 060	33		
青　　海						
宁　　夏			38 445		28 412	
新疆（兵团）	5 719 042	9 400 367	2 719 356	18 066 409	771 181	149 032
新疆（农业）	1 467	115 866	15 121		37 030	
新疆（畜牧）	11 765		56 200		6 625	
热 科 院						
广　　州						
南　　京			3 230			

各地区农垦主要工业产品产量（二）

地　区	纱（万吨）	布（万米）	成品糖（吨）	饮料酒（千升）	乳制品（吨）	食用植物油（吨）
总　计	**64.06**	**48 254**	**2 835 658**	**1 683 740**	**3 717 634**	**4 073 151**
北　京				24	505 020	
天　津				20 563	72 199	
河　北				5 514	621 457	872
山　西				170	320	
内蒙古				1 761	7 456	46 957
辽　宁			24 850	356 830	127 478	31 210
吉　林				65		
黑龙江			935	121 669	277 660	1 825 329
上　海			1 271 964	99 405	1 165 905	
江　苏						8 827
浙　江		2 702			4 700	
安　徽	0.70			6 722	2 508	2 508
福　建	0.15	1 850		6 096	1 195	2 970
江　西	3.17	506		113 096		21 530
山　东						
河　南	2.05			2 409	14 306	
湖　北	30.75	36 877		269 779	264 113	889 449
湖　南	3.94	344	4 439	4 989	5 557	4 018
广　东			442 987	2 887	109 250	465 945
广　西			847 658	21 086	1 674	848
海　南			33 693	95		88
重　庆					220 741	
四　川				7 431	1 023	
贵　州					45 822	
云　南			55 407	1 257		
西　藏						
陕　西					3 600	
甘　肃				179 029		
青　海						
宁　夏				216 741	24 910	12
新疆（兵团）	21.01	5 975	153 725	241 994	133 616	761 385
新疆（农业）	2.29			4 127	573	11 203
新疆（畜牧）					70 457	
热科院						
广　州					36 094	
南　京						

全国农垦畜牧业生产情况

项　　目	单　位	2014 年	2013 年	2014 年比 2013 年增减	
				绝对量	%
牲畜饲养					
大牲畜年末总头数	万头	276.08	295.57	-19.49	-6.60
#役畜	万头	11.90	13.64	-1.74	-12.80
占总头数比重	%	4.3	4.6	-0.3	-0.30
牛	万头	246.15	265.61	-19.46	-7.30
#能繁殖母畜	万头	134.05	135.60	-1.55	-1.10
占年末头数比重	%	54.5	51.1	3.4	3.40
仔畜	万头	75.98	81.50	-5.52	-6.80
#黄牛	万头	98.62	106.94	-8.32	-7.80
良种及改良奶牛	万头	139.20	146.71	-7.51	-5.10
马	万匹	19.51	19.66	-0.15	-0.80
猪年末头数	万头	1 256.85	1 313.48	-56.63	-4.30
能繁殖母畜	万头	314.75	175.70	139.05	79.10
占年末头数比重	%	25.0	13.4	11.6	11.60
羊年末只数	万只	1 434.70	1 302.47	132.23	10.20
能繁殖母畜	万只	1 057.11	892.80	164.31	18.40
占年末只数比重	%	46.5	68.5	-22.0	-22.00
畜产品产量					
肉类总产量	吨	2 614 584	2 863 505	-248 921	-8.70
出栏肉猪	万头	1 903.62	2 109.42	-205.80	-9.80
猪肉产量	吨	1 518 258	1 656 805	-138 547	-8.40
出栏肉牛	万头	139.79	178.66	-38.87	-21.80
牛肉产量	吨	202 643	279 015	-76 372	-27.40
出栏肉羊	万只	1 209.25	1 133.46	75.79	6.70
羊肉产量	吨	203 297	189 675	13 622	7.20
牛奶产量	吨	3 751 405	4 020 673	-269 268	-6.70
羊毛产量	吨	31 704	32 377	-673	-2.10
蜂蜜产量	吨	12 675	11 459	1 216	10.60
禽蛋产量	吨	467 249	477 474	-10 225	-2.10

各地区农垦主要牲畜年末存栏情况

地　区	大牲畜（万头）	牛	奶　牛	猪（万头）	羊（万头）
全国总计	**276.08**	**246.15**	**139.20**	**1 256.85**	**1 434.70**
北　京	8.00	8.00	8.00	7.00	
天　津	2.72	2.43	2.43	0.95	
河　北	18.36	18.13	16.91	31.93	12.84
山　西	1.35	1.33	1.16	0.92	7.07
内蒙古	38.58	35.12	21.10	21.00	312.29
辽　宁	10.37	8.04	3.10	101.66	12.70
吉　林	4.83	4.43	0.40	20.96	20.50
黑龙江	19.73	19.64	15.13	99.75	27.83
上　海	6.20	6.20	6.20	55.10	
江　苏	0.54	0.54	0.47	7.32	1.51
浙　江	0.12	0.12	0.12	9.30	
安　徽	0.27	0.27	0.10	4.34	0.81
福　建	1.19	1.19	0.29	39.56	1.02
江　西	4.03	4.03	0.45	60.90	1.69
山　东	0.85	0.85	0.84	1.01	1.00
河　南	1.18	1.18	0.73	39.19	1.24
湖　北	4.17	4.17	1.14	157.00	5.86
湖　南	5.20	5.20	0.02	127.13	2.88
广　东	2.63	2.63	0.95	66.48	0.22
广　西	0.79	0.79	0.18	164.40	0.11
海　南	5.07	5.07	0.01	59.43	8.68
重　庆	2.30	2.30	2.30	5.67	
四　川	7.42	7.10	0.10	0.32	2.50
贵　州	2.57	2.55	2.47	0.40	0.89
云　南	0.60	0.59	0.02	6.86	0.41
西　藏					
陕　西	0.22	0.22	0.12	1.29	4.26
甘　肃	1.47	1.40	0.54	2.26	21.91
青　海	4.69	4.54	3.33	0.71	34.98
宁　夏	5.12	5.11	4.60	3.95	8.10
新疆（兵团）	48.26	44.37	23.89	151.97	530.55
新疆（农业）	7.12	5.19	1.68	5.15	32.10
新疆（畜牧）	59.44	42.72	19.73	2.54	380.68
热科院	0.03	0.03		0.40	0.08
广　州	0.66	0.66	0.66		
南　京					

各地区农垦渔业生产情况

地区	水产养殖面积（公顷）	对虾养殖面积	水产品产量（吨）	养殖产量	对虾产量
全国总计	**340 001**	**14 694**	**1 534 261**	**1 270 704**	**47 473**
北京					
天津	641		8 671	8 671	
河北	17 837	4 785	134 960	115 483	22 702
山西	8		6	6	
内蒙古	3 910		6 034	3 877	
辽宁	92 780	3 690	497 780	309 626	4 446
吉林	1 179		950	653	
黑龙江	26 373		38 903	28 383	
上海	3 438		41 220	41 220	
江苏	3 834	506	47 644	46 546	4 106
浙江	910	611	3 217	2 319	822
安徽	919		5 543	4 876	
福建	1 989	268	30 046	20 515	772
江西	19 483		44 728	32 181	
山东	5 660	3 443	7 999	5 220	2 034
河南	721		7 615	7 615	
湖北	48 032		426 196	426 196	
湖南	51 022		81 650	67 991	
广东	4 062	1 119	36 328	36 122	11 488
广西	1 386	272	16 320	16 320	1 103
海南	3 473		29 413	28 615	
重庆	2 028		2 606	2 606	
四川	47		54	54	
贵州			46	46	
云南	1 328		7 800	7 800	
西藏					
陕西	33		44	44	
甘肃	339		88	88	
青海					
宁夏	7 230		11 599	11 599	
新疆（兵团）	37 462		44 238	43 476	
新疆（农业）	3 378		1 875	1 875	
新疆（畜牧）	472		526	526	
热科院	21		155	155	
广州					
南京	6		7		

各地区农垦固定资产投资完成情况

单位：万元

地　区	投资总额	第一产业	第二产业	第三产业	新增固定资产
全国总计	**45 557 776**	**4 875 180**	**22 390 803**	**18 291 793**	**30 587 856**
北　京	180 551	66 490	51 911	62 150	126 894
天　津	45 339		3 093	42 246	3 093
河　北	4 755 230	367 630	2 891 722	1 495 878	3 159 455
山　西	26 593	5 506	21 000	87	35 688
内蒙古	618 967	205 048	283 816	130 103	311 563
辽　宁	3 194 434	487 574	1 261 463	1 445 397	3 181 607
吉　林	22 898	4 303	16 933	1 662	9 279
黑龙江	2 114 235	591 411	325 892	1 196 932	1 425 280
上　海	200 400	63 031	83 412	53 958	160 959
江　苏	349 528	38 282	102 937	208 309	152 130
浙　江	33 966	918	33 030	18	33 584
安　徽	65 875	17 895	1 884	46 097	61 329
福　建	615 239	7 971	592 263	15 005	116 339
江　西	2 197 281	42 190	1 426 312	728 779	973 375
山　东	279 845	66 967	97 795	115 083	266 103
河　南	57 944	10 049	43 422	4 473	57 561
湖　北	7 795 873	713 952	5 210 955	1 870 966	5 799 310
湖　南	1 036 929	294 710	626 177	116 042	758 225
广　东	256 170	72 614	65 198	118 358	179 569
广　西	2 810 008	190 316	1 236 890	1 382 802	1 127 576
海　南	594 184	123 063	22 696	448 425	540 247
重　庆	30 183	19 891	5 690	4 602	14 328
四　川	8 317	536	7 781		8 095
贵　州	4 207	752	3 455		4 207
云　南	104 096	21 314	15 782	67 000	41 211
西　藏					
陕　西	7 535	2 698	809	4 028	1 458
甘　肃	139 520	56 065	21 948	61 507	61 461
青　海	2 388	1 355	1 008	25	765
宁　夏	180 721	54 863	24 446	101 412	160 630
新疆（兵团）	17 613 292	1 239 348	7 882 070	8 491 874	11 656 021
新疆（农业）	23 475	15 928	3 845	3 702	14 982
新疆（畜牧）	158 495	81 688	22 259	54 549	122 407
热科院	20 012			20 012	18 504
广　州	13 915	10 823	2 910	182	4 490
南　京	130			130	130

八、农　机

全国主要农业机械情况（一）

项　目	单　位	2014 年	2013 年	2014 年比 2013 年	
				增减量	%
农业机械总动力	**万千瓦**	**108 056.58**	**103 906.75**	**4 149.83**	**3.99**
柴油发动机动力	万千瓦	86 717.03	83 428.78	3 288.25	3.94
汽油发动机动力	万千瓦	3 477.98	3 243.88	234.10	7.22
电动机动力	万千瓦	17 748.82	17 151.86	596.96	3.48
其他机械动力	万千瓦	86.63	82.24	4.39	5.34
拖拉机及配套机械					
拖拉机数量	万台	2 297.72	2 279.28	18.44	0.81
大中型拖拉机数量	万台	567.95	527.02	40.93	7.77
小型拖拉机数量	万台	1 729.77	1 752.28	-22.51	-1.28
拖拉机动力	万千瓦	34 437.72	33 023.23	1 414.49	4.28
大中型拖拉机动力	万千瓦	17 529.27	15 957.58	1 571.69	9.85
小型拖拉机动力	万千瓦	16 908.45	17 065.67	-157.22	-0.92
拖拉机配套农具	万部	3 943.29	3 875.82	67.47	1.74
大中拖配套农具	万部	889.64	826.62	63.02	7.62
小拖配套农具	万部	3 053.63	3 049.21	4.42	0.14
种植业机械					
耕整地机械					
耕整机	万台（套）	865.43	765.41	100.02	13.07
机耕船	万艘	18.15	17.52	0.63	3.60
机引犁	万台	1 316.66	1 312.49	4.17	0.32
旋耕机	万台	584.63	532.45	52.18	9.80
深松机	万台	22.48	23.36	-0.88	-3.77
机引耙	万台	728.51	728.56	-0.05	-0.01
种植施肥机械					
播种机	万台	623.36	600.50	22.86	3.81
免耕播种机	万台	86.81	82.47	4.34	5.26
精少量播种机	万台	386.66	366.82	19.84	5.41
水稻种植机械					
水稻直播机	万台	3.00	2.96	0.04	1.35
水稻插秧机	万台	67.00	60.45	6.55	10.84
水稻浅栽机	万台	0.69	0.77	-0.08	-10.39
化肥深施机	万台	83.34	78.52	4.82	6.14
地膜覆盖机	万台	56.36	51.94	4.42	8.51

全国主要农业机械情况（二）

项　　目	单　位	2014 年	2013 年	2014 年比 2013 年	
				增减量	%
农用排灌机械					
农用排灌动力机械数量	万台	2 295.69	2 258.01	37.68	1.67
农用排灌动力机械动力	万千瓦	14 488.88	14 330.60	158.28	1.10
农用水泵	万台	2 224.51	2 206.80	17.71	0.80
节水灌溉类机械	万套	210.72	199.78	10.94	5.48
田间管理机械					
机动喷雾（粉）机	万台	614.04	559.19	54.85	9.81
茶叶修剪机	万台	36.22	30.86	5.36	17.37
收获机械					
联合收获机	万台	158.42	142.10	16.32	11.49
割晒机	万台	45.20	49.60	-4.40	-8.87
其他收获机械	万台	152.57	141.91	10.66	7.51
收获后处理机械					
机动脱粒机	万台	1 048.96	1 007.58	41.38	4.11
谷物烘干机	万台	5.44	4.28	1.16	27.10
种子加工机械	万台	3.07	3.22	-0.15	-4.66
保鲜储藏设备	万台（套）	9.19	8.13	1.06	13.04
设施农业设备					
水稻工厂化育秧设备	万套	1.50	1.28	0.22	17.19
温室	万平方米	2 079 699.50	1 994 994.31	84 705.19	4.25
农产品初加工机械					
农产品初加工动力机械	万台	1 501.15	1 467.54	33.61	2.29
	万千瓦	8 888.23	8 733.69	154.54	1.77
农产品初加工作业机械	万台	1 397.74	1 345.81	51.93	3.86
畜牧养殖机械	**万台（套）**	**710.82**	**686.47**	**24.35**	**3.55**
渔业机械	万台	**402.99**	**375.39**	**27.60**	**7.35**
林果业机械	万台	**42.72**	**33.60**	**9.12**	**27.14**
运输机械					
农用运输车	万台	1 377.70	1 385.55	-7.85	-0.57
三轮汽车	万台	1 087.38	1 099.76	-12.38	-1.13
手扶变型运输机	万台	78.33	82.25	-3.92	-4.77
农用挂车	万台	775.28	778.70	-3.42	-0.44

全国主要农业机械情况（三）

项　目	单　位	2014年	2013年	2014年比2013年	
				增减量	%
农田基本建设机械	**万台**	**46.31**	**44.74**	**1.57**	**3.51**
其他机械					
农用飞机	架	461	176	285	161.93
农业机械原值和净值					
农业机械原值	亿元	8 787.46	8 222.61	564.85	6.87
农业机械净值	亿元	6 402.17	5 993.12	409.05	6.83

全国主要农田机械化作业情况

项　目	单　位	2014年	2013年	2014年比2013年	
				增减量	%
农机化作业总体情况					
耕种收综合机械化水平	%	61.60	59.48	2.12	
机耕面积	千公顷	117 417.69	113 757.83	3 659.86	3.22
机耕水平	%	77.48	76.00	1.48	
机播面积	千公顷	83 956.34	80 309.56	3 646.78	4.54
机播水平	%	50.75	48.78	1.97	
机收面积	千公顷	83 269.97	77 416.01	5 853.96	7.56
机收水平	%	51.29	48.15	3.14	
机械植保面积	千公顷	65 655.46	64 098.85	1 556.61	2.43
主要农作物农机化作业面积					
小麦机耕	千公顷	21 675.43	21 393.18	282.25	1.32
小麦机播	千公顷	20 936.30	20 906.96	29.35	0.14
小麦机收	千公顷	22 458.19	22 099.29	358.90	1.62
水稻机耕	千公顷	29 521.69	29 127.42	394.27	1.35
水稻机种	千公顷	11 989.90	10 943.50	1 046.40	9.56
水稻机收	千公顷	25 172.70	23 952.21	1 220.49	5.10
玉米机耕	千公顷	25 673.44	25 035.68	637.76	2.55
玉米机播	千公顷	31 131.94	30 535.08	596.86	1.95
玉米机收	千公顷	21 049.92	18 293.32	2 756.60	15.07

各地区农业机械总动力

单位：万千瓦

地　区	农业机械总动力	柴油发动机动力	汽油发动机动力	电动机动力	其他机械动力
全国总计	**108 056.58**	**86 717.03**	**3 477.98**	**17 748.82**	**86.63**
北　京	195.76	107.68	15.97	72.11	
天　津	552.33	369.54	44.33	138.46	
河　北	10 942.86	8 626.94	144.33	2 171.59	
山　西	3 286.20	2 813.96	66.52	405.72	
内蒙古	3 632.55	3 259.55	17.12	351.02	4.87
辽　宁	2 730.22	2 176.44	83.37	467.15	3.26
吉　林	2 919.09	2 670.76	22.60	225.73	
黑龙江	5 155.52	4 831.62	120.07	203.81	0.02
上　海	117.76	64.18	10.38	43.20	
江　苏	4 649.98	3 419.15	200.02	1 027.83	2.98
浙　江	2 420.13	1 628.43	138.86	650.70	2.14
安　徽	6 365.83	5 485.17	154.15	724.41	2.10
福　建	1 368.35	967.68	114.12	286.50	0.05
江　西	2 118.39	1 643.39	95.80	378.34	0.88
山　东	13 101.40	11 129.18	236.60	1 709.49	0.01
河　南	11 476.81	10 186.96	69.59	1 220.26	
湖　北	4 292.90	3 069.97	139.53	1 074.65	8.76
湖　南	5 672.10	4 307.30	334.68	1 001.85	28.26
广　东	2 632.37	1 804.10	201.12	620.74	6.41
广　西	3 567.49	2 861.30	156.93	547.20	2.06
海　南	517.31	425.18	28.45	57.45	6.24
重　庆	1 243.34	592.14	225.35	425.26	0.58
四　川	4 160.12	2 743.21	300.13	1 114.21	2.57
贵　州	2 458.40	1 735.05	94.32	625.94	3.09
云　南	3 215.03	2 344.12	135.91	734.65	0.34
西　藏	570.82	392.44	138.25	35.37	4.75
陕　西	2 552.13	1 906.93	96.54	548.33	0.33
甘　肃	2 545.71	2 077.39	36.14	431.26	0.91
青　海	440.90	377.61	24.49	36.29	2.51
宁　夏	813.02	689.69	7.13	116.11	0.08
新　疆	2 341.76	2 009.97	25.18	303.19	3.43

各地区农业机械年末拥有量（一）

地　区	农业机械总动力（万千瓦）	拖拉机及配套机械					
		大中型拖拉机		小型拖拉机		大中型拖拉机配套农具	小型拖拉机配套农具
		（万台）	（万千瓦）	（万台）	（万千瓦）	（万部）	（万部）
全国总计	**108 056.58**	**567.95**	**17 529.27**	**1 729.77**	**16 908.45**	**889.64**	**3 053.63**
北　京	195.76	0.66	27.16	0.20	2.39	1.14	0.21
天　津	552.33	1.58	68.84	0.46	5.07	3.02	1.80
河　北	10 942.86	25.46	1 075.70	138.62	1 501.00	45.82	183.74
山　西	3 286.20	11.90	432.13	35.53	330.79	24.26	49.93
内蒙古	3 632.55	67.15	1 562.26	40.78	479.76	107.08	84.88
辽　宁	2 730.22	22.34	612.44	33.25	322.95	29.20	50.18
吉　林	2 919.09	48.08	1 198.33	66.08	635.56	81.10	189.63
黑龙江	5 155.52	92.16	2 497.16	62.40	669.05	130.31	114.94
上　海	117.76	0.72	31.56	0.33	2.90	1.91	0.30
江　苏	4 649.98	15.12	742.72	88.16	860.47	26.53	147.04
浙　江	2 420.13	1.20	51.21	12.97	118.22	1.84	14.56
安　徽	6 365.83	19.93	866.40	218.90	1 795.12	44.21	515.73
福　建	1 368.35	0.35	15.03	9.96	105.24	0.41	13.17
江　西	2 118.39	1.42	60.07	30.76	345.58	2.27	31.40
山　东	13 101.40	51.84	1 896.90	196.72	1 635.84	100.85	330.50
河　南	11 476.81	37.81	1 505.01	346.26	3 756.09	89.61	670.99
湖　北	4 292.90	15.85	582.51	112.98	825.07	31.80	223.01
湖　南	5 672.10	11.63	359.40	23.56	250.18	4.73	11.23
广　东	2 632.37	2.81	102.44	33.33	289.21	3.47	36.80
广　西	3 567.49	3.79	164.56	46.98	479.74	5.44	57.55
海　南	517.31	4.49	106.16	6.30	54.62	1.64	5.38
重　庆	1 243.34	0.38	12.05	0.80	9.86	0.31	0.35
四　川	4 160.12	12.61	307.48	11.36	127.07	5.32	10.67
贵　州	2 458.40	4.21	104.78	9.52	117.30	1.62	3.10
云　南	3 215.03	30.13	707.37	36.83	380.04	5.64	34.44
西　藏	570.82	8.88	185.13	14.13	169.74	7.12	9.67
陕　西	2 552.13	10.17	343.91	20.44	211.70	18.59	30.05
甘　肃	2 545.71	14.43	360.41	59.83	618.09	31.14	122.35
青　海	440.90	1.59	38.46	25.89	253.76	1.10	25.83
宁　夏	813.02	4.91	133.24	16.78	184.87	8.54	23.18
新　疆	2 341.76	44.35	1 378.45	29.66	371.17	73.62	61.02

各地区农业机械年末拥有量（二）

地区	种植业机械						
	耕整机（万台/套）	机耕船（万艘）	机引犁（万台）	旋耕机（万台）	深松机（万台）	机引耙（万台）	播种机（万台）
全国总计	**865.43**	**18.15**	**1 316.66**	**584.63**	**22.48**	**728.51**	**623.36**
北京	1.81		0.17	0.36	0.03	0.10	0.47
天津	1.90		0.56	1.94	0.08	0.08	1.62
河北	3.83		52.93	27.94	2.76	6.82	53.04
山西	6.70		22.56	15.66	0.93	4.87	14.32
内蒙古	2.14		59.78	7.74	1.62	16.53	57.26
辽宁	7.38	0.01	11.61	9.70	0.58	2.69	20.87
吉林	0.53		63.25	26.18	3.83	24.45	53.26
黑龙江	3.88		47.04	21.36	3.07	12.43	63.84
上海			0.57	0.75		0.33	0.06
江苏	2.24		20.84	90.46	0.33	2.70	29.85
浙江	6.45	0.40	2.42	11.07	0.59	1.69	0.05
安徽	14.03	0.01	203.02	67.72	1.15	151.78	45.88
福建	17.08	0.02	1.46	10.77		0.46	0.02
江西	26.92	0.40	4.18	27.30	0.18	4.18	0.08
山东	22.78		143.82	32.81	2.79	72.78	71.40
河南	2.01		322.07	24.70	1.21	219.01	134.27
湖北	42.25	4.30	83.69	61.54	0.12	55.49	4.98
湖南	174.78	12.61	94.94	14.69	0.52	76.74	0.15
广东	31.04	0.26	7.63	19.10	0.09	6.24	0.01
广西	108.38	0.03	21.05	17.86	0.27	15.50	
海南	9.68	0.08	2.38	1.65	0.08	1.74	0.05
重庆	64.44		0.04	0.46		0.03	0.05
四川	123.65	0.03	7.52	15.01		2.72	1.92
贵州	67.94		2.29	3.40	0.06	1.64	0.03
云南	77.27		14.62	21.24	0.61	7.93	0.22
西藏	0.73		6.03	0.29		1.48	2.57
陕西	16.14		14.86	16.99	0.19	0.24	12.75
甘肃	24.54		47.21	20.82	0.96	24.31	22.88
青海	1.03		15.81	7.78	0.07	1.11	5.97
宁夏	1.97		16.01	2.31	0.08	3.83	8.78
新疆	1.91		26.30	5.03	0.28	8.61	16.71

各地区农业机械年末拥有量（三）

地区	种植业机械						
	水稻直播机（万台）	水稻插秧机（万台）	水稻浅栽机（万台）	化肥深施机（万台）	地膜覆盖机（万台）	农用排灌动力机械（万台）	农用水泵（万台）
全国总计	**3.00**	**67.00**	**0.69**	**83.34**	**56.36**	**2 295.69**	**2 224.51**
北京				0.26	0.01	4.00	3.42
天津		0.07		0.01	0.32	10.23	8.73
河北		0.14		6.18	4.65	252.22	170.61
山西				2.44	2.91	17.29	15.29
内蒙古		0.56		3.55	4.87	39.14	38.68
辽宁	0.01	3.40	0.06	1.12	0.74	106.62	121.92
吉林		4.37		23.97	1.00	46.12	49.47
黑龙江		24.86		1.73	1.31	39.01	48.24
上海	0.07	0.17				1.37	1.37
江苏	0.54	13.92		0.44	0.09	61.18	65.99
浙江	0.02	1.05	0.01	0.35		96.96	86.94
安徽	0.25	2.36		9.16	0.95	162.24	180.58
福建		0.67			0.01	19.05	19.08
江西	0.02	1.43	0.04	0.37		61.52	43.96
山东		0.14		3.01	13.27	311.50	296.10
河南		0.29		11.31	1.71	168.67	223.44
湖北	1.37	5.50		2.40	0.43	102.64	110.60
湖南	0.07	2.68	0.01	1.93	0.23	246.32	226.63
广东		1.00		0.26		85.73	79.09
广西		1.55	0.02	0.16	0.21	83.86	88.45
海南	0.03	0.10	0.02	0.10		23.61	19.13
重庆		1.20	0.01		0.01	100.12	100.23
四川		0.75	0.51	0.68	0.18	98.15	87.41
贵州		0.19		0.01	0.05	50.68	52.19
云南		0.19		0.02	0.04	39.00	30.21
西藏					0.02	0.84	0.51
陕西	0.01	0.01	0.01	0.89	1.45	38.96	32.62
甘肃				6.81	10.57	16.74	11.91
青海				1.15	0.04	0.27	0.19
宁夏	0.60	0.17		0.61	0.94	3.18	4.13
新疆	0.01	0.23		4.42	10.35	8.47	7.39

各地区农业机械年末拥有量（四）

地　　区	种植业机械						
	节水灌溉类机械	机动喷雾（粉）机	茶叶修剪机	联合收获机	割晒机	其他收获机械	机动脱粒机
	（万套）	（万台）	（万台）	（万台）	（万台）	（万台）	（万台）
全国总计	**210.72**	**614.04**	**36.22**	**158.42**	**45.20**	**152.57**	**1 048.96**
北　　京	0.97	2.09		0.18		0.16	0.39
天　　津	0.27	0.96		0.58	0.03	0.45	2.08
河　　北	5.55	50.79		12.77	3.05	13.71	20.25
山　　西	1.56	4.20		3.12	1.05	4.05	8.87
内 蒙 古	6.74	7.60		2.47	3.02	14.90	10.99
辽　　宁	13.22	9.70		1.86	0.42	3.46	14.91
吉　　林	4.06	1.27		4.67	0.32	1.51	17.12
黑 龙 江	3.84	10.75		10.88	1.84	10.02	17.23
上　　海	0.75	2.22		0.28		0.06	0.08
江　　苏	6.76	68.85	0.93	14.95	0.06	16.76	14.95
浙　　江	2.83	21.46	4.81	1.81	0.04	1.26	61.88
安　　徽	20.47	46.32	7.19	15.93	5.48	4.86	34.64
福　　建	1.98	43.71	6.89	0.73	0.03	3.90	11.03
江　　西	13.14	14.65	0.32	5.66	0.02	0.82	29.61
山　　东	51.25	49.99	0.37	25.60	5.12	20.02	40.32
河　　南	21.30	29.42	1.25	22.13	5.90	25.21	54.64
湖　　北	11.04	72.26	7.78	8.14	1.99	5.59	32.03
湖　　南	1.93	38.90	0.43	10.18	0.23	1.54	128.09
广　　东	12.94	24.89	0.45	2.39	0.16	1.26	52.95
广　　西	11.73	12.63	0.19	2.67	6.14	2.27	94.24
海　　南	0.93	9.27	0.10	0.45	0.53	0.25	4.49
重　　庆	0.15	7.04	0.20	0.71	0.30	0.61	74.15
四　　川	2.36	33.11	2.65	2.61	1.52	2.11	160.56
贵　　州	1.26	4.69	0.51	0.18	0.23	1.69	42.70
云　　南	1.19	12.69	1.22	0.66	0.16	0.14	36.93
西　　藏		0.68		0.55	2.09	0.62	5.93
陕　　西	3.16	19.13	0.54	3.74	0.18	3.50	38.72
甘　　肃	1.49	4.34	0.09	0.70	2.24	3.01	28.00
青　　海	0.11	0.48		0.20	0.23	0.38	3.56
宁　　夏	0.83	0.44		0.76	0.16	1.23	2.10
新　　疆	6.91	9.51	0.30	0.90	2.66	7.22	5.52

各地区农业机械年末拥有量（五）

地　区	种植业机械				农产品初加工机械		
	谷物烘干机（万台）	种子加工机械（万台）	保鲜储藏设备（万台/套）	温室（万平方米）	初加工动力机械（万台）	初加工动力机械（万千瓦）	初加工作业机械（万台/套）
全国总计	**5.44**	**3.07**	**9.19**	**2 079 699.50**	**1 501.15**	**8 888.23**	**1 397.74**
北　京			0.21	21 401.96	0.53	4.39	0.54
天　津			0.01	36 839.62	2.32	8.21	0.71
河　北	0.03	0.13	0.11	205 553.53	98.52	905.98	48.59
山　西	0.04	0.04	0.11	60 315.84	23.82	201.75	18.42
内蒙古	0.05	0.62	0.01	73 480.67	10.60	97.83	6.88
辽　宁	0.11	0.02	0.56	399 400.02	21.78	136.27	15.74
吉　林	0.13	0.18	…	19 467.06	16.04	151.63	13.14
黑龙江	0.20	0.61	0.01	27 037.85	13.36	145.36	6.13
上　海	0.06		0.27	5 628.13	0.28	2.82	0.31
江　苏	0.75	0.08	1.15	300 992.93	26.33	267.53	23.55
浙　江	0.51	0.01	0.56	43 644.12	19.51	132.85	53.56
安　徽	0.55	0.08	0.34	25 950.00	51.69	352.25	54.41
福　建	0.07	0.02	1.15	8 054.75	69.09	220.12	69.90
江　西	0.11	0.05	0.06	3 250.35	32.57	307.34	28.33
山　东	0.08	0.18	0.61	280 511.47	101.20	915.60	50.88
河　南	0.11	0.13	0.41	75 075.97	84.36	605.37	56.95
湖　北	0.19	0.06	0.92	105 587.93	91.89	460.97	93.56
湖　南	0.34	0.01	0.07	10 141.16	142.86	741.16	136.32
广　东	0.18		0.50	13 008.10	29.26	241.22	24.49
广　西	0.10		0.16	377.65	91.06	476.80	97.83
海　南	0.02	0.23	0.23	2 241.69	3.12	33.65	2.47
重　庆	0.28	0.05	0.20	43 426.01	100.03	344.70	111.40
四　川	0.09	0.01	0.15	79 962.69	167.70	697.55	195.73
贵　州	0.43		0.03	469.66	153.45	566.37	154.73
云　南	0.23	0.02	0.20	25 136.03	84.00	437.09	85.07
西　藏		0.02		985.76	1.37	5.63	1.39
陕　西	0.23	0.06	0.66	66 522.73	40.25	204.57	25.70
甘　肃	0.12	0.18	0.14	52 416.79	15.33	124.77	14.23
青　海		0.12		6 801.89	1.36	10.30	1.51
宁　夏	0.12	0.03	0.01	43 908.86	2.41	25.33	2.13
新　疆	0.31	0.13	0.35	42 108.28	5.06	62.82	3.14

各地区农业机械年末拥有量（六）

地区	畜牧养殖机械		渔业机械		林果业机械	
	（万台/套）	（万千瓦）	（万台）	（万千瓦）	（万台）	（万千瓦）
全国总计	**710.82**	**2 340.25**	**402.99**	**1 796.94**	**42.72**	**148.28**
北京	1.68	11.87	1.30	3.89	0.47	1.49
天津	0.73	5.96	6.39	14.19	0.03	0.69
河北	15.36	99.55	6.20	58.68	0.35	3.60
山西	9.06	44.22	0.25	0.78	0.58	3.70
内蒙古	24.85	139.43	0.24	1.26	0.26	1.69
辽宁	20.20	81.48	7.73	20.20	0.67	3.96
吉林	16.65	93.01	0.79	2.58	0.08	1.22
黑龙江	11.50	114.73	0.42	1.71	0.14	1.95
上海	0.16	1.91	3.09	26.19	0.10	0.17
江苏	16.25	97.19	93.27	194.53	2.04	7.43
浙江	5.38	25.42	27.25	452.91	3.44	8.34
安徽	7.71	46.79	7.29	25.08	3.31	8.21
福建	5.30	34.58	20.13	232.45	3.13	11.21
江西	4.66	36.68	5.53	20.87	0.84	8.49
山东	22.41	128.92	13.68	231.58	1.36	7.59
河南	23.50	85.31	4.14	17.17	0.33	3.21
湖北	44.54	97.15	43.42	77.87	11.19	24.80
湖南	26.71	105.78	14.27	38.51	1.11	11.29
广东	15.09	86.47	99.93	278.45	1.86	11.74
广西	35.42	76.83	8.34	13.27	0.72	2.61
海南	1.11	7.48	7.91	21.39	0.12	3.18
重庆	61.44	75.54	6.49	13.24	0.72	2.06
四川	69.64	145.35	19.72	32.73	0.79	2.78
贵州	41.57	125.85	0.17	0.99	0.48	4.29
云南	137.44	208.45	2.19	8.48	0.40	1.70
西藏	1.38	2.66				
陕西	34.70	130.98	1.36	3.45	2.74	6.35
甘肃	29.09	126.82	0.12	0.54	0.09	0.18
青海	1.64	14.11		0.05	0.01	
宁夏	16.09	65.01	0.66	1.40	2.25	2.82
新疆	9.56	24.72	0.71	2.50	3.11	1.53

各地区农业机械年末拥有量（七）

地　区	运输机械			农田基本建设机械	其他机械	农业机械原值和净值	
	农用运输车	手扶变型运输机	农用挂车		农用飞机	原值	净值
	（万台）	（万台）	（万台）	（万台）	（架）	（亿元）	（亿元）
全国总计	**1 377.70**	**78.33**	**775.28**	**46.31**	**461**	**8 787.46**	**6 402.17**
北　京	2.83	0.03	0.37	0.11		44.15	29.86
天　津	11.89		0.22	0.40	3	42.21	31.39
河　北	275.41	0.11	76.25	3.56	29	627.89	437.83
山　西	98.52		7.09	2.08		255.51	187.45
内蒙古	40.26		50.82	0.90	1	402.18	298.05
辽　宁	49.11	0.54	20.88	1.38	11	257.72	194.54
吉　林	15.44	0.30	37.66	0.30		302.15	226.99
黑龙江	16.67		39.26	0.44	90	701.86	543.68
上　海			0.08				
江　苏	19.62	4.66	11.44	8.31	19	492.43	357.86
浙　江	8.65	3.16	0.39	2.77	18	268.54	175.46
安　徽	66.52	16.40	98.80	1.35	2	547.35	380.43
福　建	4.03	7.19	1.69	1.05		128.49	84.46
江　西	11.46	4.88	0.35	1.74	1	188.35	132.83
山　东	285.45	0.93	122.11	4.41	33	843.15	643.30
河　南	218.25	0.12	114.51	1.93	101	826.06	615.59
湖　北	23.61	0.39	71.97	2.65	37	388.43	274.71
湖　南	22.69	6.19	1.16	1.92	70	334.38	248.68
广　东	12.48	2.48	11.63	1.99	3	199.50	129.45
广　西	4.66	21.62	1.27	1.25		282.87	187.45
海　南	2.78	0.10	0.58	0.14		51.78	38.06
重　庆	4.43	2.88	0.03	0.47	2	101.87	84.09
四　川	12.58	3.75	6.81	1.49	1	308.10	215.56
贵　州	18.59	1.97	3.04	0.94	2	125.05	88.81
云　南	10.47	0.34	3.57	0.71		213.09	158.03
西　藏	3.08	0.19	14.30	0.01		57.04	35.37
陕　西	50.05	0.01	3.72	1.50	4	212.76	154.89
甘　肃	63.84	0.08	11.50	0.55		197.90	138.64
青　海	2.95	0.01	17.34	0.09		24.02	15.91
宁　夏	16.51		7.65	0.42		81.49	55.83
新　疆	4.87		38.79	1.45	34	281.14	236.97

九、农村能源

各地区农村能源管理推广机构情况

地区	机构（个）	省级	地、县级	乡级	人员（人）	省级	地、县级	乡级	#大专及以上人员
全国总计	**12 922**	**41**	**2 994**	**9 887**	**38 897**	**550**	**17 644**	**20 703**	**26 623**
北京	44	2	15	27	191	11	139	41	151
天津	8	1	7		52	3	49		41
河北	429	2	185	242	1 343	24	848	471	935
山西	440	1	120	319	1 270	28	697	545	962
内蒙古	424	1	96	327	2 235	43	1 031	1 161	1 239
辽宁	843	1	93	749	1 355	18	366	971	875
吉林	67	2	65		565	8	552	5	407
黑龙江	488	2	253	233	1 140	34	589	517	900
上海	1	1			5	5			5
江苏	190	1	87	102	684	8	453	223	499
浙江	110	1	82	27	437	23	341	73	365
安徽	207	2	122	83	704	30	506	168	544
福建	311	1	63	247	650	15	295	340	487
江西	1 132	1	110	1 021	1 740	14	467	1 259	950
山东	794	1	159	634	2 392	7	730	1 655	1 646
河南	898	1	163	734	3 240	34	1 285	1 921	1 991
湖北	456	1	108	347	1 953	26	855	1 072	1 191
湖南	183	2	142	39	1 047	15	993	39	834
广东	422	1	84	337	1 381	10	466	905	967
广西	785	1	123	661	2 016	19	752	1 245	1 254
海南	89	1	21	67	487	12	176	299	267
重庆	429	1	35	393	1 004	6	242	756	638
四川	1 125	1	191	933	2 763	27	1 095	1 641	1 861
贵州	1 006	2	99	905	2 410	15	508	1 887	2 160
云南	865	2	146	717	2 535	16	827	1 692	1 496
西藏	193	1	72	120	314	6	153	155	157
陕西	381	1	113	267	2 137	18	1 430	689	1 388
甘肃	353	1	99	253	1 689	24	1 117	548	1 396
青海	24	1	23		192	7	175	10	162
宁夏	49	1	25	23	281	25	168	88	266
新疆	176	3	93	80	685	19	339	327	589

各地区农村能源经费投入情况（一）

单位：万元

地　区	政府合计		中央投入	省级投入		地级投入	
	拨　款	贷　款		拨　款	贷　款	拨　款	贷　款
全国总计	**604 697**	**625**	**330 749**	**198 272**		**28 928**	**185**
北　京	16 230			12 524			
天　津	22 525		10 480	7 130			
河　北	68 038		16 062	46 300		1 823	
山　西	6 158		3 886	1 883		329	
内蒙古	9 597		9 088	158		299	
辽　宁	8 854		3 890	1 920		2 933	
吉　林	5 489		3 948	1 541			
黑龙江	1 312	38					
上　海	3 764			2 593		1 171	
江　苏	30 865		3 905	23 950		1 027	
浙　江	17 019		3 478	2 559		3 048	
安　徽	16 671		12 924	1 406		436	
福　建	3 353		2 688	537		126	
江　西	12 409		8 173	3 851		219	
山　东	40 989		9 768	19 611		7 078	
河　南	25 049		21 854	1 239		442	
湖　北	44 993	257	26 460	16 000		666	
湖　南	32 221		23 459	2 790		1 029	
广　东	2 188	185	902	358		531	185
广　西	23 794		17 494	5 118		603	
海　南	6 174		4 388	1 428		103	
重　庆	19 486		17 120	1 196			
四　川	41 552		28 258	7 370		3 571	
贵　州	32 639		16 429	14 920		889	
云　南	42 525	183	21 970	17 632		1 945	
西　藏	4 252		3 717	485		50	
陕　西	24 471		21 385	2 305		232	
甘　肃	12 516		11 499	847			
青　海	2 787		2 787				
宁　夏	7 227		7 034				
新　疆	15 303		14 286	623		376	

各地区农村能源经费投入情况（二）

单位：万元

地区	县级投入		乡级投入		用户自筹		其他投入
	拨款	贷款	拨款	贷款	资金	投劳折资	
全国总计	**45 597**	**440**	**1 151**		**569 698**	**59 478**	**870**
北京	3 386		320				
天津	4 915				22 829		
河北	3 846		6		46 853	457	
山西	60				186		
内蒙古			53		9 348	826	
辽宁	105		6		7 082	489	
吉林					1 159		
黑龙江	293		39		11 470	1 497	
上海					1 227		
江苏	1 883		100		22 065	148	
浙江	7 827		108		20 584	464	
安徽	1 904				28 380	10	
福建	2				2 123		
江西	148		18		18 147	2 820	90
山东	4 452		80		72 236	2 736	410
河南	1 514				34 350	598	
湖北	1 867	257			37 822	3 821	
湖南	4 721		222		51 325	5 673	
广东	397				5 961		
广西	578				17 555	1 124	
海南	255				3 598		
重庆	1 170				20 013	4 663	322
四川	2 350		2		68 897	8 287	
贵州	401				9 153	6 833	6
云南	962	183	15		23 310	5 858	42
西藏					50		
陕西	548				14 836	1 428	
甘肃	170				11 964	5 500	
青海							
宁夏	193				4 683	80	
新疆	1 649		183		2 494	6 165	

各地区户用沼气池情况

地　　区	年初数（万户）	本年新增（户）	本年报废（户）	年末累计（万户）	本年利用（万户）	年总产气量（万立方米）	年户均产气量（立方米）
全国总计	**4 150.4**	**659 694**	**332 117**	**4 183.1**	**3 553.3**	**1 324 633**	**373**
北　　京	0.8			0.8	0.2	44	260
天　　津	4.9	700	860	4.9	4.2	1 273	301
河　　北	273.0	15 664	42 171	270.4	217.7	74 502	342
山　　西	70.7	1 513	760	70.8	49.3	15 505	315
内 蒙 古	51.0	13 191		52.3	36.0	9 565	266
辽　　宁	61.9	10 400	5 398	62.4	34.0	9 600	282
吉　　林	16.8	11 525	324	17.9	14.3	4 046	283
黑 龙 江	30.3		1 958	30.1	19.8	4 390	406
上　　海							
江　　苏	71.2	8 500	3 083	71.7	62.9	20 583	327
浙　　江	15.3	1 724		15.5	11.8	5 646	479
安　　徽	86.2	22 994	1 994	88.3	70.0	24 516	350
福　　建	48.7	12 463	13 003	48.6	46.0	20 700	450
江　　西	176.9	30 851	5 509	179.4	141.3	52 953	375
山　　东	247.6	14 632	4 441	248.7	209.3	75 539	361
河　　南	376.2	39 205	6 194	379.5	335.6	104 884	313
湖　　北	300.2	48 732	42 267	300.8	248.5	86 931	350
湖　　南	238.8	35 703	20 534	240.3	213.7	91 502	428
广　　东	45.1	5 272		45.6	42.7	17 934	420
广　　西	382.4	58 901		388.3	372.0	156 673	421
海　　南	33.4	4 280		33.8	33.8	24 343	720
重　　庆	155.8	38 554	14 939	158.1	131.2	41 598	317
四　　川	588.8	131 536		602.0	575.5	203 463	354
贵　　州	196.8	33 034	17 305	198.3	150.3	64 465	429
云　　南	303.4	65 044	33 818	306.5	278.6	130 482	468
西　　藏	21.9	9 250		22.9	15.0	5 762	385
陕　　西	135.3	14 541	57 941	131.0	76.9	25 306	329
甘　　肃	119.9	19 221		121.8	111.8	38 198	342
青　　海	16.8	4 163		17.2	9.3	3 019	325
宁　　夏	23.3		3 117	23.0	5.7	1 493	263
新　　疆	57.2	8 101	56 501	52.4	36.1	9 714	500

各地区沼气工程情况（一）

地　区	合计（处）				处理工业废弃物工程			
	年初数	本年新增	本年报废	年末累计	年初数（处）	年末累计		
						数量（处）	总池容（万立方米）	年产气量（万立方米）
全国总计	**99 957**	**12 040**	**8 961**	**103 036**	**332**	**320**	**65.89**	**25 310.93**
北　京	157	14	47	124				
天　津	396	50	13	433	1			
河　北	2 951	49	71	2 929	9	9	3.07	671.14
山　西	385	28	1	412				
内蒙古	389	142	47	484				
辽　宁	1 119	87	40	1 166	1	1		
吉　林	59			59				
黑龙江	1 261	73	3	1 331				
上　海	90	8		98				
江　苏	4 154	534	102	4 586	97	117	5.79	1 173.71
浙　江	17 101	1 216	6 016	12 301				
安　徽	1 913	343	58	2 198	9	9	0.94	103.97
福　建	5 133	192	285	5 040				
江　西	6 378	748	42	7 084	13	13	0.28	29.42
山　东	6 034	838	9	6 863	51	50	11.95	4 199.83
河　南	5 481	302	31	5 752	23	26	35.85	16 641.75
湖　北	4 388	1 450	1	5 837	5	5	1.47	508.04
湖　南	19 130	2 471	117	21 484	3	3	0.05	5.27
广　东	5 648	878	22	6 504				
广　西	2 793	26	1 965	854	10			
海　南	1 558	109		1 667	16	16		
重　庆	2 286	1 054	6	3 334				
四　川	5 804	533	55	6 282	68	44	4.91	1 726.89
贵　州	1 680	226	15	1 891				
云　南	231	104	6	329	14	15	1.00	47.82
西　藏	11			11				
陕　西	2 500	397	9	2 888	8	8		
甘　肃	195	45		240	1	1	0.40	164.80
青　海	171	21		192				
宁　夏	110	4		114	3	3	0.19	38.27
新　疆	451	98		549				

注：年末累计减年初数减本年新增为本年报废处，下同。

各地区沼气工程情况（二）

地区	处理农业废弃物工程							
	年初数（处）	年末累计			大型沼气工程			
		数量（处）	总池容（万立方米）	年产气量（万立方米）	年初数（处）	年末累计		
						数量（处）	总池容（万立方米）	年产气量（万立方米）
全国总计	**99 625**	**102 716**	**1 625**	**200 451.53**	**5 814**	**6 370**	**569**	**106 432.26**
北京	157	124	9	2 429.88	51	51	5	1 378.94
天津	395	433	5	1 427.32	19	25	2	767.29
河北	2 942	2 920	47	9 086.52	225	258	24	6 561.48
山西	385	412	9	2 339.99	122	126	7	1 913.48
内蒙古	389	484	15	2 636.10	80	87	8	1 259.17
辽宁	1 118	1 165	38	3 138.90	47	47	4	588.30
吉林	59	59	2	545.65	41	41	2	511.00
黑龙江	1 261	1 331	29	5 072.41	166	179	20	4 349.15
上海	90	98	12	1 993.48	41	49	9	1 804.96
江苏	4 057	4 469	93	13 902.65	284	311	25	5 354.09
浙江	17 101	12 301	129	9 934.85	145	141	17	1 614.58
安徽	1 904	2 189	29	3 495.12	157	166	14	2 612.42
福建	5 133	5 040	61	9 310.00	286	300	30	5 200.00
江西	6 365	7 071	133	9 188.24	538	577	57	4 223.55
山东	5 983	6 813	116	17 030.09	308	340	37	9 331.40
河南	5 458	5 726	127	15 163.43	594	661	59	10 099.66
湖北	4 383	5 832	71	8 782.51	201	222	16	3 729.84
湖南	19 127	21 481	137	9 338.33	264	302	26	3 135.87
广东	5 648	6 504	180	17 853.64	643	713	76	9 036.10
广西	2 783	854	21	2 085.11	81	100	9	1 541.84
海南	1 542	1 651	39	9 705.28	371	392	22	6 209.28
重庆	2 286	3 334	63	3 298.02	173	196	14	1 248.30
四川	5 736	6 238	149	31 452.14	514	538	47	17 152.79
贵州	1 680	1 891	33	3 559.48	123	137	9	1 727.99
云南	217	314	5	272.03	34	41	3	164.39
西藏	11	11		21.27				
陕西	2 492	2 880	38	1 364.24	150	184	10	745.63
甘肃	194	239	10	1 762.73	62	70	6	1 440.98
青海	171	192	5	168.00	24	24	1	64.00
宁夏	107	111	7	1 391.75	3	3	1	189.07
新疆	451	549	14	2 702.37	67	89	9	2 476.72

各地区沼气工程情况（三）

地区	处理农业废弃物工程							
	年初数（处）	中型沼气工程			小型沼气工程			
		数量（处）	总池容（万立方米）	年产气量（万立方米）	年初数（处）	年末累计		
						数量（处）	总池容（万立方米）	年产气量（万立方米）
全国总计	**10 285**	**10 087**	**390.42**	**39 296.78**	**83 512**	**86 236**	**636.32**	**49 601.30**
北京	78	38	1.80	535.63	27	34	0.51	55.41
天津	1				375	408	3.14	660.03
河北	10	10	0.32	94.20	2 705	2 650	21.18	1 902.09
山西	33	32	0.98	260.65	230	254	1.38	165.86
内蒙古	14	11	0.44	53.26	292	383	3.63	343.57
辽宁	656	675	30.73	2 413.07	415	443	2.96	137.53
吉林	5	5	0.15	30.00	13	13	0.05	4.65
黑龙江	3	3	0.24	0.10	1 092	1 149	9.08	723.16
上海	41	41	2.18	168.73	8	8	0.41	19.79
江苏	1 144	1 069	32.26	3 191.48	2 629	3 089	35.23	5 357.08
浙江	591	388	18.35	1 335.22	16 365	11 772	93.05	6 985.05
安徽	28	28	1.17	84.18	1 719	1 995	14.29	798.53
福建	709	647	21.82	3 310.00	4 138	4 093	9.41	800.00
江西	644	701	31.76	2 125.28	5 183	5 793	43.47	2 839.41
山东	271	280	10.88	1 312.39	5 402	6 190	61.76	4 542.30
河南	844	871	30.19	2 013.19	4 019	4 192	35.26	2 870.58
湖北	56	67	2.13	504.70	4 125	5 542	51.06	4 465.96
湖南	693	763	25.28	941.53	18 170	20 416	86.23	5 260.93
广东	985	1 165	55.83	5 558.53	4 016	4 616	38.15	2 212.57
广西	410	134	7.79	192.73	2 292	620	3.64	350.54
海南	359	360	10.80	2 349.30	812	899	6.28	1 146.70
重庆	616	629	27.25	821.68	1 497	2 509	21.03	1 228.04
四川	1 494	1 553	52.93	9 738.83	3 728	4 147	49.64	4 560.52
贵州	202	212	6.96	601.29	1 355	1 542	16.50	1 230.20
云南	12	6	0.49	23.20	171	267	1.78	84.44
西藏	11	11	0.39	21.27				
陕西	254	263	10.00	285.54	2 088	2 433	17.45	333.07
甘肃	9	9	0.36	51.96	123	159	1.21	269.79
青海					147	168	4.00	104.00
宁夏	104	108	6.59	1 202.68				
新疆	8	8	0.35	76.15	376	452	4.55	149.50

各地区生活污水净化沼气池情况（一）

地　区	合计						村级处理系统	
	年初数		本年新增		年末累计		年初数	
	池数（处）	总池容（万立方米）	池数（处）	总池容（万立方米）	池数（处）	总池容（万立方米）	池数（处）	总池容（万立方米）
全国总计	**213 226**	**1 009.74**	**4 058**	**49.24**	**210 719**	**1 042.20**	**78 757**	**255.80**
北　京								
天　津	8	0.06			8	0.06		
河　北	153	0.92			139	0.85	10	0.15
山　西	28	0.06			28	0.06		
内蒙古	1	0.07			1	0.07		
辽　宁								
吉　林	3	0.05			3	0.05	3	0.05
黑龙江								
上　海								
江　苏	35 639	122.07	595	3.87	36 225	125.90	1 090	4.87
浙　江	78 405	251.89	2 124	19.72	74 332	256.91	69 988	189.22
安　徽	1 509	4.71	90	0.14	1 599	4.85	55	0.58
福　建	1 105	2.40			1 100	2.39	493	0.97
江　西	1 941	6.55	20	0.17	1 927	6.61	291	1.52
山　东	156	1.43			151	1.40	31	0.09
河　南	602	2.69	7	0.06	546	2.37	10	0.13
湖　北	1 300	7.51	2	0.02	1 296	7.47	81	0.69
湖　南	2 045	9.82	32	0.30	2 043	9.91	499	0.95
广　东	6 445	9.30	40	0.34	6 483	9.61	2 243	2.29
广　西	120	3.33			118	3.33	60	0.17
海　南								
重　庆	17 113	121.63	94	5.03	17 051	126.03	1 197	16.69
四　川	66 003	458.42	1 006	19.17	66 982	477.14	2 408	33.91
贵　州	355	2.81	32	0.28	387	3.08	168	1.46
云　南	150	2.41	9	0.09	159	2.49	124	1.93
西　藏	4	0.62			4	0.62	3	0.12
陕　西	105	0.75	7	0.05	105	0.77	0	0.00
甘　肃	29	0.19			25	0.17	3	0.01
青　海								
宁　夏	7	0.06			7	0.06		
新　疆								

各地区生活污水净化沼气池情况（二）

地区	村级处理系统				学校			
	本年新增		年末累计		年初数		本年新增	
	池数（处）	总池容（万立方米）	池数（处）	总池容（万立方米）	池数（处）	总池容（万立方米）	池数（处）	总池容（万立方米）
全国总计	**2 252**	**22.07**	**76 705**	**268.72**	**7 471**	**58.90**	**247**	**2.94**
北京								
天津								
河北			9	0.14	117	0.58		
山西								
内蒙古					1	0.07		
辽宁								
吉林			3	0.05				
黑龙江								
上海								
江苏	64	0.28	1 153	5.14	1 485	6.08	27	0.10
浙江	1 876	17.43	67 585	197.84	422	4.51	44	0.22
安徽			55	0.58	225	1.28	2	0.01
福建			488	0.96	100	0.63		
江西	12	0.07	300	1.58	443	2.18		
山东			31	0.09	119	1.29		
河南					530	2.32	7	0.06
湖北	2	0.02	83	0.71	639	4.47		
湖南	15	0.05	513	0.98	538	3.12	3	0.02
广东	40	0.34	2 283	2.63	126	0.70		
广西			58	0.17	60	3.16		
海南								
重庆	29	0.15	1 226	16.84	589	7.45	16	0.22
四川	179	3.42	2 585	37.19	1 739	18.40	135	2.21
贵州	32	0.28	200	1.74	187	1.35		
云南	3	0.03	127	1.96	13	0.3	6	0.05
西藏			3	0.12				
陕西					105	0.75	7	0.05
甘肃			3	0.01	26	0.18		
青海								
宁夏					7	0.06		
新疆								

各地区生活污水净化沼气池情况（三）

地　　区	学　校		其他公共场所					
	年末累计		年初数		本年新增		年末累计	
	池数（处）	总池容（万立方米）	池数（处）	总池容（万立方米）	池数（处）	总池容（万立方米）	池数（处）	总池容（万立方米）
全国总计	**7 622**	**61.34**	**126998**	**695.04**	**1 559**	**24.22**	**126 392**	**712.14**
北　　京								
天　　津			8	0.06			8	0.06
河　　北	105	0.53	26	0.18			25	0.17
山　　西			28	0.06			28	0.06
内 蒙 古	1	0.07						
辽　　宁								
吉　　林								
黑 龙 江								
上　　海								
江　　苏	1 508	6.17	33064	111.12	504	3.49	33 564	114.59
浙　　江	466	4.73	7995	58.16	204	2.08	6 281	54.34
安　　徽	227	1.29	1229	2.85	88	0.13	1 317	2.99
福　　建	100	0.63	512	0.80			512	0.80
江　　西	438	2.16	1207	2.85	8	0.10	1 189	2.86
山　　东	115	1.27	6	0.05			5	0.04
河　　南	499	2.20	62	0.24			47	0.17
湖　　北	633	4.41	580	2.35			580	2.35
湖　　南	527	3.06	1008	5.75	14	0.24	1 003	5.88
广　　东	124	0.67	4076	6.31			4 076	6.31
广　　西	60	3.16						
海　　南								
重　　庆	605	7.67	15327	97.50	49	4.65	15 220	101.52
四　　川	1 874	20.60	61856	406.12	692	13.54	62 523	419.35
贵　　州	187	1.35						
云　　南	19	0.39	13	0.15			13	0.15
西　　藏			1	0.50			1	0.50
陕　　西	105	0.77						
甘　　肃	22	0.15						
青　　海								
宁　　夏	7	0.06						
新　　疆								

各地区省柴节煤灶及节能炕情况

地　区	省柴节煤灶（万台）			节能炕（万铺）		
	年初数	本年新增	年末累计	年初数	本年新增	年末累计
全国总计	**12 271.09**	**102.13**	**11 883.46**	**1 914.31**	**19.59**	**1 886.60**
北　京	6.53		6.23	37.68	0.05	37.42
天　津	34.04	0.25	31.04	0.00		0.00
河　北	483.81	5.42	464.28	130.72	1.56	120.66
山　西	38.56		35.27	36.20	0.94	34.41
内蒙古	149.59	0.33	144.99	40.27	0.06	39.13
辽　宁	324.19	2.56	322.28	452.17	5.26	446.01
吉　林	249.73	0.46	249.70	273.33	0.50	273.28
黑龙江	216.31	2.73	218.77	328.77	2.68	331.08
上　海						
江　苏	726.19	1.97	690.34			
浙　江	443.67	1.25	398.21			
安　徽	751.37	3.31	731.47			
福　建	150.68		140.68			
江　西	512.02	6.85	508.90			
山　东	986.47	4.37	948.90	338.98	1.48	332.85
河　南	1 090.63	3.65	968.94			
湖　北	630.44	3.61	624.73			
湖　南	751.31	8.55	750.02			
广　东	653.39	0.94	588.21			
广　西	749.01	6.03	748.93			
海　南	85.81	0.06	84.36			
重　庆	341.02	1.94	327.02			
四　川	1 144.58	17.60	1 147.53	…		…
贵　州	333.76	6.44	334.76			
云　南	603.87	16.58	611.26			
西　藏						
陕　西	212.96	3.07	213.69	69.20	1.05	69.28
甘　肃	321.46	3.45	313.09	179.80	5.60	175.89
青　海	81.50		81.50	3.64	0.01	3.65
宁　夏	50.98	0.05	50.53	20.54	0.40	19.93
新　疆	147.21	0.66	147.85	3.01		3.01

各地区节能炉及燃池情况

地区	节能炉（万台）			燃池（万个）		
	年初数	本年新增	年末累计	年初数	本年新增	年末累计
全国总计	**3 119.57**	**115.01**	**3 091.59**	**19.68**	**0.25**	**18.76**
北京	3.74	0.87	4.38			
天津	36.56	12.00	41.20			
河北	595.60	51.92	617.14	4.69	0.13	3.73
山西	60.51	0.02	56.94			
内蒙古	13.02	0.57	12.73	0.14		0.09
辽宁	4.18	2.60	6.77	2.16	0.05	2.21
吉林	94.17	0.51	94.28			
黑龙江	73.62	2.38	75.70	12.68	0.07	12.73
上海						
江苏	57.40	0.07	47.98			
浙江	4.95		4.42			
安徽	103.96	3.44	97.61			
福建	0.00		0.00			
江西	99.54	2.45	95.43			
山东	604.16	5.11	575.13			
河南	237.38	2.69	223.16			
湖北	147.95	7.96	153.10			
湖南	345.94	6.57	345.24			
广东	0.07	0.09	0.09			
广西	2.11	0.09	2.13			
海南						
重庆	59.54	0.96	59.31			
四川	230.25	1.57	225.45	…		…
贵州	96.31	2.71	97.40			
云南	2.36	0.42	2.78			
西藏						
陕西	77.96	1.74	78.74			
甘肃	153.68	5.43	157.10			
青海	8.97	2.53	11.47			
宁夏	2.75	0.23	2.94			
新疆	2.87	0.10	2.97			

各地区太阳能利用情况（一）

地区	太阳热水器（万平方米）			太阳灶（台）		
	年初数	本年新增	年末累计	年初数	本年新增	年末累计
全国总计	**7 295**	**577**	**7 783**	**2 264 356**	**126 014**	**2 299 635**
北京	74	3	77	1 197		675
天津	35	1	36			
河北	606	32	628	42 247	9 480	51 432
山西	408	3	411	35 836	14 994	50 830
内蒙古	62	4	64	52 592	6 292	56 085
辽宁	128	12	139	986		976
吉林	64	1	65	821		783
黑龙江	73	5	78	511		511
上海	81	4	85			
江苏	776	73	840			
浙江	595	36	624	40		40
安徽	525	31	540			
福建	41	1	39			
江西	174	12	185			
山东	1 119	63	1 164	6 508	158	5 988
河南	488	50	532			
湖北	314	14	326			
湖南	183	21	203			
广东	30	43	72		48	48
广西	78	17	95			
海南	390	0	390			
重庆	44	9	52			
四川	152	32	182	121 714	31	121 417
贵州	55	10	64			
云南	303	37	339	264		264
西藏	147	4	149	381 556	10 252	388 721
陕西	156	36	190	240 929	14 775	250 595
甘肃	99	19	117	737 941	61 137	749 980
青海	7		7	242 168	850	243 018
宁夏	35	3	38	385 052	5 465	361 994
新疆	52		52	13 994	2 532	16 278

各地区太阳能利用情况（二）

地区	太阳房（万平方米）			户用太阳房（万平方米）			太阳能校舍（万平方米）		
	年初数	本年新增	年末累计	年初数	本年新增	年末累计	年初数	本年新增	年末累计
全国总计	**2 445.6**	**133.4**	**2 527.6**	**2 326.2**	**122.7**	**2 409.2**	**62.2**	**0.6**	**62.2**
北京	115.3		115.3	115.1		115.1	0.2		0.2
天津	0.8		0.7	…			0.8		0.7
河北	139.6	1.2	128.1	133.0	1.2	121.6	6.0		5.9
山西	0.2		0.2	0.2		0.2			
内蒙古	93.6	2.1	88.6	90.0	0.1	84.8	0.1		
辽宁	531.5	6.9	538.0	500.3	4.6	504.5	21.9	0.3	22.2
吉林	289.4		289.4	285.7		285.7	3.7		3.7
黑龙江	485.1	36.5	520.3	469.1	36.5	504.3	7.0		7.0
上海	5.0		5.0						
江苏	6.6		5.2	4.9		4.7			
浙江									
安徽									
福建									
江西	0.5		0.5						
山东	16.9		14.5	9.8		7.4	7.1		7.1
河南	2.0		1.9	1.4		1.4	0.6		0.6
湖北									
湖南	13.7	0.3	7.0				0.3	0.3	0.6
广东		0.1	0.1						
广西									
海南									
重庆									
四川	2.7		2.7	2.4		2.4	0.3		0.3
贵州									
云南									
西藏									
陕西	0.8		0.8						
甘肃	266.2	63.9	311.1	247.5	57.9	287.7	6.7		6.4
青海	450.5	22.4	472.9	448.4	22.4	470.8	2.1		2.1
宁夏	16.0		16.0	9.3		9.3	5.5		5.5
新疆	9.4		9.4	9.4		9.4	…		…

各地区秸秆优质化能源利用情况（一）

单位：处、万户

地区	秸秆热解气化集中供气					秸秆沼气集中供气				
	年初数	本年新增	年末累计			年初数	本年新增	年末累计		
				运行数量数	供气户数				运行数量数	供气户数
全国总计	**906**	**5**	**821**	**401**	**16.14**	**434**	**40**	**458**	**368**	**7.76**
北京	144		128	41	1.93	2		2	2	0.03
天津	41		23	7	0.33	3		3	2	0.13
河北	30	1	20	14	0.62	31	8	39	28	2.20
山西	59		40	40	1.23	11		11	11	1.07
内蒙古	3		3	3	0.06	2		1	1	0.02
辽宁	263		261	39	2.43	3		3	1	0.01
吉林	17		17	11	0.21					
黑龙江	28		28	8	0.26	7	1	8	5	0.12
上海										
江苏	203	1	200	155	5.09	73	1	73	44	0.46
浙江						84	26	104	101	0.99
安徽	4		2			1		1	1	0.04
福建										
江西	1		1			92		92	90	0.45
山东	74	3	60	54	1.73	15	1	15	11	0.31
河南	5		5	4	0.09	78		72	49	1.49
湖北	21		21	19	1.92	2		2	2	0.11
湖南						2		2	2	0.05
广东						6		6		
广西						3		2	2	0.10
海南										
重庆						1		1	1	0.01
四川	4		4	4	0.10	1		1	1	0.02
贵州						7	1	8	7	0.11
云南	6		5		0.08					
西藏						4		4		
陕西							2	2	1	0.01
甘肃	2		2	1	0.01	1		1	1	0.04
青海										
宁夏	1		1	1	0.04	5		5	5	…
新疆										

各地区秸秆优质化能源利用情况（二）

单位：处、吨

地区	秸秆固化成型				秸秆炭化			
	年初数	本年新增	年末累计	年产量	年初数	本年新增	年末累计	年产量
全国总计	**1 060**	**167**	**1 147**	**5 958 014**	**105**	**10**	**103**	**277 290**
北京	21		21	89 900				
天津	5	5	6	276 000	4		4	21 000
河北	175	51	212	995 193	4	1	5	11 580
山西	16		13	5 800				
内蒙古	1		1	2 000				
辽宁	137	21	143	409 823				
吉林	3		3	1 600				
黑龙江	144	4	128	563 250	2		2	
上海	1		1					
江苏	333	40	360	1 231 758	5		5	27 500
浙江	23	5	28	214 970	12		8	30 940
安徽	42	8	49	257 177	3	2	4	14 550
福建								
江西	1	1	2	8 010				
山东	105	15	115	1 001 765	9		9	10 420
河南	21	5	25	343 780	4		4	2 000
湖北	17	4	17	372 760	39	6	38	29 840
湖南	3	2	5	168 000	20	1	21	128 280
广东								
广西								
海南								
重庆					1		1	1 000
四川	5	2	7	14 198				
贵州								
云南	1		1	250	2		2	180
西藏								
陕西	1		1					
甘肃	5	4	9	1 780				
青海								
宁夏								
新疆								

各地区小型电源利用情况（一）

地区	小型光伏发电					
	年初数		本年新增		年末累计	
	数量（处）	装机容量（千瓦）	数量（处）	装机容量（千瓦）	数量（处）	装机容量（千瓦）
全国总计	**294 588**	**23 078**	**48 321**	**6 056**	**334 675**	**25 523**
北　京	160 534	8 019	5 762	499	162 305	8 460
天　津	0	0				
河　北	14 958	934	1 596	118	16 481	1 048
山　西	3 600	360			3 600	360
内蒙古	10 378	2 492	1 654	460	8 858	2 024
辽　宁	42 853	2 588	16 961	876	59 814	3 465
吉　林						
黑龙江					782	35
上　海						
江　苏	1 059	137	10		1 010	40
浙　江	658	260	388	75	1 041	332
安　徽	382	1 016	216	668	598	1 684
福　建						
江　西	86	2 840	300	1 000	385	1 340
山　东	1 856	126	30	5	1 886	131
河　南	128	10	4 001	205	4 129	215
湖　北						
湖　南	1 530	1 072	73	171	1 603	1 243
广　东	3	186			3	186
广　西			5	5	5	5
海　南	27	45			25	41
重　庆						
四　川						
贵　州						
云　南	126	91			126	91
西　藏						
陕　西						
甘　肃	4 251	250	14 321	1 074	17 649	1 306
青　海	48 465	1 624	2 999	900	51 464	2 524
宁　夏	514	940			514	940
新　疆	2 398	53	5	1	2 397	54

各地区小型电源利用情况（二）

地　区	小型风力发电					
	年初数		本年新增		年末累计	
	数量（处）	装机容量（千瓦）	数量（处）	装机容量（千瓦）	数量（处）	装机容量（千瓦）
全国总计	**114 721**	**34 800**	**2 656**	**1 576**	**111 446**	**34 704**
北　京	10	10			10	10
天　津						
河　北	217	69			197	67
山　西	3	6			3	6
内蒙古	86 802	24 986	2 228	906	85 273	24 573
辽　宁	53	241			6	6
吉　林	265	29			265	29
黑龙江	1 887	2 006			1 887	2 006
上　海						
江　苏	6 406	692	21	8	4 522	662
浙　江	131	585			131	585
安　徽	713	304			713	304
福　建	383	546			383	546
江　西	28	25			5	1
山　东	3 442	1 188	334	420	3 702	1 599
河　南	81	9			81	9
湖　北	1 440	270			1 440	270
湖　南	13	2	24	50	32	51
广　东	73	110			73	110
广　西	1 132	119	8	2	1 140	121
海　南	54	66	4	5	47	58
重　庆						
四　川						
贵　州	49	6			49	6
云　南	3				3	
西　藏						
陕　西	80	9			80	9
甘　肃	1 758	523	37	185	1 710	678
青　海	1 308	131			1 308	131
宁　夏	2 097	295			2 093	295
新　疆	6 293	2 573			6 293	2 573

各地区小型电源利用情况（三）

地区	微型水力发电					
	年初数		本年新增		年末累计	
	数量（处）	装机容量（千瓦）	数量（处）	装机容量（千瓦）	数量（处）	装机容量（千瓦）
全国总计	**31 764**	**96 756**	**169**	**907**	**30 272**	**93 909**
北京						
天津						
河北						
山西	3	18			3	18
内蒙古						
辽宁						
吉林						
黑龙江						
上海						
江苏						
浙江	216	276			215	275
安徽	12	35			12	35
福建	271	1 976			271	1 976
江西	5 392	9 708	15	44	5 189	8 932
山东	11	67			11	67
河南	21	246			21	246
湖北	12	60			12	60
湖南	1 698	7 602			1 687	7 317
广东	2 605	20 936	4	2	2 597	20 859
广西	12 019	18 778			11 487	18 178
海南	16	156	1	10	12	117
重庆	82	391			82	391
四川	93	3 108			93	3 108
贵州	2 596	5 370			2 596	5 370
云南	5 927	12 656	85	72	5 142	10 851
西藏						
陕西	83	4 830			83	4 830
甘肃	205	1 762	64	780	257	2 497
青海	290	8 780			290	8 780
宁夏						
新疆	212	3			212	3

十、农村经营管理情况

全国农村土地承包经营及管理情况

单位：公顷、户、份、个、件

项　　目	数　　量	比上年增减（%）
耕地承包情况		
家庭承包经营的耕地面积	88 583 722	0.1
家庭承包经营的农户数	230 216 634	0.1
家庭承包合同份数	221 025 659	-0.7
颁发土地承包经营权证份数	205 976 370	-0.7
家庭承包耕地流转情况		
家庭承包耕地流转总面积	26 892 978	18.3
按流转形式划分		
转包	12 523 253	17.5
转让	796 504	7.3
互换	1 568 861	11.6
出租	8 914 540	23.8
股份合作	1 808 277	14.6
其他形式	1 281 543	11.3
按流转去向划分		
流转入农户的面积	15 696 123	14.5
流转入专业合作社的面积	5 892 512	27.3
流转入企业的面积	2 588 321	20.6
流转入其他主体的面积	2 716 023	20.6
流转用于种植粮食作物的面积	15 268 278	18.8
流转出承包耕地的农户数	58 329 267	10.9
签订耕地流转合同份数	42 353 053	12.8
签订流转合同的耕地流转面积	17 947 308	19.7
仲裁机构队伍情况		
仲裁委员会数	2 433	0.9
县级仲裁委员会数	2 312	4.4
仲裁委员会人员数	37 204	4.9
农民委员人数	7 494	8.3
聘任仲裁员数	31 953	7.2
仲裁委员会日常工作机构人数	12 627	-4.1
专职人员数	5 456	-1.4

全国村集体经济组织收益情况

单位：万元、万个

项　　目	数　　量	比上年增减（%）
总收入	**40 058 344. 2**	**3. 5**
经营收入	14 053 806. 0	-0. 5
发包及上交收入	7 334 045. 3	-0. 3
投资收益	1 259 966. 0	13. 2
补助收入	7 756 747. 0	12. 0
其他收入	9 653 779. 9	4. 9
总支出	**26 864 665. 4**	**0. 7**
经营支出	8 643 884. 8	-7. 8
管理费用	7 665 315. 6	3. 9
干部报酬	2 912 815. 4	9. 3
报刊费	139 043. 7	-0. 4
其他支出	10 555 464. 9	6. 4
本年收益	**13 193 678. 8**	**9. 5**
汇入本表村数	**584 372**	**-0. 5**
当年无经营收益的村	323 069	1. 1
当年有经营收益的村	261 303	-2. 3
5 万元以下的村	126 805	-7. 3
5 万 ~10 万元的村	52 644	-0. 4
10 万 ~50 万元的村	51 781	5. 3
50 万 ~100 万元的村	13 369	5. 5
100 万元以上的村	16 704	5. 1

全国村集体经济组织资产负债情况

单位：万元

项　　目	数　　量	比上年增减（%）
流动资产合计	**113 797 557.4**	**9.3**
货币资金	50 069 912.9	10.8
短期投资	5 236 731.7	11.7
应收款项	56 796 168.9	8.5
存货	1 694 743.8	-9.8
农业资产合计	**2 879 357.6**	**1.1**
牲畜（禽）资产	481 394.7	-2.4
林木资产	2 397 962.9	1.9
长期资产合计	**144 700 467.8**	**9.0**
长期投资	17 440 240.3	9.1
固定资产合计	121 659 868.9	8.8
固定资产净值	85 877 746.6	7.1
固定资产清理	740 507.0	-12.8
在建工程	35 041 615.3	13.8
其他资产	5 600 358.5	11.0
资产总计	**261 377 382.8**	**9.0**
流动负债合计	**87 130 788.6**	**8.9**
短期借款	9 764 961.7	5.6
应付款项	75 485 916.6	9.6
应付工资	1 022 654.3	-0.1
应付福利费	857 256.0	-5.0
长期负债合计	**15 594 557.4**	**5.9**
长期借款及应付款	14 542 801.7	5.2
一事一议资金	1 051 755.7	16.8
所有者权益合计	**158 652 036.8**	**9.4**
资本	39 759 831.5	2.4
公积公益金	115 576 543.8	12.0
未分配收益	3 315 661.5	10.3
负债及所有者权益合计	**261 377 382.8**	**9.0**

全国农民负担情况

单位：万元

项　　目	数　　量	比上年增减（%）
上交集体各种款项	**1 272 742. 8**	**6. 0**
土地承包金	1 110 039. 2	9. 1
共同生产费用	44 305. 5	-21. 2
建房收费	31 779. 4	-8. 3
其他款项	86 618. 7	-6. 0
村民筹资和以资代劳	**1 011 934. 5**	**-22. 8**
一事一议筹资	564 131. 4	-24. 8
道路筹资	364 150. 6	-25. 2
水利筹资	88 793. 4	-31. 7
植树造林筹资	10 641. 5	-13. 0
其他筹资	100 545. 9	-16. 8
一事一议筹劳以资代劳	447 803. 1	-20. 0
农业生产性收费	**1 548 092. 7**	**3. 7**
农业灌溉水费	711 471. 7	6. 5
农业灌溉电费	800 830. 4	2. 9
其他收费	35 790. 6	-21. 2
行政事业收费	**1 407 366. 4**	**-16. 1**
农民建房收费	64 843. 2	-11. 2
外出务工经商收费	58 742. 5	-17. 5
农机、摩托车、三轮车和低速载货汽车收费	228 521. 3	-12. 8
计划生育收费	998 538. 9	-17. 6
其他收费	56 720. 4	…
农村义务教育收费	**137 738. 9**	**-8. 8**
作业本费	52 218. 3	…
代办费	53 448. 8	-5. 8
其他收费	32 071. 8	-12. 2
罚款	**29 737. 5**	**-9. 1**
集资摊派	**7 438. 4**	**-24. 9**
道路集资摊派	4 468. 6	-27. 6
水利集资摊派	1 257. 7	-33. 0
办电集资摊派	313. 2	20. 5
其他集资摊派	1 398. 9	-12. 2
一事一议筹劳（万个）	**61 600. 5**	**-41. 4**

十一、农业自然灾害

各地区农业自然灾害情况（一）

单位：千公顷

地区	总计			旱灾			洪涝灾		
	受灾	成灾	绝收	受灾	成灾	绝收	受灾	成灾	绝收
全国总计	**24 891**	**12 678**	**3 090**	**12 272**	**5 677**	**1 485**	**4 718**	**2 704**	**625**
北京	53	36	11	26	17	6.8			
天津	10	9	4						
河北	1 436	816	177	1 028	593	108	48	16	5
山西	1 174	495	114	722	208	41	90	67	14
内蒙古	1 878	1 145	259	1 314	740	184	78	60	24
辽宁	1 931	1 319	551	1 811	1 262	544	14	3	1
吉林	689	318	118	568	233	97	24	18	6
黑龙江	810	458	114	62	31	11	513	269	69
上海									
江苏	554	199	40	474	156	35	2	2	
浙江	204	99	14				135	68	11
安徽	641	250	22	283	60	17	269	150	5
福建	103	59	11				49	30	6
江西	487	329	47				381	263	35
山东	886	337	77	689	231	60	66	22	1
河南	1 905	824	210	1 809	775	204	48	22	4
湖北	1 059	344	73	634	179	22	294	131	36
湖南	1 136	660	192				1 041	615	183
广东	842	403	160				122	63	11
广西	1 213	433	61	16	4	…	116	60	11
海南	309	208	111				2	1	…
重庆	281	162	34	8	5	1	251	145	31
四川	919	368	81	577	166	21	292	175	52
贵州	627	351	97	10	3		390	221	62
云南	882	512	87	332	194	19	144	98	18
西藏	13	11	5	4	4	2	3	3	1
陕西	772	435	103	435	275	43	143	43	27
甘肃	1 618	804	67	644	291	14	155	117	8
青海	170	77	18	24	1	…	14	11	3
宁夏	438	156	39	228	59	13	2	…	
新疆	1 849	1 062	195	576	191	44	31	33	3

各地区农业自然灾害情况（二）

单位：千公顷

地区	风雹灾			冷冻灾			台风灾		
	受灾	成灾	绝收	受灾	成灾	绝收	受灾	成灾	绝收
全国总计	**3 225**	**2 193**	**458**	**2 133**	**933**	**168**	**2 483**	**1 149**	**349**
北京	27	19	5						
天津	10	9	4						
河北	254	160	26	105	48	38			
山西	154	124	20	208	96	39			
内蒙古	439	337	51	48	7				
辽宁	24	19	6	73	27		9	7	1
吉林	89	67	14	8	1				
黑龙江	235	158	35						
上海									
江苏	56	37	5	1	…		21	4	…
浙江	5	3	…	7	3		57	25	3
安徽	10	7		41	11	…	38	23	1
福建	3	2	…	2	2		49	24	5
江西	42	29	4	28	12	…	35	25	7
山东	58	39	14	…	…		74	45	2
河南	38	26	3	10	1				
湖北	49	3	4	83	31	11			
湖南	21	10	4	73	35	5			
广东	15	6	1	5	2	0	700	332	148
广西	15	9	1	15	6	1	1 051	354	48
海南							308	207	111
重庆	21	11	2	2	1	…			
四川	30	22	5	18	5	3			
贵州	161	100	30	44	16	2	7	4	1
云南	157	76	19	75	30	5	135	99	22
西藏	5	4	2						
陕西	190	114	32	5	3	1			
甘肃	143	119	22	676	277	23			
青海	68	46	10	64	19	6			
宁夏	94	59	23	115	38	3			
新疆	812	576	115	430	263	33			

各地区农作物病虫草鼠害发生、防治面积及损失情况（一）

地区	发生面积（千公顷次）	防治面积（千公顷次）	挽回损失（吨）			
			粮食	棉花	油料	其他
全国总计	**476 905**	**577 220**	**100 496 965**	**1 489 873**	**3 640 838**	**8 291 762**
北京	943	1 072	126 327		1 476	250
天津	1 565	1 634	208 257	23 513	100	
河北	37 344	35 013	3 853 596	369 106	115 260	49 415
山西	11 794	10 719	1 437 591	12 489	4 569	1 743
内蒙古	13 461	12 484	3 615 973		131 014	81 430
辽宁	11 796	12 833	2 930 073	28	78 139	9 252
吉林	11 466	14 051	4 584 831	…	10 244	7 352
黑龙江	23 717	24 468	6 045 299		2 232	49 276
上海	2 105	3 409	499 172		3 151	2 386
江苏	29 931	50 281	11 234 010	25 381	203 672	10 279
浙江	12 494	18 690	2 430 718	6 841	60 152	416 302
安徽	24 404	34 553	6 602 272	37 784	211 686	66 723
福建	5 272	6 877	920 146		30 644	80 388
江西	14 736	23 704	5 217 805	25 672	67 296	7 936
山东	42 285	45 033	8 820 407	159 109	403 622	23 170
河南	44 150	53 380	8 503 145	54 130	647 249	15 202
湖北	24 805	36 077	4 817 790	146 708	499 753	65 923
湖南	41 495	51 639	7 970 919	64 675	354 657	96 064
广东	23 251	31 079	4 369 684		202 039	767 551
广西	18 311	18 908	3 216 891		57 046	5 231 634
海南	2 314	2 362	313 009		8 742	115 319
重庆	6 238	5 541	1 315 156		42 342	27 899
四川	16 976	22 265	3 699 668	1 622	220 454	113 147
贵州	6 315	5 677	1 225 607		38 929	88 664
云南	10 107	14 557	1 616 425	1	65 958	620 986
西藏						
陕西	15 315	16 903	1 295 203	6 370	36 246	7 753
甘肃	10 115	10 542	1 283 938	24 870	34 631	45 705
青海	1 245	1 107	150 488		72 919	8 998
宁夏	3 167	3 344	802 101		10 357	43 400
新疆	9 789	9 017	1 390 465	531 573	26 259	237 615

各地区农作物病虫草鼠害发生、防治面积及损失情况（二）

地区	实际损失（吨）			
	粮食	棉花	油料	其他
全国总计	**19 170 254**	**387 413**	**881 574**	**1 435 453**
北京	21 599		161	25
天津	52 644	3 701	43	
河北	754 268	86 496	23 331	10 049
山西	409 330	2 126	1 774	315
内蒙古	917 905		41 578	14 123
辽宁	927 379	12	20 609	2 865
吉林	1 085 049	…	1 823	246
黑龙江	1 878 045		705	38 550
上海	26 189		899	102
江苏	722 215	3 624	41 782	951
浙江	181 436	856	9 285	53 241
安徽	1 453 138	10 279	62 782	10 665
福建	131 840		3 809	15 899
江西	472 681	6 041	16 298	1 347
山东	1 590 692	24 904	95 738	7 301
河南	1 712 152	10 405	168 442	2 685
湖北	849 089	31 237	103 146	12 957
湖南	901 735	15 165	74 098	10 710
广东	976 375		49 337	75 681
广西	394 571		10 136	760 177
海南	113 529		3 371	47 308
重庆	311 352		14 112	7 426
四川	534 531	292	34 122	15 918
贵州	554 434		24 816	33 136
云南	332 826	…	10 020	185 813
西藏				
陕西	393 163	2 456	18 534	2 239
甘肃	406 557	1 219	11 309	16 065
青海	52 243		21 916	4 104
宁夏	188 338		4 116	15 172
新疆	824 951	188 598	13 481	90 383

各地区农作物病虫害发生、防治面积及损失情况（一）

地　区	发生面积（千公顷次）	防治面积（千公顷次）	挽回损失（吨）			
			粮　食	棉　花	油　料	其　他
全国总计	**348 415**	**449 141**	**70 319 754**	**1 149 440**	**2 556 715**	**6 415 899**
北　京	653	768	66 773		1 186	250
天　津	1 112	1 195	127 072	20 537	77	
河　北	29 159	27 602	2 713 499	266 707	77 093	32 161
山　西	9 227	8 428	968 352	11 808	3 203	1 528
内 蒙 古	7 363	7 127	1 808 302		54 914	67 818
辽　宁	8 264	9 042	1 815 417	28	54 592	8 219
吉　林	5 976	8 821	2 695 333		5 045	1 048
黑 龙 江	12 174	14 682	2 468 922		1 020	10 906
上　海	1 872	3 016	312 336		749	
江　苏	24 220	43 592	8 675 031	21 500	132 843	7 879
浙　江	10 243	15 929	1 948 794	6 379	40 442	346 574
安　徽	17 781	27 234	4 535 872	25 789	112 832	21 634
福　建	3 910	5 330	714 216		17 303	66 901
江　西	10 570	20 489	5 045 947	24 133	59 072	
山　东	32 211	35 276	5 907 838	124 719	337 361	12 954
河　南	34 597	43 804	5 889 473	34 182	503 312	4 290
湖　北	19 526	30 171	3 767 792	112 570	305 556	53 216
湖　南	32 356	41 966	6 475 004	53 177	277 397	60 865
广　东	17 337	23 536	3 044 812		157 496	721 720
广　西	12 443	13 176	2 022 557		34 418	4 037 400
海　南	1 635	1 724	139 359		5 981	83 811
重　庆	4 318	4 127	1 056 894		29 240	17 238
四　川	10 844	16 030	2 816 423	1 359	135 677	84 895
贵　州	4 710	4 250	1 072 362		31 608	54 857
云　南	6 779	10 416	1 090 957		52 853	537 731
西　藏						
陕　西	12 099	13 998	940 850	6 094	24 414	5 394
甘　肃	7 213	7 985	989 475	21 169	27 477	30 353
青　海	722	618	89 733		56 794	4 888
宁　夏	2 391	2 690	402 639		5 644	34 928
新　疆	6 711	6 120	717 720	419 288	11 117	106 444

各地区农作物病虫害发生、防治面积及损失情况（二）

地　区	实际损失（吨）			
	粮　食	棉　花	油　料	其　他
全国总计	**13 821 913**	**329 209**	**704 827**	**1 144 566**
北　京	12 840		127	25
天　津	40 393	3 402	40	
河　北	580 370	72 501	19 032	7 318
山　西	326 467	1 970	1 094	173
内蒙古	628 625		24 424	11 227
辽　宁	543 973	12	17 206	2 293
吉　林	626 808	…	983	53
黑龙江	1 475 911		401	8 160
上　海	17 438		723	
江　苏	587 892	2 859	37 503	748
浙　江	146 767	752	7 118	48 149
安　徽	1 047 964	7 551	45 295	5 073
福　建	100 750		2 577	13 381
江　西	392 877	5 428	11 967	
山　东	1 017 400	18 171	83 146	1 939
河　南	1 408 662	7 143	147 391	1 031
湖　北	696 439	26 281	79 617	10 399
湖　南	705 645	12 572	64 009	4 997
广　东	580 518		40 409	69 021
广　西	238 020		7 444	641 581
海　南	37 956		2 339	37 585
重　庆	202 303		10 029	4 895
四　川	359 708	211	21 939	11 054
贵　州	484 817		19 892	14 080
云　南	233 401	…	7 685	170 085
西　藏				
陕　西	308 007	2 296	14 179	1 609
甘　肃	332 463	965	9 538	12 015
青　海	33 410		15 405	2 484
宁　夏	149 827		2 891	11 589
新　疆	504 260	167 096	10 424	53 604

各地区农田草害发生、防治面积及损失情况（一）

地区	发生面积（千公顷次）	防治面积（千公顷次）	挽回损失（吨）			
			粮食	棉花	油料	其他
全国总计	**99 974**	**106 853**	**25 401 455**	**340 432**	**1 084 123**	**1 875 863**
北京	122	117	41 050		290	
天津	327	348	70 944	2 976	23	
河北	6 758	6 682	986 463	102 400	38 167	17 254
山西	2 086	1 969	375 702	681	1 366	215
内蒙古	5 440	5 001	1 748 753		76 100	13 612
辽宁	2 620	3 068	924 335		23 546	1 033
吉林	3 403	4 436	1 620 105		5 199	6 305
黑龙江	8 333	9 333	3 386 179		1 212	38 369
上海	152	313	179 712		2 403	2 386
江苏	5 027	6 232	2 507 308	3 881	70 830	2 400
浙江	1 766	2 249	382 687	462	19 710	69 728
安徽	5 836	6 787	1 990 321	11 996	98 854	45 090
福建	999	1 180	128 907		13 341	13 487
江西	2 825	2 668	35 556	1 538	8 224	7 936
山东	8 756	8 530	2 556 611	34 390	66 262	10 216
河南	8 788	9 019	2 541 925	19 949	143 937	10 912
湖北	4 387	5 100	911 760	34 138	194 197	12 707
湖南	6 943	7 513	1 184 848	11 498	77 260	35 199
广东	3 639	4 897	534 116		44 543	45 832
广西	4 070	3 805	496 180		22 628	1 194 235
海南	413	406	67 544		2 761	31 508
重庆	1 202	992	140 821		13 102	10 661
四川	4 283	4 386	575 065	262	84 776	28 252
贵州	1 124	1 002	91 142		7 321	33 807
云南	2 484	2 976	360 457		13 105	83 255
西藏						
陕西	2 554	2 412	288 453	276	11 832	2 359
甘肃	2 168	1 970	240 105	3 701	7 153	15 352
青海	311	344	40 989		16 125	4 111
宁夏	725	626	392 796		4 713	8 472
新疆	2 432	2 493	600 621	112 285	15 142	131 171

各地区农田草害发生、防治面积及损失情况（二）

地　　区	实际损失（吨）			
	粮　食	棉　花	油　料	其　他
全国总计	**3 477 951**	**58 204**	**176 747**	**290 887**
北　　京	3 087		34	
天　　津	8 856	299	3	
河　　北	142 632	13 995	4 300	2 731
山　　西	48 086	156	680	142
内 蒙 古	258 165		17 154	2 896
辽　　宁	139 588		3 403	572
吉　　林	196 315		840	193
黑 龙 江	297 157		304	30 390
上　　海	8 068		177	102
江　　苏	121 389	765	4 279	203
浙　　江	24 071	104	2 167	5 092
安　　徽	376 515	2 728	17 488	5 593
福　　建	15 867		1 232	2 518
江　　西	3 781	613	4 331	1 347
山　　东	454 535	6 733	12 592	5 361
河　　南	271 344	3 263	21 051	1 653
湖　　北	109 761	4 956	23 529	2 558
湖　　南	154 094	2 594	10 089	5 713
广　　东	79 164		8 928	6 660
广　　西	54 174		2 692	118 597
海　　南	8 750		1 032	9 724
重　　庆	44 601		4 083	2 532
四　　川	107 189	81	12 182	4 864
贵　　州	33 884		4 924	19 056
云　　南	69 633		2 335	15 728
西　　藏				
陕　　西	60 068	160	4 355	630
甘　　肃	52 587	254	1 771	4 050
青　　海	13 797		6 511	1 620
宁　　夏	34 828		1 225	3 583
新　　疆	285 965	21 502	3 056	36 779

各地区农田鼠害发生、防治面积及损失情况

地区	发生面积（千公顷次）	防治面积（千公顷次）	挽回损失（吨）	实际损失（吨）
全国总计	**24 657**	**17 713**	**4 010 981**	**1 709 243**
北京	168	186	18 495	5 664
天津	72	40	9 640	3 362
河北	1 145	570	87 405	22 248
山西	449	299	79 567	30 749
内蒙古	658	355	58 919	31 115
辽宁	902	712	190 258	243 351
吉林	2 087	794	269 393	261 926
黑龙江	3 209	453	190 198	104 977
上海	81	81	7 124	683
江苏	572	374	40 520	11 802
浙江	485	513	99 237	10 599
安徽	654	432	57 481	22 267
福建	309	313	67 333	12 964
江西	1 286	475	135 801	75 867
山东	620	535	166 649	63 469
河南	340	268	23 948	16 002
湖北	813	710	132 742	41 850
湖南	1 879	1 925	264 245	35 638
广东	1 620	1 860	627 292	294 103
广西	1 418	1 556	600 237	92 281
海南	172	143	68 713	60 417
重庆	663	394	106 643	61 165
四川	1 632	1 658	287 648	60 109
贵州	467	411	60 915	35 213
云南	766	1 067	153 265	27 749
西藏				
陕西	587	450	56 929	19 272
甘肃	734	587	53 804	21 439
青海	212	145	19 765	5 036
宁夏	44	21	5 666	3 483
新疆	613	385	71 147	34 445

图书在版编目（CIP）数据

中国农业统计资料．2014/中华人民共和国农业部编．—北京：中国农业出版社，2015.10
ISBN 978－7－109－21107－0

Ⅰ．①中…　Ⅱ．①中…　Ⅲ．①农业统计－统计资料－中国－2014　Ⅳ．①F322－66

中国版本图书馆 CIP 数据核字（2015）第 257854 号

中国农业出版社出版
（北京市朝阳区麦子店街 18 号楼）
（邮政编码：100125）
（电子信箱：njcbzx@agri. org. cn）
责任编辑　吴洪钟

中国农业出版社印刷厂印刷　　新华书店北京发行所发行
2015 年 10 月第 1 版　2015 年 10 月北京第 1 次印刷

开本：720mm×960mm　1/16　　印张：14.5
字数：400 千字　　印数：1～1 500 册
定价：100.00 元